LEARNER-CENTERED TEACHING
SECOND EDITION
Maryellen Weimer

学習者中心の教育

アクティブラーニングを活かす大学授業

著――メルリン・ワイマー
監訳――関田一彦・山﨑めぐみ

勁草書房

LEARNER-CENTERED TEACHING: Five Key Changes to Practice, 2nd Edition by Maryellen Weimer

Copyright © 2013 by John Wiley & Sons, Inc.

All rights reserved. This translation published under license with the original publisher John Wiley & Sons, Inc.

Japanese translation published by arrangement with John Wiley & Sons International Rights, Inc. through The English Agency (Japan) Ltd.

第2版はしがき

　『学習者中心の教育』(Learner-centered teaching)第2版にようこそ。もしあなたが初版を読んでいなかったり、長い間読み返すこともなかったのなら、なぜ学習者中心という呼称を用いるようになったのか、その説明から始めよう。このアプローチについては、様々な用語で語られている。たとえば、学習中心、学生中心の学習、学生中心の教育方法、あるいは単に、教師中心に対しての学生中心、といった具合である。

　私は学習者、すなわち私たちの学生に焦点を当て続けることは重要だと考える。しかし、「学生」という言葉を説明に使うとなると、学生を顧客(お客様)に見立てた熱い議論に終始しがちである。つまり、お客様である学生を満足させるために教員は尽くさねばならず、お客である学生は常に正しく、教育は製品とみなされるべきだ。そうでないというなら、授業料で何を買っていることになるのだろうか、という話である。こうした議論にはメリットもあり、交わされるべきものではある。しかし、こうした論議は学習者中心の教育とは何なのかという話ではない。焦点はどこまでも学習者と学習者自身が学ぶための取り組みを支援する教授法に当てられるべきである。

　ではなぜ、学習中心という名称を用いないのか。「学習」は、その意味するところを直接に指し示さない抽象概念だからである。大学の教員たちは理論的で抽象的な概念に富む文化に属している。学習に焦点を当てつつも、私たちは、より良い学習について抽象的なレベルで議論しがちであることに気づく。私たちには、知的で魅力ある概念的枠組みを介して授業と関連づけられた「学習」を扱う必要はない。私たちには、学生たちの学びの質と量に直接影響する授業の方針と実践が必要なのだ。私たちがそのことについてどのように考えるか、それを導くであろう何かを、まさにそれを何と名付けるかが問題なのだ。これを学習者中心の教育方法と呼ぶことが、私たちにこの教え方がいかなるものかに焦点を当て続けさせるのである。

i

何が第2版で改善されたか

　第2版で改善したところはいろいろあるが、より絞り込み、明確にした議論から始めている。これらの変更のいくつかは、講義中心の教え方を擁護することがますます難しくなってきたことによる。講義中心の授業が、学生たちに学んだことを維持し応用する力をつけることのない、表層的な学びを奨励しているという調査結果が増えている。同時に、学習者中心のアプローチが、従来とは異なる学びを生み出し、学習技能を伸ばし、学習者として自律的かつ自立的であるように学生たちを動かしているという証拠も大きくなってきている。

　より多くの経験的知識を取り込むことで、この新版は強化されている。こうした知見の補強は、教員たちがどのようにアプローチし、そうすることで何が起こり、どんな問題が生じたのか、そして私たちにどのようなアドバイスを提供したいのか、といった大学教員たちとの学習者中心のアプローチに関する継続した対話の結果である。彼らの見方と経験は、学習者中心の教え方に関する私の理解を深めてくれた。経験に基づく知見による改善は、学習者中心のアプローチに関する授業デザイン、実践とその評価についてレポートする豊富な教授学の論文の成果でもある。このような方法の教え方は、学問分野の状況を超えて、あらゆる種類の教育機関であらゆるタイプの学生を教える大学教員たちによって用いられている。

　私はこの版の主張はより強固なものになったと思う。なぜなら、2002年の初版以来変わっていない現状に、より勢いよく立ち向かい、頑張りすぎて後悔しているが、初版の内容を刷新するため対象にしたほとんどすべてのことがらを含んだからである。研究に関する第2章と主要な変化を扱う5つの章で取り上げた事実は、以下のことを証明している。すなわち、学習者中心のアプローチのより広範な使用にかかわらず、授業における指導全体はほとんど教師中心であり続けていること、大学教員たちは未だに学生のために学習に関する大半の判断を下し、授業内容は未だに学習指導の世界を中心とし、教員は本来学生が自身で行うべき学習作業をやりすぎていること、学生たちは自分たちの、あるいは仲間の取り組みを評価（評定ではない）することを定期的に奨励されていないということである。

　それは、距離を置いて、あるいは部屋を横切ったところからの視点で描かれ

た高等教育における授業の姿である。むろん、近づいてみれば、変化の兆しは見える。「学習者中心」という考え方は大学という教育機関が向かおうとするものになってきた。それは、良くも悪くも流行語になっている。学習者中心であることについて会話が続くなら、より多くの人がそれを聞き、考慮ののち、そのいくつかのアプローチを試みるだろう。それは良い側面である。この言葉が人気を増すことの悪い側面の一つは、この言葉が広く流布する結果として定義が曖昧になることである。この時点で、学習者中心という言葉はアクティブラーニングと同義語に近づき、学生の関与を促し（能動的な）学習に言及するほとんどすべての教授法略に適用されるだろう。この第2版では、定義の明瞭さを取り戻し、押し進めることを目指したので、その点は強化されたと考える。学習者中心の教育方法は、それを独自なものとし、アクティブラーニングやその他の学生関与型のものと識別される特徴をもっている。

　私はこの本の内容を編み直し、書き直し、再考することを、自分が思っていた以上に楽しんだ。それは、学習者中心の教え方がより本質的で知的に実行可能なものに発展していく道すじを見ているようで、興奮させられた。そして改訂の作業は、私たちがどのくらい学んできたのかを私自身に知らしめることで私を満足させてくれた。さらに、まだどのくらい学び足らないのかを私に自覚させることで挑戦的であった。

概要説明

　この版で何が新しくなったかについては、各章の冒頭に詳しく書いてある。1章と2章の内容は初版の1章からもってきた。この版の1章は私がどのように学習者中心の教員になったのか、そしてこうした考えがどこから来たか、何に基づいているのかを説明している。

　第2章は基本的に新たに書き下ろした章である。学習者中心のアプローチに関する研究の例を紹介している。2002年以降、おびただしい数の研究がなされてきた。この章では、どのような研究がなされてきたのか例示するが、それは詳細な文献レビューではない。2章で論じることになるが、詳細なレビューは紙幅の関係で困難である。学習者中心のアプローチは広範な学問分野にまたがってなされている。かりに検索テクノロジーを使ってもすべてを追跡するの

は気の遠くなる仕事である。同様に、結果を比較し統合するのは困難である。研究者たちは、学習者中心ということを様々に定義する。その中の何人かは、学習者中心と一般には呼ばれる処遇を、そうした用語を全く使わずに記述している。彼らは多くの方法論的アプローチを使って仮説を検証する。その作業には質的と量的な分析が含まれる。学習者中心の教育方法に関する研究は、一まとまりの研究知見が順次、次の研究課題を導くような系統だったものではない。第2章は統一感のあるデザインというより、でたらめなキルト模様のように見えるだろう。しかしながら、多くの読者は、そこで例示した研究が強い感銘を与える様々な証拠で構成されているのを見つけるだろう。新しい研究の蔓延と刺激的な様々な発見が、私に第2版を準備する気にさせた。

　学習者中心の教育方法に関心を持つ者として読む章を私が選ぶとしたら第2章だろう。大学教員は教育学的研究を長い間忌避してきた。そして、それぞれの学問分野を扱う授業方法の改善に関する学術成果の流れを読むことなしに、彼らは教育的研究を避け続ける。これは彼らにとってマイナスであり、彼らの授業実践に良い結果をもたらさない。量的研究と質的研究によって、教室で私たちが行うことは正しいと証明できる。研究はこれまで「良い実践」として強く主張されてきたものに妥当性を与える。私たちが何を知っているかを知ることは、この場合は学習者中心の教育方法だが、私たちが提案するものを確認し、私たちが行うものを価値づける。

　初版にも書かれたこの本の核心、すなわち実践に向けた5つの主要な変化に関する記述は、第Ⅱ部に残してある。私自身が教師中心から学習者中心のアプローチに移行した時に、私の実践の中に生じた変化である。学習者中心の変化を整理するこのやり方は、他の研究者によってなされてきた。そして学習者中心の教育方法について話すとき、私はそのやり方を恒常的に使っている。その構造は役立ちそうであり、だからそれを残してきた。

　それらの各章は相当書き直された。各章のはじめに、私は2002年の初版から何が変わり、何が変わっていないのかを説明した。残念なことに、学習者中心の変化を妨げる態度のおおくは、いまだ広く行き渡っている。では何が変わってきたのか。それは、多くの新しい授業方略、学習課題、活動、そして教師がこれらの章で論究する変化を具体化するために使用するアプローチである。

各章は実施に際しての考慮事項の節で終わる。これらの節は、新しいアイデアや情報とともに、初版の第9章で述べたいくつかの内容を組み込んでいる。

本書は（学生が表現し、同僚から表明される）抵抗に関する8章を経て、学習者の発達を計画的かつ系統的な方法で促進する活動と課題のデザインや道のりを含む、発展的な話題に関してより詳しく述べた9章で終わる。学生を受け身で依存的な学習者から、自律的で自己決定できる学習者へと変容させるための良い出発点である。9章は、教員によって経験された発展的課題についても提起している。

この版では、学習者中心の教育方法を実施する作業に関する章を含んでいない。それに関する内容の一部は「5つの主要な変化」の各章にある、実施に際しての考慮事項の節に組み入れた。2002年以降、大学教員の継続的な成長と発達に資するために私が書いた本（Weimer, 2010）の中で、授業改善の実施プロセスについては探求している。この新しい本の中では、これらのトピックについて旧版に比べ、より徹底的にまた十分に記載した。

付録の大部分はこの新版でも残している。巻末の文献リストに載っている50％の参考文献は初版が出てから公表されたものである。この本の中に組み入れたそれらのハイライトが、読者にそれらの良質な情報源を参照する気にさせることを期待する。

最後に一言。私はこの本の改訂を退職後に行った。私は未だ教え続けている。それは少なくとも大学教員を相手とした私の継続的な仕事だと考えている。けれども、学部生を教えているわけではない。初版を書いたとき、私は学部生を教えていた。そのため、私が何を授業で行ったのかを現在形で書いた。そして、その形をこの版でも続けている。

読者

初版と同様、この本は大学教員を読者に想定している。しかしながら、学習者中心の教授法への転向者向けに特化したものではない。学習者中心の考え方に関心を持ちながらも、疑問や懸念を抱く大学教員に向けたものでもある。この手の教育方法は授業の水準を高く保ち、知的厳格さを失わないのだろうか。そうした教育方法は、教育産業としての妥協から学生に迎合し、権利が付与さ

れた気にさせるものではないのか。この手の教育方法は教師の役割や重要さを減じさせはしないのか。この本はこうした教授法について学ぶことに関心のある方たちに向けたものである。この本はまた、学習者中心の教育方法には関心はないと思いつつも、受動的で意欲に欠け、学ぶことへの興味がない学生を心配する方たちのためのものである。学習の持つ力と喜びに学生をつなげる良い方法はないものかと思案している教師のための本でもある。

　大半の読者はトピックに関心を持つだろうと密かに期待している。多くの方はこのアプローチを多少とも試みて、さらに実践を進めようとしてこの本を読まれているのだろう。私はこの版の中で多くの新しい課題や活動、そしてアプローチを扱うことで、そうした読み手の期待に応えようと試みてみた。もし、あなたがこの本の初版を読んでいて、この第2版を読むことは時間の無駄ではないかと危ぶむなら、それを筆者に尋ねるのは間違いだろう。それでも私は、再読に値するだけの改訂版を書くことが私の目標だったと言っておきたい。

　トピックに関心を持つ読者の中には、初学者もおられるだろう——私たちがかつてそうだったように。この本はそうした初学者のためにも有益である。本書は多くの初学者たちの経験を紹介しており、失敗も含め、私たちの実践から学ぶことができる。そしてそれは学習者中心の教育方法を始めるのに好ましい、特定の技法、課題、活動の選定を含むアドバイスを提供している。

メルリン・ワイマー

学習者中心の教育
アクティブラーニングを活かす大学授業

目　次

第2版はしがき

第Ⅰ部　学習者中心のアプローチの基礎

第1章　学習者中心の大学教授法：その由来と起源 …………… 3
　　　　私の履歴　　4／学習者中心の教授法の背後にある理論　　17

第2章　研究：学習者中心のアプローチが機能する証拠 …………… 29
　　　　最新の研究　　31／注目すべき先行研究　　38／学習者中心のアプローチを支える分野別の研究　　43／個々の学習者中心のクラスの研究　　50／学生は学習者中心のアプローチをどう思うのか　　55／結論　　56

第Ⅱ部　実践への5つの変化

第3章　教員の役割 …………… 61
　　　　何が変わるべきか　　61／何が変わっていないのか　　66／なぜ授業はより学習者中心にならなかったのか　　71／促進的な教授：その実施を導く指針　　75／興味深い実施例　　87

第4章　力の均衡 …………… 91
　　　　何を変え、何を維持すべきか：教員によるコントロール　　92／力の均衡を変えること　　98／力を再配分すること：例　　103／実践における興味深い問題点・課題点　　114

第5章　科目内容の役割 …………… 120
　　　　何が変わるべきなのか　　121／なぜ変わるべきなのか　　126／なぜ変わらないのか　　129／学習者中心のクラスでは科目内容はど

のように機能するか　131／学習スキルを開発するためのガイドライン　135／学習スキルを開発する戦略　142／導入にまつわる課題　150

第6章　学習への責任 ……………………………………… 154
何が変わるべきで、何が変わっていないのか　155／学生に責任ある学びを促す授業環境　157／自分の学びに責任をもつ意欲を持つ学生を育てる教室の風土　160／教室風土における学生の関与　170／導入にまつわる問題　177

第7章　評価の目的とプロセス ………………………………… 181
何が変わる必要があり、変わっていないのか　182／評価の目的とプロセスがどのように変わるのか　189／学びを深めるための試験、課題、活動　195／自己評価とピア評価のスキルを伸ばすために　202／実施上のさまざまな問題　209

第Ⅲ部　学習者中心のアプローチの導入

第8章　抵抗への対応 ……………………………………… 213
どうして学生は抵抗するのか　215／抵抗を識別する　220／抵抗を克服する　224／教員の抵抗　231

第9章　開発的アプローチの採用 ……………………………… 237
発達のプロセス：私たちは何を知っているか　238／課題や活動を発達的に設計する　241／発達的なカリキュラムの設計　249／とりかかるのに良い地点　251／教師のための発達上の問題　256

付録1　スピーチ・コミュニケーション100A　シラバスおよび学習日誌の
　　　　記入について　259
付録2　学習スキルの向上に役立つ資料　270

参考文献　279
監訳者あとがき　293
人名索引　297
事項索引　302

凡例
・本文中の［　］内は訳者による補足を示す

第 I 部

学習者中心のアプローチの基礎

第1章

学習者中心の大学教授法：その由来と起源

　この章は二つの話を扱っている。私がどのようにして学習者中心の教員となったかということを詳しく述べるとともに、学習者中心という理念の起源と歴史を少しばかり語っている。《学習者中心の教育》の話は、学生の学習に焦点を当てるという私の試みよりもはるか前に始まっている。私の用い始めたアプローチは、一群の教育理論に基づいている。いくつかは比較的新しく、残りはすでに確立された尊重すべきものである。それらの理論は、この教育方法が学習を促すのはなぜなのか、またどのようにして促すのかを説明するのに役立つ。それらの理論についてわずかでも知ることは、この教育の哲学が現在抱かれているもろもろの信念にかなっているかどうか、あるいは、これらのアプローチを用いる教育が教育哲学における変化を代表することになるかどうか判断するのをいっそう容易にしてくれる。理論的な枠組というものもまた、実行されてきたことがらの有効性を評価するために利用できる基準を提供するものである。最終的に、理論に関して知ることが、第2章で書かれた調査のさまざまな方針の起源を跡づけることをいっそう容易にしてくれる。

　私の話とこれらの理論との間の相互作用は興味深いものである。私は、学習者中心の教員になろうと志に燃えて出発したわけではない。それどころか私は、自分が実行していた改革が、学習者中心の教育（あるいは教授法）と呼び得ることに気づいてすらいなかった。多くの中堅の教員たちによくあるように、私は新しい理念を探し求めていた。一部は、成長や変化を求める私の欲求から、また一部は、私が教室で目にした多くのことがじつに無益に思えたという理由からである。私は自分好みの、私が成果を出せそうに思える理念を選んだ。私が用いているアプローチが共通の要素を分かち持っていることを理解するまで

には、多少時間がかかった。また、私が行っていることが堅固な理論的基礎に支えられていることを発見するまでには、さらに長い時間がかかった。ひとたびこれらのことを発見してからは、立証されたことを実感した。私の教室で起きていたことは、まぐれ当たりの類ではなかったのだ。学生たちは正当な理由から行ったこととして応答していたのである——しかしこれは私の話の始点ではない。

次節は学習者中心のアプローチを説明する私の事例を含み、それらは学習者中心の教授法がどのように定義されるのかという初期の意味を提供する。私はまた、自分が実行してきた変化の5つの領域をそれぞれ浮かび上がらせる。これらの領域は、第Ⅱ部の5つの章の主題であり、実際、学習者中心の教授に関する私の探究の核心をなしている。私の話のあとに理論に関する議論を行う。その議論においても同様に多くの事例が含まれている。それらは理論の周囲にいくつかの文脈を構成し、様々な理論から学習者中心の枠組をつくることを多少容易にするものである。

私の履歴

最も重要な人生の教訓と同じく、私が学習者中心の教育に関して（その効用を）信じるに至ったものは、もろもろの出来事や経験が思いがけない形で合流したところから育ってきた。私が非常に重要なものと考えている合流はかなり重層的に絡み合っているため、ひとつの意識の流れを詳述することによって、それらの合流がどのように生じたのかをもっと正確に表せるはずだった。しかし、一貫性を尊重するために、私はそれらをそれぞれ単独で詳述しよう。

出来事と経験——変化を促したもの

私の変容は1994年に始まった。ファカルティ・デベロプメント（FD）や、教育研究プロジェクトに取り組み、ときどき上級課程と大学院を教えるということを何年もやったあとで、私は必修科目の入門レベルを教えるために教室に戻った。それは、物事をなすための時間がもはや無限ではないらしいと悟ることで動機づけられる、中年のキャリア・チェンジであった。棚おろしをして、

自分のキャリアの残りで取り組みたいことを決めようとしたとき、私が行った最も重要なことや個人的に満足のいく仕事は教室〔学びの現場〕にあったことが明らかになった。私は、自分のキャリアの仕上げにあたり、それが始まったときと同様、学部生の指導に戻ることにした。
　自分の教え方や改善の仕方がどのように誤っていたのか、私の考えはまったくはっきりしていなかったが、私は今までとは違ったやり方で教えたいと思いながら教室に戻った。私がいっそう考えたのは学生のことであり、また、私の教えたベーシック・コミュニケーションのクラスにおいて彼らの成功を妨げていたのは彼らの自信のなさである、という事実であった。彼らは、自信喪失や不器用さや失敗の恐れを超えて、教室のなかで質問を発し、グループのなかで貢献し、仲間たちの前で首尾一貫して話すことができる地点に至るため、自分の方法を見つける必要があった。学生たちにより多くの権限を与えることによって、この問題に対処できるかもしれないと私は気づいた。もし私が彼らにいくつかの選択を示し、彼らの学習に関する決定のいくつかを彼らにさせたらどうなるだろうか。
　教室に戻った最初の学期に、このアプローチを自分の午前8時の授業で試してみようと決めた。私は要求される課題がひとつしかない初歩的なパブリック・スピーキングのクラスを計画した。課題は、倦厭されているスピーチである。彼らはそれを最低でも1回は行わねばならなかった。シラバスの残りは、課題の選択肢をカフェテリア式に提示した。すなわち、学習日誌、さまざまな種類のグループ・プロジェクト、参加に対する評価とその分析、仲間の批評、インタヴューの実施とインタヴューを受けること、あるいはその両者、そして因習的な多肢選択型の試験である。このコースシラバスの1つのヴァージョンは「付録1」に出ている。そこで見られるように、それぞれの課題にはあらかじめ配点が決められており、それはただ提出すれば満点を取れるという類のものではなかった。学生たちは自分の望む成績に応じて、多くの課題を完成させるか、ほんの少しの課題で済ませるか、望みどおりに選ぶことができた。それぞれの課題には締め切りがあり、その締め切りをすぎると課題を提出できないことになっていた。
　最初の数日間、学生たちは完全に混乱していた。私は試験が課されるかどう

かについての学生たちの会話を思い出す。「試験は課されるはずだ。試験が希望制なら誰も受けないだろう」「きっと受けるよ。学生が授業を合格するには点数が必要だ」「でも、もし僕が受けなかったら？」「大丈夫さ。他の課題をやって、それで自分の点を稼げばいい」「だったら試験の日は何をすればいい？」「寝ていればいいのさ！」 何人かの学生は、自分がどの課題をやるべきか決められないと語って、私に選択してくれるよう頼んできた。また大半の学生は、彼らの選択した一群の課題を承認するよう私に求めてきた。

　一度その混乱が過ぎたあと、残りの学期で起きたことが私を驚かせた。私は出席に関する方針を決めていなかった。しかし、私が記憶する限りの他のどの授業よりも良い出席率を保っていた。多くの（全員ではないが、ほとんどの）学生が、学期の早い段階で課題に熱心に取り組み始めた。また、数人の学生は決然と、A評価のための十分な点数を取るために必要ならばすべての課題をやると言った。私はその姿勢の変化に、学生たちは厭わず取り組んで文句も言わないのかと、衝撃を受けた。この最初の数回の授業日で私が学生たちのなかにつねに目にした漲るエネルギーと楽観主義は、授業中よく持続した。その学期の中で重圧が目立ちはじめる時期においてさえ、この授業は違った。その学生たちは熱心に課題に取り組みつづけた。彼らは定期的に質問を発し、延々と議論を続け、ついには私や他の学生たちとは異なる意見を出すに至ったが、それは私が記憶する他の初級の学生たちの仕方よりもはるかに活発だった。いや、決してそれは理想の授業ではなかった。そこには依然として締め切り遅れの提出物もあったし、やっつけ仕事や、学習に関する貧弱な選択もなされていた。しかし、以前教えていた時に比べて、そういうことは比較的少なくなっていた。私は決定的に良い線をいっていたし、この授業方法を試し続けようと決めた。

　そのころ私は、ジョシー・バス社との契約のもとで後年『批判的で内省的な教師になること』と題して出版されたBrookfield (1995)の原稿の書評を頼まれた。私はこれまで書いたほとんどすべてのものの中で同書について言及している。これまで、そしてそれ以降読んだ本のなかで、私の教授学的思考にこれほど劇的に影響を与えたものはほとんどない。まず、私が発見したのは、批判的で思慮深い実践を通して、自身の教え方に関してどれほど多くのものを学ぶことができるかということだった。Brookfieldが叙述している方法とは、教員

たちが指導実践を吟味し、彼らが依拠しているもろもろの仮説を明確に見ることができるようにする方法である。このとき以来私は、この種の批判的反省とそれがしばしば生み出すトランスフォーマティブ・ラーニング［変容的学習］との両方を研究し叙述し促進している他の熟練の教員たち（Mezirow and Associates, 2000）から、いっそう多くのことを学んだ。トランスフォーマティブ・ラーニングは、私が後に本書の議論で用いようとしている理論の一つである。しかし私の教育に対して、「鏡」をかざすことを初めて可能にさせてくれたのは Brookfield であった。私が目にした［私という］教員像は、私が期待したものではなかった。誰にも自慢できるものではなかった。

　私が目にしたのは、教室で起きるすべてのことを実質的に方向づけるような、権威主義者的教員、コントロールする教員だった。私はすべてを決定してきたし、学生の学習や動機に与える教員の影響に関してほとんど考慮することなしにそうしてきた。教えることにほとんどすべての焦点を当てることによって、私は自分の教授学的な技量を披露する教室環境を作り出してきた。学生の学びはまさに自動的に生じ、すぐれた教え方への私の献身の結果として現れていた。私がどこに「鏡」を向けたかは問題ではなかった。［権威的な］教員以外の何者も私の鏡には映っていなかった。

　Brookfield を読む前は、私は多少の関心をもって新しい教授方略とその周辺を気にしていた。Brookfield を読んだ後は、私は自身の教員としてのあり方を変えようとした。クラスを作りあげることは、私自身の教員中心的な方法を「固定する」よりもずいぶん容易であることが判明した。Flachmann（1994）は、私が当時感じていたことを正確に描写している。

　　「私は、いささか当惑しながらあなたに語ろう。私は教室のなかであらゆる知的な洞察を有していることに対する学生からの信頼を得ようとするのが常だった。私はそのために熱心に働いた。……私の学生たちに、尊敬の念をもって私を見てほしいとひそかに欲していた。私はいま、これとは反対のことが起きるべきであると信じている。すなわち、知識の源泉、在り処、所有権は、めいめいの学生に帰すべきであり、私たちの教員としての第一の目標は、私たちの学生が人生の問題に対するもっとも重要で永続的な答えを自身

のうちに発見するように手助けすることでなければならない。そのときにのみ、彼らは真に知識を手にし、私たちは彼らからの報酬に報いることができる。」

もう一人の賢明な教員は次のように傍証している。

「学生が知っていることは、学生ができることほど多くはない。同様に、私が教えることは、私が知っていることに関するものではなく、私が他者にさせることができることに関するものである。そうしたことに私は気づくようになった」(Phelps, 2008, p. 2)。

この時期に起きたもう一つの出来事もまた、私の考えに大きな影響を与えた。長年、私の夫のマイケルは木製の船を作りたがっていた。彼は本を集め、設計図を購入し、『木製の船』という雑誌を購読し、テレビで Classic Boat の番組を熱心に見ていた。そして、私たちは島に土地を買った。そこに家を建てることを計画し、そのためには荷物を運ぶのに十分な大きさの船が必要だった。設計図（何百もの設計図を検討して選んだもの）を手にし、マイケルは木製の船の船体を作り始め、新しい言葉も覚えた。夕食の際は、バテンやチャイン、クランプ、キールソン、そしてガーボードについて話した。次に、その船体は、内陸の中央ペンシルバニアでは手に入れることが困難な海用の合板で覆われた。近所中の人が船体を回転させるのを手伝いに来てくれた。そして、船の床を作り、客室をデザインし、原動機を作り直す段階へと移った。段階を踏むごとに、新しい仕事を覚えなければならなかった。夜には、ガラス繊維の使用を実演したビデオを見ていた。郵便受けには毎日船舶用品のカタログが届いた。

数ヵ月に及んで何時間もかけた結果、24 フィートのロブスター型の木製船、「ノアの箱舟」が完成した。白くつややかな船体、勢いのある黄色い縞模様、そして美しく仕上げられた灰色の客室を有するその船は、あまり燃費はよくないが、完全に再調整された推進装置を備えている。その船は水上を優雅にわたり、飛行機のようにすべり、そして白い航跡をひきながら荒波を切って着実に

進んでいった。その船はこともなげに建築資材を乗せた艀もけん引し、進水式では常に注目を集めていた。ある人が、「その船はどこで手に入れたのだ」と尋ねると、私の夫は誇りを隠しきれない声で、「自分で作った」と答えた。

　私が想像していたよりも、木製の船を作るのに時間とお金がかかった。それに加えて、私は夫の自信に驚いた。その自信はいったいどこから来ているのか。また、何に基づいていたのか。彼は船を作ったことが一度もない。家と家具は作ったことがあるが、船はない。作業が進み、クレジットカードの請求金額が上がるにつれ、経済的に慎重になり、ほぼ一ヵ月ごとに、「あなたは何をしているのかわかっているの？」「本当に使える船になるの？」と質問するようになった。彼の答えはいつも同じで、「いや、何をしているのかわかっていないが、学んでいる。もちろん、船になるとも。船が必要なのだろ？」と。
　私が見逃すことのできなかった皮肉があった。率直に言って気に食わなかったのだ。マイケルは単科大卒で、30代前半で生産工学の学位を取得した。大学での経験は、彼の学習者としての自信を養った場所ではなかった。それどころか、その逆の経験であった。彼はただ大学を卒業しただけと感じ、そこで学んだことに大変がっかりし、学習環境に対してもとてもストレスを感じていた。彼の自信を養ったのは父との経験のおかげだと彼は述べている。彼の大学生活が、彼自身ができると信じることをむしばむ経験となっていたことに、私は苛立ちを覚えた。大学は、学生が自信のある学習スキルを養う時間と場所であるべきだ。
　考えをめぐらしながら、あまり知識がない内容の複雑な学習プロジェクトを前にしたときに、私の学生の誰が立ち向かおうとするだろうかと想像した。誰も頭に浮かばなかった。夫が木製の船の組み立て方を学ぶ必要性に直面した時に持ち合わせていたような自信と忍耐力は、私の学生にも、私自身にも見出すことはできなかった。これをきっかけに、このような自信と高度な学習スキルを伸ばすためには、どのような教室経験が必要かを考えるようになった。すぐにその答えは出なかったが、教員として、学生の学習スキルとそのスキルを使う自信を伸ばすことも仕事の一部だと考えるようになった。
　その目標を立てることで、指導の様々な面についての考え方が変わった。ま

ず、授業内容を異なった仕方でとらえるようになり、到達点であることから手段であることを考えるようになった。さらに、授業は学習内容を扱うものという認識から、学習スキルを伸ばすためのもの、また、学習経過を意識させるものという認識に変わった。さらに、学生が用例の作り方や質問の仕方、批判的な思考法、そしてその他たくさんのスキルの実践法を、私の手本を通して学んでいると仮定することをやめた。彼らにそのスキルを身に付けてもらうには、私ではなく、彼ら自身が実際にそれを行わなければならない。評価についても、成績を付けること以上の働きがあると考えた。それは、学習の促進と自己評価・相互評価を伸ばす最高の場となった。

　私の教育の変化が学習者中心へと向かうにつれて、私は自分が実際に学習についてほとんど何も知らないことに気付いた。私は Brookfield がよく引用する本を読み、新しいあらゆる類の文献を知った。同時に、学習に関する興味は高等教育に広がった。しばらくの間、学習について、ようやく理解、または再認識できたように感じた。読む文献がたくさんあり、私はそれを特に順序立てずに、一つまた一つと読み進めていった。学習について学んでいくにつれ、私が取り入れている新しいアプローチが、研究によって裏付けられている様々な教育理論に基づいていることに気付いた。

私が学んだことの概要

　私は、学習者中心の授業方略（ストラテジー）とアプローチ、つまり私が本書の初版を書き始めるまで実践していたことの寄せ集めを組織化しようとしたのではない。私はそうした諸変化が指導実践の5つの主領域をめぐってグループ化できるもののように見えた。これらの5つの領域は学習者中心の授業に関する私の考えを一貫して構成し続けてきた。初版と第2版との両方に、それぞれの領域に関する章を一つずつ設けている。私はこれらの5つの章が学習者中心の教育に関する私の仕事の核心であると考えている。

　これらの領域がかなり中心的なものとなるので、そうした指導の諸側面をいま概観しておきたい。まず、学習者中心の教育がいかに「**教員の役割**」を変化させるかという話から始めよう。初版ではこの章から始めなかったが、第2版では2つの理由からそうすることにする。教員にとって意味があるという理由

から、ここはその話を始めるのによい場所である。学習を促進する教育とは、学生に彼らが何をすべきで何を知るべきかを延々と教えることではない。むしろ、知識の獲得を容易にすることで学習を促進するのである。学習の苦しく厄介な作業は、学生によってだけ為されることがある。また私はここで、教員の役割を変えることが中心的であり重要であるという理由から、この話を始める。私は、このことが変化を必要としている最初のものであるかどうか確信してはいない。しかし、他のもろもろの変化は、もし教員の役割が同じであり続けるならば実施されることができないのである。この変化を知的に受け入れることは易しいかもしれないが、私たちのほとんどは教室において実践を容易化することが決して単純なことではないということを発見したので、教員の役割を変えることが大事なのである。これは教員に一連の変化を推進することを提示するものである。

　教室において「**力の均衡**」を変えることは、より大きな概念の拡張を要求している。教員の権威は認められている——それはあまりにも当然のこととしばしば思われてきたため、ほとんどの教員はそれを意識するということをしなくなってしまった。教員がそのことに気づくにせよ気づかないにせよ、教員は学生の学習過程を絶大な力でコントロールしている。教員は、学生が勉強したいと思うことや学生がどのようにそれを学ぼうとするのかを決定する。教員はその進度を決め、学習が行われるべき諸条件を確立する。教員は教室におけるコミュニケーションの流れを調整し、最終的に、学生がうまく学習できたかどうか、またどのようにうまく学習したかということを検証する。学生が決定するものとして残されているものは何であろうか。皮肉なことであるが、残されているのは、すべての中で最も重要な決定事項である。すなわち、学生が学習しようとするかどうかという決定である。しかし、たとえ教員が学習成果［ラーニング・アウトカムズ］を保障することができないとしても、教員は、学生の学習過程をいくらかコントロールするならば、学生の学習意欲に対して積極的な影響を及ぼすことができる。学習者中心の教員にとっての挑戦は、学生をコントロールし、主導権と責任を学生がそれを扱う能力に比例して与えるような授業方略を発見するということである。学習者中心の教育の目標は、学生を自立した自己決定的で自己統制的な学習者として育てることである。

「**科目内容の役割**」は、教育をいっそう学習者中心的なものにする上で、もっとも手ごわい障壁として立っている。教員には扱うべき内容が多くある。学生が新しい不慣れな内容に取り組んでいるとき、彼らは教員ほど効率的に中身を扱うことをしない。学習者中心のクラスはいっそう多くの内容を含んでいるが、教員はそれを扱う代わりに「使う」のである。教員は内容を、（知識の基礎を向上させるために）すでに持っているものとして使うが、同時に教員は内容を、学生が生涯を通して学習を必要とすることになる学習スキルを発達させるために使うのである。学習スキルを学生に身につけさせることは、彼らが内容を自分で学ぶということを可能にするのである。クラス自体の中では折に触れて。そしてクラスを終えた後では恒常的に。

学習者中心の教員は、学生をいっそう「**学習への責任**」ある存在にするようなもろもろの変化を設定する。教員は、学生の集まるところが教室であろうとオンラインであろうと、学習の助けになる環境を創り出し、維持するように努める。教員と学生は、学習を勢いづかせるために外発的な動機にあまりに依存するようになってしまった。学生は小試験や他の何らかの課題が課されるので、点数や成績のために必要なことしかしない。そうした賞罰がなければ学習活動は軋んで止まってしまう。学生は違った形で学習へ導かれる必要がある。学習者中心の教員は、予習しないで授業に来たり、試験の準備を怠ったり、グループ活動に貢献しなかったり、といった自身の判断の結果を学生自身に経験させることから始める。学習者中心の教員は、学ぶことの魅力と喜びを伝えるためによりよき仕事をするように努める。教員は生涯を学習に費やすのであって、けっして点数について考えることに費やすのではない。

最後に、学習者中心の教員は、「**評価の目的とプロセス**」に立ち戻る。目的から述べると、教員は2つの理由から、学生が知っていることおよび行うことができることを評価する。教員は、学習内容の習得を認定するという職業的な義務を有している。しかしそれと同時に教員は、試験のような評価活動を利用する。なぜなら、試験勉強し、試験を受け、結果を見返すということは、すべて学生の学習を促進させることができるからである。学習者中心の教員の目標とは、学生が成果を生み、スキルを実践し、または彼らの知識を証明するようないかなる経験にとっても本質的な部分である学習能力を最大限にすることで

ある。評価のプロセスに関して言うと、ここでの問題は、学生が自分や仲間を評価するスキルを発達させるべき機会が、在学中欠如しているということである。成績付けの重要性はそのままなので、教員は学生の作業を採点しなければならない。しかし、成熟した学習者は自己評価のスキルを有しており、建設的に他人にフィードバックをすることができる。学習者中心の教員は、学生にそれらの重要なスキルを探り開発させる機会を与えるような学習経験を計画する。そして、採点過程の誠実さを損なうことのない授業方略やアプローチを探し出すのである。

　初版の刊行以来、学習者中心のアプローチを考えるためのこの組織的な計画は、他の人々によって発表や著述のなかで用いられてきた。この類型論は意味を持ち続けるものであるから、この第2版にも同様に構造を提供している。

そして学習は続く

　『学習者中心の教育』の初版を出版したあとの5年間、私は教壇に立っていた。私は自分が用いていた技法を洗練させつつ、あたらしい技法を実行し続けた。いつのことだったか正確には言えないが、ある時点で、集めた実践技法をならべることへの興味が止み、教えることの哲学になった。そのようにして、私の指導実践のあらゆる側面に関する考え方に影響を与えながら、この技法集めは終了した。あまりに多くのことが変化したので、私は自分がどのような教員になったのかをほとんど自覚しなかった。

　引退する前、私はこの教育のアプローチに関して他にいくつかの認識を手にした。まず、このアプローチはけっして容易な教育方法ではない。それは洗練された指導計画のスキルを必要とする。学生が自力でいっそう学習に励んでいるとき、彼らが何をどのように学ぶかということは、彼らが常時従事する活動と直接に結びついている。それらの活動がうまく計画されていれば、行われる場所が教室であろうが自宅であろうが、彼らはいっそう学び、よりよく学ぶであろう。私が用いていた指導上の活動のうち非常に多くは、学生が他の多くの授業で行っていたものであった——多肢選択型試験、リサーチ・ペーパー、グループ発表である。私はそれらの活動の特徴が、学生が何をどのように学ぶかに影響するような仕方で、操作され変更されうるということを考えることなく、

それらの活動を利用していた。私がこれらの課題や活動を再考したとき、いかなる変化がより良き学習経験に結果するのかは、常に明白ではなかった。私が発見をしたのは、試行錯誤によってであり、変化に関する多くのフィードバックを学生に要請することによってであった。私は彼らに一個一個の活動が「好き」かどうか聞くことをやめ、それが彼らの学習努力に与える効果について尋ねた。

　前もって計画する時間がいっそう必要であることに加えて、学習者中心の教授法は、まして台本があるわけではないのでさらに困難である。あなたは入念に準備された講義案をたずさえて教室やオンラインへ向かうのではない——すなわち、視覚的に印象を与えるパワーポイント・スライドにいつでも映す段取りになっている以前の教材や例題に関連した、あらゆる事例や、変化や、質問（もしかしたら解答さえも）を持参するのではない。あなたは意のままにできる教材のレパートリーを十分に準備して向かう——あなたは入念に詰められた道具箱を持っていて、また、現場で働く職人のように、その時間の大半において自分が必要とするであろうものを知っている。たとえそうであっても、おそらくいつの日か、あなたは自分が必要とするすべてのものを持参しようとはしなくなるだろう。この場合、あなたは教材や学習活動や学生に関する自分の経験を信頼する。道具箱から何か他のものが役立ってくれるかもしれないし、あるいは、自分が必要とするものを入手するまで間に合わせることができるだろう。

　私はまた、学習者中心の教室では教員が単独で働くのではないことに気づくようになった。学生が学習のパートナーになるのである。学生は教員とともに、ある話題、ある理論、ある問題をいっそうよく理解する上で自分に役立つであろうものを探求する。私はいままで、この意味での学生とのパートナーシップを感じたことはなかった。学ぶことにいっそう、そしてよりよく焦点を当てることで、私たちはみな提案し、フィードバックを要求した。そして私たちはみな、理解と洞察へのこうした躍進を称えた。それはある種の励ましのエネルギーや自発性を教室に運んでくれた。そしてこれこそまさに、私が教室にいた最後の数年間において、教育への関心や情熱や愛を維持するために私が必要としたものだった。

　学習者中心のアプローチの経験が増えてきたとき、私を突き動かし変化させ

た教室での活動に魅せられた自分に気づいた。私は新しいことに挑戦しようとし続けた。私がそれらを実行して手にした積極的な経験が——たとえうまく機能しなかったものであっても——なぜ私が、想像以上に退屈になった教育への解毒剤として、学習者中心のアプローチの宣伝を日常的に推進しているかということの理由である。この最後の数年間において、私は自分のキャリアのどの時期よりも、いっそうよく自分自身のことを教員として感じた。

　私はまた、引退する前に、この教授法がいっそう深い種類の個人的な満足感を与えてくれるものであることを理解した。これは教授学的な演出手腕を呼び物にする教育ではない。これは教員の演技に関するものではない。これは学習する学生と、学習の発生を助けようと貢献する教員に関するものである。あなたは教員として、学生がどのくらい多くどのくらいよく内容を学習するかについて、直接に影響を与えることを行うことができる。ときに学生は、あなたの知的な想像力で表現された事柄に心酔するかもしれない。あなたはまた学生を援助して、あらゆる学習課題への彼らのアプローチの仕方を変えるような学習スキルを発達させることもできる。あなたは彼らを援助して、批判的に読むことや、仮説を変えることや、良い質問をすることや、解答を評価することを学ばせることができる。あなたは学生を援助して、人間として成長させ発達させることができる——あなたは彼らの人生を変えることができる。そしてこれこそが、教育をそうした努力に値するものにしているのである。これは差異を生じる仕事である。

　引退して以降、私はこの領域において、それが他の人々を刺激してきたことへの関心に部分的には動機づけられながら、仕事を続けている。私は他にも本を書いてきたが、話すことを求められれば、それはほとんど常に学習者中心の教育に関することである。さまざまな教職員グループとのこうした進行中の議論は、学習者中心の教育に関する私の思考を変化させ続けてきたし、また本書の新版を出すもう一つの動機であった。

　この主題に関する私の思考はまた、初版を出したあとに刊行された多くの新しい文献によって豊かなものにされてきた。著作や論文のうち、あるものは学習者中心のアプローチがいかに成功したかを説明し、あるものはそれがいかに失敗したかを叙述している。もろもろの新しい技法の記述のうち、あるものは

一般的な実践を革新し、あるものは控え目に更新している。その他多くの研究のうち、いくつかは教育に関するものだが、かなりの数は専門分野に特化している。いくつかの研究は学習成果に関する特殊な技法の効果を報告している。他の研究は、単一クラスのなかで実行された学習者中心の変化が多様であることの影響について報告している。こうした調査は非常に多くの異なった専門分野のなかに存在しているため、質問や発見の多くは他の領域の専門家には知られていない。これらの研究が同じ関心を共有し、おたがいの仕事から多くを学ぶことができるにもかかわらずである。その研究はあまりに多くの異なった方法論を用いているため、経験的には統合化できていないが、その多くの発見は報告に値するし、実践への示唆は探求に値するものである。私はそれを、いまは古くなった本に立ち戻るための別の理由として見ており、新しい本を準備している。

　私がこの改訂版に取りかかり始めたとき、島にある私たちの家はほとんど完成していた。マイケルは居間に巨大な暖炉を作った。それは私たちの家の背壁をなしている巨大な石に取りつけられ、それを囲んでいる。私たちは一軒のエクストリーム・ホームのようなものを持っていると思っている。おそらくあなたは私たちをいつの日かテレビで見かけることだろう。ひとたび煙突から煙が頼もしく上り始めたとき、それは多くの学習、実験、重労働、壮観な結果を含んだもう一つのプロジェクトだった。仕事場へ降りていくと、「ノアの箱舟」の第二の受肉が形を成している。あの最初のボートづくりについて、マイケルは言う。「あの時は自分が知る必要があることをすべて学習したわけではなかった」と。木製のボートが水の中に入って、夏の4ヵ月間の気候の中でさらされると、腐敗の問題が生じてきた。この「ノアの箱舟」は、同じ船体の構想をもって始まったが、見た目は変わり、著しくデザインが変化した。「私はこの一隻を晩年の15年間のために作っている」［と彼は言う］。いずれ分かることだろう。新しい「ノアの箱舟」のあとには、他の修理用の港湾で修復を待っている1961年のクリス・クラフトがある。「非常に古い木のボートをどう修理しよう。私は分からない。学ばなければならないことはたくさんある」。

学習者中心の教授法の背後にある理論

　先に述べた私の経歴から、学習者中心の教育と関連のある理論の考察へと進めるために、私が思う学習者中心の教育の重要な要素を抜き出してみよう。この教授法は学びに重点を置いている。つまり、学生が行っていることが、教員にとっての最大の関心事である。一見「学びに重点を置く」というのは簡単に理解できるが、その描写からさらなる詳細と複雑さが明らかになる：

1. 学生を、学びという面倒で大変な作業に取り組ませる教育である。
2. 学習過程の責任をいくらか学生に持たせることで、学生の意欲と自信をつける教育である。
3. 教室を（それが仮想教室であれ実際の教室であれ）皆が課題を共有するコミュニティーと認識することで、協同を促す教育である。
4. 学生が何を学んでいるか、また、それをどのように学んでいるかについての省察を促す教育である。
5. 明確な学習スキルの指導を含む教育である。

　これらの複雑さについては、これから先に続いていく章でさらに述べられる。
　この時点において考えるべき事は、学習者中心の教育の主要な特徴が、多くの異なる教育理念からどのように生じ、また、それらの教育理念をどのように統合しているかである。学習者中心の教授法を実践している多くの者たちは、その教授法は教育上の決断を促し、彼らの実践の基礎を根拠付ける哲学として機能していると主張するだろうが、学習者中心の教育は、文献では教育理論や哲学としては説明されていない。むしろそれは、以下に簡単に説明されている様な、既存の理論と関連付けられる。

原因帰属理論と自己効力感

　教育の分野において原因帰属理論とは、学生が自身の成功や失敗を何に帰するかを特定するものである。この理論は Heider（1958）の創唱として評価されている。また、この理論は Wiener（1986）や Covington（1992）などの研究者

によってさらに研究が進められてきた。学生が学業の成果を説明しようとする際（例えば、どれだけ試験が上手くいったか、あるいはいかなかったか等）、たいていの場合、能力か努力によるものとする。つまり、どれだけ有能であるか、また、どれだけ努力をしたか。私たちは既に、帰属の仕方が学生の行動に大きな影響を与えることを知っている。学生は通常、何か——書いたり、問題を解いたり、ダンスをしたり、スピーチをするなど——が出来ないと思い込んで授業に参加する。学生の能力に合わせたライティング授業を教えているある教員はかつて、ライティングを苦手とする学生を教えるときに最も大変なことは、その学生たちに、本当に書けるようになると信じさせることであると述べた。能力がなくて、どうして書くことができようか。私たち自身の胸中にもこのような考えが見受けられる。コンピューターは苦手だ。科学技術はほとんど使えない。リモコンの使い方がわからないから、夫がいない時はテレビをみない。リモコンの 35 もあるボタンは本当に必要なのか。

　また、Weiner（1986）が特定した統制、安定性、原因の所在という 3 つの側面から、原因帰属理論はどのように原因（言い換えれば帰属認識の源泉）が調整されるのかということを、探求している。原因は学生がコントロールできるのか。学生は、能力は生まれつき持っているもので、統制できないものだと感じる傾向がある。結果をもたらした要因は安定したものなのか、あるいは不安定で変動しうるものだろうか。もし数学の成績が悪い原因が能力の不足であるとしたら、その原因は変わらないものと考えられる。そのため、全くの幸運によるものとしない限り、成功を説明するのは難しい。原因の所在は内的要因、外的要因のどちらと関連しているのだろうか。例えば、教員が試験問題にひっかけ問題や普段宿題で課さないような問題を出したとしたら、学生は成績の悪さを外的要因のせいにすることができる。それは原因が内的か外的かということと原因帰属がどのように関わっているかも説明する。

　原因帰属理論と無関係ということはないが、自己効力感は、学生自身が思う自分自身の能力に関係している。つまり、学ぶ力があるかどうかである。この分野で最も影響力がある研究者の Bandura（1997）は、学生が思う自分自身に出来ること、出来ないことが、学部の選択から諸活動の参加、さらに、就職の面接にわたって、学業の選択に大きな影響を与えると述べている。この考えは

テストに対して不安を感じる現象などによって説明することができる。つまり、学生は教材を十分理解していても、試験環境によって学生が自身の能力について疑いを起こしたゆえに、悪い成績を取ってしまうことがある。

　自己効力感は様々な情報によって形成されるため、教員やクラスメートはその手助けをすることができる。自己効力感を形成するためには、学生は以下のような学習環境におかれる必要がある。第一に、能力は取得可能なスキルであるとみなす環境、第二に、競争的な社会的比較の重視をやめ、自身の成長の比較と個人的達成感を重視する環境、そして第三に、各学生が学習環境をある程度支配する力を強化する環境。

　結論を言えば、多くの学生は学習者としての自信があまりない。学習者中心の教育では、このような考えに対して次のように対応している。それは、入念に順序立てられた課題によって成功の可能性を高めること、努力次第で違いが生まれるということをはっきりと示すことや、学生に自身の学習とそれに伴う判断の責任を持たせる指導をするなどがある。

急進的教育学、社会変革の教育学

　この教育理論は、ブラジルの教育者 Freire の 1970 年に出版された『被抑圧者の教育学』(*Pedagogy of the Oppressed*) という書籍（1993 年にアメリカの出版社によって再出版された）で初めて紹介され、現在でも最も名高いものとされている。急進的、または批判的教育学（この分野の研究者はこの 2 つの用語の違いを明確にしているが、本書ではほとんど同じ意味で使用する）の中心的教義は、教育とは社会変革の手段であるという理念に基づいている。Stage, Muller, Kinzie と Simmons（1998, p. 57）は次のように述べている。「教育の役割は、学生を社会の現状に合わせるのではなく、不平等や支配的な虚偽に立ち向かうことにある。学習とは、社会を変革し、世界を変えることに向けられている。また、『真』の学習は、学生自身が人生で直面する困難に立ち向かう力を与える。」

　Freire の社会変革における教育の方程式は、読み書きのできない小作人に読み方を教えた経験から生まれた。その後、小作人らは読む力を利用して、長年自分たちを抑制してきた堕落した政治体制に立ち向かうために使った。知識の

増加を目的と考える人は、「政治的」目標を教育に取り付けることに反対をする。批判的な教育者は、「教員や学生が意識的に自覚していないとしても、あらゆる教育は文脈があり、政治に関係している」と反論している（Stage, Muller, Kinzie, and Simmons, 1998, p. 57）。Tompkins（1991, p. 26）は、この政治的目標がどのように教室に現れているかを明快に説明している。「私は、教室で何を話すかというよりも、どのような行動をとっているかの方が重要だと考えるようになった。教室とは、世界の縮図であり、心に抱いている理想を実践する場所である。作り上げる教育現場は、自身の信念に対しての厳しい試練の場となっている。」

うすうす感じているだろうが、この理論は権威者が知識を伝達することを支持しているのではない。Aronowitz（1993, p. 89）は、Freire の教室に対する考えを次のように説明している。「彼は学習課程の中心が教員から学生へと転換するような制度を提供したいと考える。また、この転換は、教室内だけでなく、社会全体の力関係の転換をも明快に意味している。」

教育が社会変革の手段であるという考えは、昨今の学習者中心の教育の主要な特徴ではない。このアプローチをとっている者、特に平和主義を主張する国や文化にいる者は、大衆が社会の不正を正せるように教育しようとしているのではない。それは教育の暗黙の目標であるかもしれないが、このアプローチを取り入れるために通常提示される理由ではない。学生が消極的になる傾向性を乗り越えることに関心が向けられる。学生が学習の責任を負うことを促せるような教育を目指している。私たちは、学生が授業で学んだことやその学び方によって、自らのために、また、自らの力でより多くの物事を理解することができるようになると信じて、教室を出て行くのを見守っている。

学習者中心の教育について話していく中で、この理論で提起された力の問題が教員陣の主要な懸念であることを確信した。教員たちはワークショップにおいて何度も、学生にはまだ自ら学習の判断を下す準備は出来ていないと言う。彼らは準備ができていない上に動機づけられていない。学生は、はっきりと何をどのようにするべきかを教えてくれる教員を求め、必要としている。

学習判断のコントロールを学生に与えることで実現する学生への力の転換について、Freire と Horton の見事に編集された対談（Horton and Freire, 1990）

の中でさらに取り扱われている。Horton の教育理論は、選挙権を剥奪されたアフリカ系アメリカ人が投票するために必要な試験に合格できるように努めている中で生まれたものである。Freire と Horton の二人は、字を読むことができない最も貧しく、準備が不十分な学生の手助けをしていた。彼らは、この学生たちでさえも学習の判断を下せると信じたのだろうか。確かに彼らは学生のことを信じ、また、学生も信じてもらえたことで、学ぶ意欲が著しく増した。

　急進的教育学は、教育・学習プロセスにおいて、誰が何に対して責任を持っているのかについての多くの前提に疑問を投げかけている。この理論は、学生の学習経験における教員の権威的役割に疑問を持つものであり、また、学生と力を共有する倫理的に責任ある方法を探るものである。学生は、学習判断を教員が下すことを望んでいるかもしれないが、それは自信と意欲を持った学習者を育てるアプローチではない。急進的教育学は、学生と学習の恩恵のために、教室内の力関係を変えていくのが目的である。

フェミニスト教育学
　フェミニスト教育学もまた、教室内の力関係を変えていくのが目的となっているが、その理由は学生よりも教員に関係するものの方が多い。急進的教育学のように、この理論でもほとんどの教育はあまりにも権威的であるとしている。教室内の力は平等に分配されておらず、その不均衡が学習成果、とりわけ女性の学習成果に悪影響を与える。高等教育は歴史的にみて、男性が優位となっており、さらに、社会に深く関わっている家父長制の構造の根源は、学術学会や教室内に見つけることができる。その結果、学生（たいていの場合は女性、特に男性中心の分野において）は異なった扱いを受ける。彼女達の学習は、強いものを守る権力構造によって、妨げられている。

　フェミニスト教育学では、家父長制を力の曲解と見なしている。力を持っているものは、自らの力を愛し守り、それは、彼らが支配する者の不利に働いている。彼らは自らの力に対する執着を否定しつつ、その力を手放すことを拒み、その代わりに、彼らの学生が自ら判断を下す能力がないことの理由をあげる。さらにはっきり述べると、この力の問題は学生よりも教員に関係している。

　教室内で支配力を持つことには魅惑的な利点を伴う。例えば、計画を決めた

り、行動を指示したり、あらゆる反対意見を抑え込んだり、自身の知性と教育的能力を見せられるなどがある。何人かの教員にとっては、支配力を持つことの利点が、力を共有することを必要とする学習者中心の教育に対して反対する理由となっているのかもしれない。この理論は、それぞれの教員に、なぜ学習者中心の教育が支持できないかということを考えさせる。

　男女平等を尊重する授業における教員は、学習を促進する人である。さらに例えて言うならば、教員は音楽を奏でる指揮者のようであり、花が美しく咲き香るために水をやり、手入れをする園芸家のようであり、さらに、自身の経験や専門性を学習の誕生に使う助産師のようなものである。

　さらに、フェミニスト理論は、教育の競争的な側面を批判する。協力することよりも競争することを学生に教える方が教育では上手くできると仮定している。フェミニストの研究者ではないが、Kohn（1986）は、相対評価などの教育実践の競争的側面に対して、説得力のある反証を収集する。学習者中心の教育は協力することを促す。このアプローチは、学生が協力するときに起こる学習を評価し、どこであっても学びが存在する教室において最もよく機能する。また、どこにおいても学びが起こるべきであると考える。フェミニストであるhooks（1994, p. 12）は、このような教室を「可能性を秘めた急進的な空間」と表している。

　急進主義、そして、フェミニスト教育学の両方は対立的であり、その課題も政治的であるため、これらに関する議論は教室からかけはなれた場所で行われることがほとんどである。そのため、多くの学習者中心の教育の考えがこれらの理論に影響を受けているにもかかわらず、ほとんどの教員はこの分野の研究についてはあまり知らない。より民主的、また平等主義的な教育観は、教員の権威的役割と伝統的な力構造に対して疑問を投げかける。学生に学習の責任を持たせることを提案し、教員が必要なくなることが教員自身の成功を意味している。

構成主義

　近年の有名な教育理論の根底には、学習者と学習内容の関係がある。「構成主義は、教員や教科書から情報を受け身的に伝達されるのではなく、学習者が

主体的に自身の知識を構築することの重要性を強調する。構成主義の視点から言えば、知識は学生に簡単に与えることはできない。学生は、自ら意味を構築しなければならない。」（Stage, Muller, Kinzie, and Simmons 1998, p. 35）。Fosnot（1996, p. 29）は、この説明に加えて次のように説明している。学習は「学習者側に創意と自己組織性を必要とする。そのため、教員は学生が自ら問題を提起し、自らの仮説とモデルを作り、その妥当性を実験することを許す必要がある。」この教育と学習の理論は、あらゆる心理学者や哲学者、とりわけ Piaget, Bruner, von Glaserfeld, そして Vygotsky の研究に基づいている。

　実践者の研究ではほとんど言及されることのない社会変革の教育学やフェミニズム教育学とは違って、構成主義は、学習者中心の教育を実践することを正当化するために示される。構成主義に関連するアプローチとしてグループ学習を含むことが多いが、その理論について書いている人がより多く言及していることは、各学習者が自身に意味を成すように、既に持っている知識と新しい情報を関連させていることである。その区別は少しばかり争点となる。なぜなら、学生がグループで学習するときでも、各学生は自身の経験や理解に頼って内容に取り組んでいるからである。

　初期の段階では、構成主義に関連したグループ学習は、Bruffee（1993）によって提起された協調学習［Collabrative learning］であった。彼は、学生のグループは複雑で学際的な問題について研究していると主張した。教員は彼らの中のスタディーリーダーとしてかかわり、グループは問題に対して新しく、統合された革新的な解決策を考える。この初期の研究は、探求型の学習環境において、学生と学習内容、そして教員をつなげる授業づくりに使われるラーニング・コミュニティのモデルを生み出した。そして、今やこのようなラーニング・コミュニティは、多くの大学機関においてその教育課程に含まれている。

　学生が知識を構築する過程に関与しているという考えは、学習内容が仮定的結論やあまり限定的でない結論を支持する文系や社会学の分野にはうまくあてはまる。「正しい」答えがあり、知識の状態に関して意見の不一致があまりない科学や数学、工学などの分野においては、知識が「社会的」に構築されるのを見るのは難しい。その結果、構成主義の理論に対する異論はこれらの分野からはじめに挙げられた。しかし、現段階では、多くの分野の教育者から異論が

挙げられている。

　最初に挙げられた反論の一つには、学生に自ら知識を発見させることの効率の悪さを伴う。知識を発見するには時間がかかり、答えが見つからないところに答えを追求しようとして時間を無駄にしてしまう場合が多い。授業はある一定の内容が扱われ、それに基づいて次へと進められることを仮定し順序立てているが、ほとんどの教員は、授業で扱われた内容は必ずしも学生が学んだ内容、覚えた内容とは一致しないと分かった。これに対して、構成主義者は、学生自らが答えを見つけ出す過程の中で、有益な学習スキルを磨くことができると述べている。学生は、必ずしも完璧にできなくても、問題を解決することで、問題解決力を養う。また、質問をすることで質問の仕方を学び、答えを判断することで、答えを判断することを学び、批判的に考えることで、批判的に考えることを学ぶ。

　学生が理解する必要性と、教員が教える必要性のバランスが大事であると指摘したのは実践者であった。化学の教員であるDitzierとRicci（1994, p. 687）は次のように述べている。「化学者の明確な考え方を示すことと、学生の創造力を育てる大切さのバランスを取る相互関係と受動的観察のちょうど良いバランスを日常的に見つけるには、私たちの教育スキルの全てが必要になる。」授業では、どちらか一方でなくてはならないということはなく、両方をバランスよく取り入れてよい。内容自体を見ることで、学生が単純に答えを教えられた方がいいのか、あるいは、自分で答えを見出した方が良いのかが明快なことがある。

　二つ目の反論は、学生が自分勝手に手際の悪い学習をしている場合の、教員の役割に関連している。反論する人は、学生に複雑な問題を与え、その問題に溺れさせることは、倫理的でなく不公平であると述べる。構成主義者は、彼らが提案していることはそういうことではないと主張する。彼らは、教員に学びのサポートをしてほしいのであって、指示してほしいのではない。構成主義のアプローチの一つである質問型学習について書いているDuffyとRaymer（2010）は、学習者に与えられる指示というのは、その手法の欠かせない要素であると説明する。「しかし、その指示は学生が批判的に考える力を促すことに焦点を当てており、学生に何をして何に注意を払うべきかを言うことではな

い。」（p. 4）。構成主義学習を実践している講師は講義をするが、通常、情報の伝達は、学生自身が何を知らなければならないかに気付き、その問題に取り組んだ後に起こる。待つことの利点は、学生が何かを知らなければならないと自覚した時、その答えを注意深く聞くということだ。

そして、構成主義に対してこのように反論する者もいる。構成主義は、学生が提案することには全て同等の重要性を持たせなければならず、個々人が見出す意義で、正しくない、あるいはあまり良くないものも全て受け入れなければならないことを意味するとして反論する。そして、構成主義が授業内容の知的誠実さを希薄化すると反論する。学問的厳密さと水準を犠牲にしているのである。

構成主義者たちは、これもまた彼らが提案しているものの言い逃れにしか過ぎないと考える。知識を構築するということは、学習者が知識を作り出すという意味ではない。むしろ、既にある知識と関連付けられるように、新しい知識を位置づけることで、学習者がそれを理解できるということだ。教員は、学生の理解に注意を注ぐべきである。なぜなら、その理解が単に確立された事実の実行可能な代替案となるからではなく、彼らがどのように考えをめぐらすかによって、教え方を考えるべきだからである。さらに、学生が結論にたどりついた時に、彼らの考えに挑戦をすることが次のステップになる。教員は、学生に質問をし、学生に自らの主張を説明し擁護することを要するアクティビティーを作り上げるべきである。その目的は、学生に解決策の中に質的多様性を見出させることである。

しっかりと決められた課題を持ち、グループ内に相互依存関係があると同時に個人の責任もあるグループ学習の一つである協同学習［Cooperative learning］は、科学の分野で広く使われている。その一つの理由として、これらの反論に対応しているからである。しかし、ほとんどの協同学習は、わずかに構成主義なだけである。近年、あらゆるグループ学習のモデルが生まれており（Process-Oriented Guided Inquiry（POGIL）；Guided Inquiry; Peer-Led Team Learning（PLTL）など）、これらは協調学習と協同学習の区別を曖昧にしている。これらの新しいモデルのほとんどは、構成主義の中心要素を保持している。グループで学習している学生は答えが一つではない問題に取り組み、彼らが発見

する情報を利用、または整理し、彼ら独自の結論を見出している。次の章で強調している新しい研究では、これらの学習法の驚くべき効果を紹介している。

構成主義理論は、各教員によって使われるのに加えて、カリキュラム全体、コースの順序、各授業のいくつかのセクションの再編成に使われている。例えば、Ege, Coppola, そして Lawton（1996）の研究が挙げられる。彼らは構成主義の理論を使い、ミシガン大学の化学、生物学、そして医学部進学課程を専攻している全ての学生が履修する有機化学入門の授業を再編成した。

構成主義は、多くの学習者中心の実践と合致する。最も根本的な部分では、学生は内容にふれなければならないと主張する。これは、権威者から情報を受動的に受けとるのとはほど遠い。構成主義におけるやりとりでは、学生は既に知っていることと新しく学んだことを関連付ける。彼らは、新しい情報を形作り、既に信じ認識していることと合うようにするなど、新しい情報を使って、現在の見解・理解を再形成、拡大、あるいは深めることができる。「構築する」という動詞は、既に同じ教材を使って知識構造を構築した教員の助言によって、学生が知識を築くという意味である。

変容的学習

変容的学習の分野で多くの研究をしている成人教育学者の Cranton（2006, p. 23）によると、変容的学習は構成主義の仮定に基づいている。その理論は、内省や自己認識、再検討を通して学習者が個人的な意義を構築するものである。成人教育学者はこれを自己変革のための振り返りと呼ぶ。しかし、構成主義と変容的学習を区別するものは、省察過程の結論である。その名が示しているように、変容する学びは、学習者を深い次元で、また、持続的に変えていく。通常、変化するのは、当たり前と思われてきた信念や、問題にされない思い込み、また、疑問視されたことのない習慣である。この学習は一つの出来事——Mezirow と彼の仲間たち（2000）はこれを"従来の前提や枠組みでは解決できないジレンマ"（disorienting dilemma）の結果として起こることもあれば、時間をかけて、いくつかの出来事や経験が自己変革のための振り返りをもたらすことで起こることもある。どちらにせよ、このような学習は人々が何を信じ、どう行動するか、さらには、その人自身をも変えていく。これこそ教育、とりわ

け、高等教育の究極の目標とするべきである。

　実践者の論文は、成人教育の研究者が変容・改革的と呼ぶだろう学習者の変化についての記述でいっぱいであるにもかかわらず、この分野の理論と研究もまた、学習者中心の教育に関心がある人たちにあまり知られていない。残念ながら、教員は変容を偶然によるものとする。つまり、変化は起きるか起きないかのどちらかであり、計画することもコントロールすることもできない。教員がこのような考えを持つとき、変容的学習を経験する可能性を推進し、前進させ、増やすための具体案を考えなくなる。偶然に大学での経験が学生を変えるという証拠（Pascarella and Terenzini, 1991, 2005 の巧みな要約を参照）があったとしても、教員がそれを促進する役目を自覚すれば、変容的学習経験の可能性が増す。

　学習者中心の教育では、学生の学びに直接に焦点を合わせるので、学生を変容的学習経験の方向へ導く可能性も高い。これらの学習法は省察、批評、そして自己認識の形成を促すものである。成人教育理論によれば、学習者中心の教育とは、学習者が多岐にわたる分野で変化することができ、様々な意識変容を経験する可能性を増やすというものかもしれない。

　この学習法を使うほとんどの人たちは、学生の学びについての考えが変化しているのを見てきた。学生が学びに責任を持たされ、それに伴う決断を下す中で、自立した学習者として、自分たちに何ができるかがわかるようになる。途中で後戻りはできない。著者も大学で教えることについての授業を大学院で受け、このようなことに突然直面したことがある。ある著名な研究者を授業に呼び、彼の研究や論文に関しての疑問について話し合う場が設けられた。その研究者はクラスに入り、入念に準備されたメモを使って講義を始めた。講義が始まってすぐに、ある学生が「博士、私たちがあなたを授業に呼んだのは、話し合いたい疑問があったからです。私たちの質問を扱って、考えを共有しあいたいのですが」と話を中断させた。博士はあきらかに驚いていたが、議論が始まった。授業の後、彼はこのように述べた。「学生にあのようにされたことは今まで一度もなかったが、彼らの質問を聞いて、彼らがこの講義を聞く必要がないということがはっきりとわかった。」

　学習者中心の教育は、確かに学びに対する考えを効果的に変革するが、全て

の学生を変革するわけではない。もしかすると、学生がそれをより日常的にカリキュラムの中で経験したら変革できるかもしれない。あるいは、どのような授業計画、また、順序立てが最も効果的かを知っていれば、もしかしたら変容的学習をより効果的に推進できるかもしれない。たとえそうであっても、学生をこのように深い意味で変える学びに、教員が目的を持って介入するという行為の正当性は十分である。

さらに、学習者中心の教育は、単に学生を変えるだけではない。この教育方法は、教員が学びに対して思っていること、また、教員としての役割について考えていることを変革することができる。これが、著者の教育と授業内での実践に対しての考えを大きく変えたことは既に述べている。これらと同等の大きな変化は、実践者の著書にもよく書かれているが、教員は彼ら自身に起きた変化を変容的学習の経験と認識しない。Tompkins（1991）、Mazur（2009）、そしてSpence（2010）の著書に実例がある。

本書は、著者が初めて体験した学習者中心の教育についてまず述べられ、これらの学習法が基づいている理論の発見へと続いている。著者自身の経験が明らかになり、学習者中心の教育の考えが様々な教育理論と関連付けられるにつれ、きちんと順序立った経験、考え、そしてつながりはないとわかる。事態は明快で理解しやすいのではなく、厄介で混乱している。そして、この知識領域のごちゃごちゃした性質は、次の章でも明らかになるように、研究の領域にも続いている。学習者中心の教育は、理論から見い出され、順序だった研究によって証明されたのではない。しかし、一人の教員がこれらの考えに偶然出会い、この考えが様々な教育理論を結んでいるという特有の乱雑さがあるにもかかわらず、これらの教育方法が学生の学びをよりよくするという――理論的、実験的、また経験的――証拠はある。

第2章

研究：学習者中心のアプローチが機能する証拠

　学習者中心のアプローチの効果を証明する相当量の研究が存在している。本書の初版以降も、多くの研究が発表され、これらのアプローチの効果を裏付ける証拠の集大成によって、私は第二版を出すメリットを確信できたのである。本章ではこれらの研究の実例を要約し、第一版で強調したことがらをアップデートし、新しい研究成果について紹介する。

　多くの教員がこの冒頭を読んだ後、この章は飛ばしてもよいと考えるだろう。たいていの教員は、自分の研究分野か、非常に興味を持つトピックでない限り、論文を読むことはないだろう。教授法や学習に関する研究は、教育現場を対象としたり、実践者によるものであっても、あまり読まれない理由がある。多くの教員は、このような研究を良いものだと考えておらず、実際に教室で教えるにあたって役立つようなことがそこから学べるとは思っていない。

　教授法と学習に関する研究が疎かにされていることは、ある程度は理解可能である。教育研究は、他の分野の研究と同じように、すべてが良いものではない。研究の方法論は、常に私たちを苦しめるような形で多くの専門的な（わけのわからない）用語とともに出現し、その多くはなじみがないものである。研究成果は、常にそれを詳細に説明してくれるものとは限らない。重ねて言うがこの研究は、私たちの分野において多くなされているもの同様、実践よりも今後の研究に続く情報を提供している。しかし私は、このことが教授法と学習に関する研究を行わない正当な理由とは考えない。

　学習者中心の教育に関連した研究を知ることで得るいくつかの利点は以下の通りである。もしあなたが未だ学習者中心の授業方法を使っていないのなら、本書の研究成果はそうしたアプローチを試みるきっかけとなる証拠を示してく

れるだろう。もしあなたが学習者中心のストラテジーのいくつかを使っているならば、その方法がより機能するデザインや影響を及ぼす学習成果について理解を深めることで、より効果が高まるだろう。もしあなたが学習者中心の教育の正当性を信じ、この方法を同僚に推奨していきたいと考えているならば、この方法がどのように検証されてきたか、またいかに効果的に機能するのか根拠を得ることでより効果的なものになるだろう。

　上記の利点のうち、後の2つは広い教育分野でいえることだが学習者中心の教育にも関連している。教授と学習に関しては相当に研究されているにもかかわらず、多くの授業実践はそうした研究成果に基づいていないからである。これは、証拠というものが尊重される学究文化において非常に皮肉なことのように思える。教授と学習、両方を効果的にする方法に関する研究知見に沿わない授業は、その価値を減じ、そこで生じる学習もいい加減なものになってしまう。研究成果を知ることは、指導をより証拠に基づいたものにする変化への刺激となる。そして最終的に、学習者中心のアプローチに関する教育研究の成果を読むことで、他にも読む価値のある実践研究があることに読書は得心が行くだろう。これらのメリットを超えて、本章における私の目的は、読み続けたいと興味をひきつけるような、面白く、簡潔で、専門用語を使っていない研究の概要を紹介することである。

　本章は、学習者中心のアプローチに関する包括的な文献レビューでいない。そうしたレビューをまとめるだけの私のキャリアにおける十分な時間は残されていない。これらのアプローチを正当化する研究はあらゆる種類の領域においてなされている。それは、最初は教育とその周辺分野から始まり、実践家の教育学的な研究に落ち着いており、現在はほぼすべての分野において見られる。すべてを発見すること——もしくは大部分を発見することは気の遠くなるような作業である。私はたいていの同僚よりもこのトピックについて多くを読んでいることを確信しており、かつ私はまだ自分が読んでいないもので知っておくべきことに常に気づいている。

　多くの異なる領域でなされた研究に加えて、学習者中心の傘下に入る様々なテクニック、ストラテジー、アプローチが存在する。後ほど、これらの定義づけのあいまいさが「何が学習者中心で、学習者中心でないのか」を判断するこ

とをいかに困難にしているのかについて述べていく。この時点で多様な選択肢の中から何をレビューに含めるか、悩ましい。本章で重要で、質の高い、興味深い研究を選んだと思うが、それが学術書において誇大広告にならないよう注意を払いたい。

先行研究では、しばしばメタ分析のような量的な方法を用いた結果が統合されているが、学習者中心のアプローチに関する研究の多くは、一切の量的な分析を排除している。使用されているさまざまな研究の方法論は多すぎるほどである。たいていの先行研究の目標は、知られていないことについて、研究として何がわかったのか、そしてその結果、新たな研究課題はどのように方向付けられたのかについてまとめることであった。これは実践家が学習者中心のアプローチに関する研究について知る必要のないことである。確かな結論のない教育的研究においては、実践家は、研究によって提示されてきた問いや見出されてきた知見は、証拠の重さによって支持された答えであることを理解しておきたい。むしろ、より重要なことは、研究成果に基づいて何をしたいかである。それらの議題については本章の最後の部分で扱う。

最新の研究

2002年の版では、更新に値する以下の3つの領域における研究を強調した。「深化した」学習（以下、深い学び）と「表層上の」学習（以下、浅い学び）、教授に対する教員の志向、そして自己調整学習である。これらの領域の研究はそれぞれ教育やその関連分野で進められている。それはそれ自体が学習者中心のアプローチではないが、学習者中心のアプローチを実証する原理として位置づけられている。

深い学びと浅い学び

この研究は、教員の間でよく知られたものであり（学習に関する2つのアプローチの違いに関する認識はあまり広がっていなかったのであるが）、Marton と Saljo（1976；1997に Marton, Hounsell, と Entwistle によって改訂および分析された）によって、特に将来性のある研究として始まった。彼らは学生に学術的テ

キストの文書を読ませて、何を読んだかについて記述させた。Ramsden（1988, p. 18）は、この分野で研究を進めるもう一人の重要な研究者であるが、その第一の発見について簡潔に要約している「彼らは学生の読書のアウトカム（成果）における*質的な変化*の証拠を発見した。その違いは学生の暗記量についてではなく、著者が伝えようとしていた意味についてである。数人の学生は議論について前もって十分に理解しており、その議論を支持するような証拠と関連付けることができた。ほかの学生は、著者のメッセージを部分的には理解できた。また、ある学生は覚えようとした詳細のいくつかを記述することができただけであった。」

学生たちが記憶をすることに集中し、読み物の個々の要素に焦点を当て、（そこに書かれている）証拠と情報を区別することができなかったならば、それは軽率な行動であり、形式的な取り組みであると見なされる。Marton と Saljo はこれらのアプローチを浅い学びと特徴付けた。学生が著者の意味するところにフォーカスし、新しい情報を自分がすでに知っていたり経験したことと関連付けたり、内容の組織化や構造化を試みたり、読書が学習の重要な要素になっていると見なすとき、Marton と Saljo はこのアプローチを深い学びであると特徴づけた。Ramsden（1988, p. 23）はさらにこの2つのアプローチの違いのポイントを述べている。表層的なアプローチをしている学生にとって、「テキストは、証拠の平原が広がっている周囲に、原理や議論を表す際立った特徴が点在しているエリアというよりも、むしろ覚えるべき平坦な事実の風景にすぎない。」

また、Ramsden（1988, p. 271）は深い学びと変容的学習との関連を見出している。「学習は、所有する知識量の量的な変化というよりも、ものの見方や経験、理解の仕方、現実世界の何かを概念化するという質的な変化として解釈されるべきものである」。深い学びは学生が教育における最も汎用的で最も重要な目標を達成するのに役立つ。「高等教育は……学生が学究的生活を終えてからも最大限の価値を発展させるスキルや態度、知識や理解を促すことに集中すべきである。特定の職種の仕事の世界への入隊（就職）だけではなく、21世紀の人生のための効果的な準備のために」（Entwistle, 2010, p. 20）。

Entwistle によると 「最初の自然主義的な実験以来、深い学び、また浅い学

びのアプローチは多くの科目領域において広く確認されている」(2010, p. 24)。この確証は学生が、深い（深化した）また表層的なアプローチのどちらを用いているのかを示す信頼性のある尺度に由来している（Biggs, Kember, and Leung, 2001; Tait, Entwistle, and McCune, 1998, reprinted in Entwistle, 2010, pp. 53-54)。教員はより生産的な深い学びのアプローチを調べるために、その尺度を使って学生にフィードバックを与えたり、励ましたりすることができる。

　深い学び、また浅い学びに関する研究は教員の間で共感を呼んでいる。たいていの教員は多くの学生が、書かれていることを暗記しようとして（ときにはその内容を理解することなしに暗記しようとして）いる状況を見ている。表層的な学習アプローチは、知識が一時的に保留される結果になることが多く、多くの教員はそれを直接体験と見ている。そこで問題は、学習者中心のアプローチは深い学びを促進するのかどうかということである。そして、最も説得力のある証拠は教授方法に対する教員の志向に関する研究に見ることができる。

教えることに対する教員の考え方

　早くも 1988 年（Greeson）に、教員中心もしくは学習者中心のアプローチと、学生が報告した学習経験のタイプとの間に関係があることを示す研究が存在した。この研究では、学習者中心の指導法は、多くの異なる変数において、より好ましいものであるという結果が示された。Kember と Gow（1994）の学部内における教員と学生に関する研究から始まって、Greeson が報告した初期の調査結果はその後首尾一貫して支持されている。Kember と Gow の調査結果は「採用された指導法、決められた学習課題、設定された評価の要求、そして指定された仕事量などは指導に対する志向性に強く影響されていることを示している。知識の伝達を優先する学部においては、カリキュラムデザインや指導方法が学生の学習法に対して好ましくない影響を及ぼす可能性が高い。学習支援に重きを置く学部は、有意義な学習を奨励する学習環境の構築やコースデザインをおこなう傾向がある。」(p. 69)

　1990 年代の後半に、Trigwell、Prosser と数人の同僚たちは Approaches to Teaching Inventory（指導法インベントリー：2006 年に Prosser と Trigwell によって改訂）を開発した。この尺度は、どの程度情報の伝達や教員に焦点をあてた

教え方を志向しているのか、それとも概念的変化や学生に焦点をあてた授業方法を志向しているか——これは本書の専門用語であるが、要するに教員が教師中心か学生中心かどうかを識別するものである。2010年に、Trigwell はこの尺度を教員に実施し、同時期にその学生に対して学習方法に関する尺度（Biggs, Kember, and Leung, 2001 など）を実施し、結果を比較した5つの調査研究を報告している。一つの研究は 48 クラスを教える 46 名の大学の科学の教員と 3956 名の学生を対象としていた（Trigwell, Prosser, and Waterhouse, 1999）。もう一つの研究では、大人数の1年生が履修する、オムニバス形式の 55 のクラスを対象にしたものであり、408 名の教員と 8829 名の学生が被験者であった（Trigwell, Prosser, Ramsden, and Martin, 1999）。

これらすべての調査の結果について、Tringwell (2010) は以下のように述べている。「これらの調査結果をまとめて分析の単位としてクラスをみると、情報伝達を目的とした教師中心の指導法は浅い学びと正比例しており、概念の変容を目的とした学生中心の指導法は、深い学びと正の関連を示している」(p. 121)。Tringwell は学生に焦点をあてた考え方に関する記述をしているが、これは本書で学習者中心の教育として言及しているものを裏付けている。「教員が、学生の活動にフォーカスし、学生のしていることや学んでいることが、教員がしていることよりも問題になるとき、また教師が自己統制的な学習を奨励する人であり、そこではディベートを促進したり、学生のアイデアについて質問するための多くの時間を設けたりするならば、彼（もしくは彼女）の学生は表層的なアプローチではなく、より深い学びのアプローチをとろうとするであろう」(p. 121)。

この研究は学習者中心のアプローチに対する説得力のある称賛を提供する。学習者中心の指導法が用いられるとき、教師中心の指導法とは異なる、より深い、より良質な学習を促進するという主張が正当化されている。それは持続的な学びであり、より広く、より高い目標を達成する高等教育を可能にするための学習である。

自立して自主的な、自己調整のできる学習者

FD に携わり始めの頃に、私は自律した学習（autonomous learning）について

の考え方に出会った。Boud（1981）編集した研究選集の中で、一般的に教育がいかに学生を依存する学習者にしてしまうのかについて述べられている。学生たちは、何を学ぶ必要があるのか、指示される学習方法は何か、そして最終的に彼らの学びの何が、どのように評価されるのかについて、教師に依存している。私たちの教室においても、多くのケースが教える側に実質的にすべてを伝えるように要求している——レポートは何語（何ワード）にするのか、どんなフォントを使うのか、いくつの参考文献を入れるべきなのか、余白はどれくらいとるべきなのか、など。もしそれらの詳細が明記されていない場合、もし学生たちが彼ら自身で決断をしなければならないとき、彼らは動揺して質問するだろう。

　大学の教室において自主的な学習者をほとんど見ることができないため、個人が自己主導的な学習をどのように効果的に行っているかについてはほとんど無視している。独学でマスターした園芸家や、愛鳥家、編み物の熟練者、もしくは自宅で船を作ってしまう人など、中には、より高次の知識やスキルを自ら取得している人たちもいる。自立した学習者たちの特徴の多くは、そのような独学の学習者がどのように活動しているのかについて分析している研究に見られる。この研究と他の研究は1991年のCandyの「生涯学習のための自己主導（*Self-Direction for Lifelong Learning*）」にまとめられている。付録にはCandyの作った自律した学習のためのプロフィール（Profile for the Autonomous Learner）があり、そこには自律した学習者を記述するために研究で使用されている100を超える「属性、特徴、質、そして能力」がリストされている（p. 459）。この巻末の付録には、研究のユニークな要約と私たちのすべてが教えたいと思う「完璧な」学生についての適切な記述が最後に記されている。

　Zimmerman（2002）はこの分野における幅広い研究を行っており、自己主導的な学習について「知能（mental ability）や学力—学習達成度（academic skill）ではない。むしろ、学習者が彼らの知能を学力に転換する学ぶ力なのである（p. 65）」と言う明確な定義を示している。この学習者の特徴は様々に名づけられる：自己主導的な学習者、自律した学習者、自立した学習者。これらの違いは、実質的な区別よりもかすかなニュアンスによるが、Zimmerman（2008）が「どのように学生が彼ら自身の学習プロセスの主導者、達人

（master）になるのか」（p. 166）という包括的なリサーチ・クエスチョンとして記述したものにまとめられている。

Zimmermanの2002年の論文は、自己主導的な学習についての研究の簡潔で明確な概要を示している。もしこの領域があなたの興味にかなっているならば、彼の研究を参照する必然性がある。彼はこの研究から明らかになった3つの成果について述べている。第一に、「自己主導的な学習は詳細なスキルに関する知識以上のものを含んでいる。それは自己認識や自発性（自己動機付け）、知識を適切に活用するための行動スキルを含んでいる」（p. 66）。第二に、自己主導はある人が持っていて、ある人が持っていないというような特性ではないことを研究は裏付けている。そして最後に、学生が動機付けられているか、自己主導的かどうかは自己効力感の信念や内発的な興味によって決まる。

深化した、また表層的な学習のように、研究者たちは学生がどの程度自己主導的なのかを測る多くの測定尺度を開発した。それらの中にはLearning and Study Strategies Inventory（学習・勉強法調査票：LASSIとしての方がよく知られている。Weinstein, Schulte, and Palmer, 1987）や、the Motivated Strategies for Leaning Questionnaire（学習への意欲の高め方に関するアンケート：MSLQ: Pintrich, Smith, Garcia, and McKeachie, 1993)、学生に6つの課題を与えて、口頭で返答させる定型インタビューである自己主導的学習インタビュー（Self-Regulated Learning Interview Scale、Zimmerman and Martinez Pons, 1986, 1988）などが含まれる。深化した、または表層的な学習の尺度のように、これらの尺度は教員にとってはすばらしいリソース（資源）となる。もし学生がこれらのうちの一つに回答するならば、教員は彼らの学生が自己主導的なストラテジーを使っているのか、また学生がそれによって得るものがあるのかについて知ることができ、もしそうでない（自己主導的ストラテジーを使用していない）ならば、彼らの使用しているストラテジーやより効果的な他の代替手段について知ることができる。

Zimmerman（2008）は現在経験的に探求されている以下の4つの問題についての研究をまとめている。(1)最近まで、研究者は調査のときに学生が何をしているかという自己記述式のレポートに頼っていた。現在では学生たちが自己調整に関連する多くのストラテジーを利用できるソフトウェア・プログラムが

あり、それらのプログラムは研究者が学生がどのストラテジーを使って勉強しているのかを追跡することを可能にしている。ここで、最初の問題はそれらの自己報告と実際のストラテジーの使用との間に一致が見られるのかどうかということである。今までのところ、結果は混在している。(2)もし学生が自己調整学習ストラテジーを自宅で、もしくは図書館で用いた場合、たとえばそれは彼らの全般的な学業成績を向上させるのだろうか。初期の研究では、結果はそうなっている。(3)特に学習者中心の方針に関連する。教員は学生が教室でしていることを彼らの自己調整を高める方向に改善することは可能だろうか？　もちろん、それは可能である。(4)学生を動機づける感情や信念は彼らの自己調整学習を始めて、それを持続するのにどのような役割を果たすだろうか？　現在の研究は自己調整のプロセスと動機づけの元（動因）との間の密接な関係を示している。

　自己主導的な学習に関する研究の結果として、多くの研究者が公的な教育経験は学習者に何を知る必要があるのかを特定し、どのようにそれを学ぶかを決定することを可能にするべきであると提案している。それは、彼らが教室や、自宅や、職場で直面する学習タスクに対してであり、後に続く人生においても同じである。しかしながら、Zimmerman（2002）は研究結果が自己調整がより大きな学業的な成功に決定的につながることを示しているにもかかわらず、「学生たちが彼ら自身の学びを進められるような準備をしている教員は現在のところほとんどいない」(p. 64) と指摘している。彼は詳細に述べている。「学生たちは追及すべき学業的な仕事、複雑な課題を遂行するための方法、そして学習のパートナーに対する選択権をほとんど与えられていない。彼らの学業的課題のための具体的なゴールを設定するために学生を励ましたり、実際の学習ストラテジーを教える教員はほとんどいない。さらに、学生は彼らの仕事を自己評価したり、新しい課題に対するコンピテンスを評価するような機会もほとんど与えられていない。」(p. 69)

　自ら学べる学生を育てようとするこれらのアプローチは、学習者中心の教育の本質的な一部分である。それは学生をして学習に関する意思決定をさせ、協同を奨励し、学習スキルの明確な指導を提供し、自己評価や学習者同士の評価（peer assessment）の機会を与えるものである。学生たちを彼ら自身のための学

びができるようにさせる価値は、多くの教員が研究して検証する必要のある何かではない。私たちは学生が少なくとも1回は転職をするであろうことを知っている。つまり、学び続けていくことは仕事のうえでだけでなく、実際にはその人の人生の一部になっていくであろう。学生の成功は彼らの生涯学習者としての能力によって決まることは疑う余地がない。

深い学び、また浅い学び、教員の教授に関する志向性、そして自己調整学習に関する研究成果は学習者中心のアプローチを裏付けるものである。教員の志向性についての課題は、もし教員の主要な関心が教育内容をカバーすることだとするならば、学生はしばしば内容自体をほとんど、もしくはまったく理解していなくても、それを暗記することによって教員に応えようとする。教員が学習者中心であり、内容の理解を深めることにフォーカスして学習プロセスに精通するよう学生を熱心に支援するときには、学生は学習内容をより深いレベルで理解し、彼らの学びを学習者としての自律性と自立性をもってやり遂げようとする。

注目すべき先行研究

研究成果を要約して包括したレビューは、特定の領域の情報の位置づけをより明確にした。たいていのレビューは、これらの研究に従事する人か、もしくは関連する研究に関心を持つ人のために書かれたものである。これらのレビューが研究成果からの知見をさらに探求したり、明確に実践家のために書かれるということはめったにない。本章で紹介する3つのレビューは注目すべき例外であり、学習者中心の教育に関連する研究の報告になっている。

動機づけに関する研究レビュー

多くの教員は学生の消極性の蔓延に頭を悩ませている。それらの大学生たちは、なぜ未だに学びに対して動機づけられていないのだろうか？　このような学生を教える私たちは、動機づけの領域の研究について、できるだけ多くを知る必要がある。Pintrich（2003）は動機づけについての研究で知られている教育の研究者であり、きわめて優れた研究レビューを出版している。彼は動機づ

けについての 7 つのキークエスチョンに関連する研究を行っている：

1. 学生は何を求めているのか？
2. 教室において、何が学生を動機づけるのか？
3. どのように学生は彼らの欲しいものを手に入れるのか？
4. 学生は自分たちが何を求めているのか、もしくは何が彼らを動機づけているかについて知っているのか？
5. どのようにして動機づけが認知につながり、認知が動機づけにつながるのか？
6. どのようにしてモチベーションが変化したり発展したりするのか？
7. 文脈と文化の役割は何か？

　他の多くのレビューとは異なり、Pintrich は動機づけ研究の指導的な知見について詳しく述べている。例えば、教室において学生を動機づけるものについて、Pintrich は「（教室において）適応できる属性と信念のコントロールが学生を動機づける」（p. 673）で始まる研究に裏付けられた一般論のセットを確定している。この主張を裏付ける研究を要約して、彼は「一般的な傾向として、自身の学習や行動について個人的にコントロールできると信じる学生は、コントロールを感じていない学生よりもよくできるし、より高いレベルへ到達する」と書いている（p. 673）。そしてどんな「デザイン」の指針を彼は研究成果を元にして推奨しているのだろうか「［学生に］いくつかの選択肢とコントロールを用いる機会を与えなさい」。そのようにして、私たちの多くが学習者中心の教室で見ているものは、研究に裏付けられている。学生たちが彼らの学び方に関する選択肢を得たり、彼らが自身の学習プロセスをコントロールできるとき、学びへの動機づけは増す。
　Pintrich の論文には、さらに多くのことが書かれている。もし私がこれを平易な読み物だといったら、それはあまり正直な言い方ではないであろう。しかし、学習における動機付けの役割についてより深い理解を得たいならば、この論文の他に確実で多くの情報源はない。そして、このレビューを読むための努力はその研究成果が実践される際の明確な提案につながる。

アクティブラーニングに関する研究レビュー

アクティブラーニングに関する研究は多くの領域に広がり、クレージーキルト（さまざまな形と色の布切れを継ぎ合わせて作ったベッドカバー）のように多様で、整理されていない。アクティブラーニングについての多くの異なる定義づけから始まり、アクティブラーニングというラベルが付けられたすべての多様なストラテジーによって、問題はさらに悪化している。その結果、アクティブラーニングの体験の効果を調査するために使用される多くの方法が存在する。さらに言うと、アクティブラーニングの研究は、ほぼすべての学問領域で着手されている。誰がこの領域のレビューを試みようというのだろうか。

私が強調しようとしている2つのレビューは、このようなレビューを試みるのに最適なポジションにいるであろう教育研究者ではなく、化学技師とメディカル・スクール［医学部］の生理学者が書いたものである。これらは典型的な研究論文のレビューではなく、それぞれがまったく異なった構成になっている。両者は教員を読者と想定して書かれており、それぞれ異なるアプローチにもかかわらず、同じ結論にたどりついている。もしアクティブラーニングの遂行するものについて何らかの疑念がある場合や、アクティブラーニングについて定期的になされる主張を裏付ける証拠にまだ納得していない同僚がいる場合は、これらの論文が問題を解決してくれるであろう。後に議論するが、両者は評価に値する。なぜならば、アクティブラーニングの学習者中心の教育に対する関係は、パンとバターの関係と同じであるからである。

Prince（2004）のレビューはその定義づけから始まり、アクティブラーニング研究のどんな要因がそれをまとめて検討することを難しくしているのかについての秀逸な議論が、さらに付け加えられている。例えば、何が調査されてきたのかについての定義の問題がある。それ（アクティブラーニング）は幅広く使用され、調査されてきたアプローチであるが、ストラテジーの中核となる要素についての同一の見解はないため、さまざまな研究の一般化を困難にしている。その結果「どのような仕事がなされているのか」を測定することについての問題がある。彼は、「幅広い範囲にわたる学習成果（ラーニング・アウトカム）を見ることや、注意深くデータを解釈すること、報告された改善の重要性を確認したり、『重要な（significant）』改善の構成要素となるものについてのい

くつかのアイデアを持つことを必要とする」と評価している (p. 225)。

　明確な定義づけを使用し、条件を満たす基準を定めながら、Prince はアクティブラーニングに関する研究の 2 つの主要なカテゴリーを考察している：(1)学生を講義に夢中にさせるアクティブラーニングのストラテジーと、(2)協調学習（collaborative learning）や協同学習（cooperative learning）、問題基盤型学習などを含む学生が従事する活動である。それぞれの領域の研究についての彼のレビューは、明解で分かりやすい。総合的な結論として、彼は「結果は多岐にわたっているが、この研究は調査されたアクティブラーニングのすべての形式が機能することを裏付けている」と述べている (p. 229)。その少し後に、彼はこう意見を述べている。「指導は型にはまった方法に要約されることはないし、アクティブラーニングはすべての教育問題に対する万能薬でもない。しかしながら、最も一般的に教育に関する研究で議論されたことやここで分析されたアクティブラーニングの効果については多くの裏づけが存在する。」(p. 229)

　Michael（2006）もアクティブラーニングと学習者中心の指導についての定義から始めている。アクティブラーニングの定義は、グリーンウッド教育辞典（*Greenwood Dictionary of Education*）によると、「学生があるアイデアを熟考し、どのようにそのアイデアを使用するかについての活動に参画させるプロセス」となっている。提示される実例のリストがあとに続く。「特定の分野において、定期的に学生の理解度や概念や問題を操作するスキルの評価を求めること。参加もしくは貢献することによる知識の獲得。精神的に、しばしば肉体的にも、情報の収集、熟考および問題解決に従事させるような活動を通した学びを継続させるプロセス」(p. 160)。

　これはいくつかの理由で価値のある定義だといえる。まず第一に、教員の間には、アクティブラーニングの定義は「学生に何かをさせる」活動であると考える傾向がある。彼らが何かをした時点で、事実として彼らはもう受身ではない。この定義は「アクティブ（活動的）」という言葉と「ラーニング（学習）」が結合したときに、学生のなすことを明確にしている。彼らは省察、評価を含む活動や、学習内容の獲得に関連する学習課題に従事するべきである。別の言い方をすれば、アクティブラーニングと呼ばれるすべての活動が学習にフォーカスしているのではない。学習者中心の教員は「学習者中心」ということに興

味があるのである。
　Michael（2006, pp. 160-165）は学習科学、認知科学、そして教育心理学の分野の知見に関するレビューをしている。それらの分野の研究から、彼がアクティブラーニングを裏付ける「主要な発見」と表現する5つの原則を抽出している。

・学習は学習者による主体的な意味の生成を含む。学習者は彼らが現在知っていることと、新しく獲得しようとしている情報とを結合することで意味を構成する。これは、学習は個人的なプロセスであり、単なる知識の転移としての学習という考えを認めない。

・事実を学ぶことと、何かをすることを学ぶことは2つの異なるプロセスである。これによって、学生が事実をいかに学ぶかということと、その情報を使って何もすることがまだできないことを説明できる。

・学習されるいくつかの事項はすでに学習された固有の領域や文脈についてのものである一方で、他の事項は他の領域に容易に転換される。首尾よく知識をある状況から他の状況へ転換するためには、学生は練習が必要である。

・一人で学ぶよりも、他の人と学ぶほうが、より多くを学ぶことができる。

・意味のある学習は、自分自身や友人、教師にはっきりと説明することで促進される。それらの説明を構成することは学生にとって当該分野の用語を使用する練習にもなる。

　彼のレビューはアクティブラーニングが科学分野でよく機能することを示す証拠が強調されている。彼は、いかに教育研究が科学における研究と異なっているか、そしてなぜ指導と学習の現象は調査することが難しいのかについて説明している。彼は「アクティブラーニングや、生理学を教えるうえで学習者中

心のアプローチが、消極的なアプローチよりもよく機能している証拠［彼はさまざまな研究を集めて、一般的な結論として述べているが］は存在する」と結論している（p. 165）。

学習者中心のアプローチを支える分野別の研究

　学習者中心のアプローチを裏付ける最も良い分野別の研究のいくつかは、3種類の構造化された集団学習の形式になっており、それらの効果の多くは科学の分野で実証されている。Eberleinらの素晴らしい論文は、それらの教授法、すなわち問題基盤型学習（Problem Based Learning: PBL）、プロセス指向型探究学習（POGIL）、ピア・リード・チーム学習の特徴を解説し、比較検討している（PLTL; Eberlein, Kampmeier, Minderhout, Moog, Platt, Varma-Nelson, and White, 2008）。それらは決して学習者中心のストラテジーを取り入れた唯一の集団構造ではない。PrinceとFelder（2006、2007）は、私がここで要約する3つのグループに加えてプロジェクト・ベースの学習、ケースメソッドの指導、発見学習、そしてJust-in-Time teaching（web-baseの指導法）を含む2つの帰納的な教授と学習方法に関する包括的なレビューを提示している。PrinceとFelderの論文はこれらすべてのグループの構造を使用するプログラムについてだけでなく、それらの効果の実験に基づいた研究を示す参考文献であふれている。

　問題基盤型学習（PBL）は、最初は医学教育の分野で使用された。医学生の集団は、しばしば混乱するようなさまざまな症状を持つ患者の、すぐには結論が出ないような問題に取り組んでいる。PBLでは、問題が先に来る。これは学生が必要事項（need-to-know）を基盤にした内容を学ぶことを意味する。実のところ、その方法が発展し、PBLは講義の少ない教育方法になった。この方法が導入されて数年がたち、PBLは医学分野を超えて多くの学術分野で広く使用されるようになった。学部生においては、問題は混乱を起こすように散らかっており、現実世界の状況は学生に科目を超えた知識や、ときにはいくつかの分野にまたがった知識を統合することを求める。幅広いPBLの使用はさまざまな異なる形式の方法が開発されることを促進し、研究成果の比較を困難にしている。

プロセス指向型探究学習（POGIL）は、通常頭文字をとってPOGILと呼ばれるが、化学の授業から始まり、そこでは学生が特に計画された資料を集団で学んでいた。彼らは、3段階の「学習サイクル」にしたがって、注意深く精巧に作られた質問や、誘導された質問に取り組んでいた。まず学生は探求し、次に発見し、最後にそれを応用する。POGILの資料の例や文献、他の資料はwww.pogil.orgのウェブサイトで見ることができる。指導者の機能は、さまざまな形でグループを支援する促進者であり、時には講義形式で資料を紹介する。学生たちは監督、書記、発表者、図書館員などの役割を与えられる。このアプローチは学部の化学、物理学、数学、コンピュータサイエンス、工学、環境科学、教育、解剖学、生理学、そしてマーケティング（市場調査）の分野で使用されている。

　ピア・リード・チーム学習（PLTL）も元々は化学の授業から始まっている。これは訓練された学生の世話役が関わる方法である。彼らは以前にこのコースを良い成績で修了している。それらの学生の世話役、もしくはピア・リーダーはコース開講中に週に1回、2時間ほど、6～8人の学生と共に活動する。彼らは教科書の資料や講義、宿題などの教員が用意した問題に取り組む。ピア・リーダーはブレーンストーミング、ラウンド・ロビン［輪番発言法］、相互の質問応答、またシンク＝ペア＝シェア（think-pair-share）などの協調的な学習アプローチを用いてグループ学習を促進する。場合によっては、PLTLの活動が完全にクラス外の時間に行われることもあり、ときどき通常指定された復習授業にとって代わることもある。また他のときには週に一度の1時間の講義がPLTLの活動の時間を作るために削除されることもある。

　Eberlein、Kampmeier、Minderhout、Moog、Platt、Varma-Nelson、とWhite（2008）の論文は、これらの3つのアプローチを比較参照した詳細な表を含んでいる。彼らはこの3つの中で、「伝統的な指導に比べてPLTLが最も近く、PBLが最も異なっている」（p. 270）と述べている。学習者中心の教育の特徴を考えると、これら3つはすべて学習者中心のアプローチの資格があるが、その名札（ラベル）は文献の中では常につけられているわけではない。学生たちは活発に資料に取り組み、彼らは学習プロセスのコントロールの度合いを変化させていた。それは学習内容だけでなく、科学者の問題へのアプローチや解

決の仕方の学習プロセスであった。それらの方法はそれぞれ実験に基づいて調査されており、調査結果の概要は以下のようになっている。

問題基盤型学習

　PBL はこれら 3 つの集団構造のなかで最も古く、最も幅広く使われ、最もよく研究されている。PBL についてのいくつかのレビュー論文が出版されている。Vernon と Blake（1993）は 1970 年から 1992 年までに出版された PBL についての 35 のメディカルスクール（医学部）での研究を検討した。Albanese と Mitchell（1993）は、医学教育における実施と学習成果に関する研究をレビューした。Dochy、Segers、den Bossche、と Gijbels（2003）は、医学部以外の分野においても実施されたものを含む、43 の PBL についての調査のメタ分析をおこなった。

　文献の中では、PBL の定義は極めて一貫しているが、その実施の段階では、多くのバリエーションが存在する。Prince（2004）は、そのことがなぜ問題になるのかについて説明している。「PBL の実践における幅広いバリエーションは、その効果の分析をより複雑なものにする。PBL と比較される多くの研究は単純に同じ物事を扱っているのではない。伝統的なプログラムと比較して有意な効果を示している PBL のメタ研究では、PBL に共通する要素が、PBL と伝統的カリキュラムの両方で実施したときの違いによる雑音よりも大きくなる。」(p. 228)。この警告は、私たちが PBL の研究を束ねて検討するか、個別に検討するかにかかわらず、留意しておくべきである。それは研究を越えた結果の不一致、矛盾を説明することができるからである。

　たとえそうであっても、学生が PBL の問題に集団で取り組んだときに重要な学習成果が出たと実証されるような研究結果は無視されるべきではない。Vernon と Blake（1993）は彼らのプログラムにおける学生の態度の改善や臨床的な成果における PBL の学生の統計的に有意な改善について報告しているが、そのうちのいくつかの成果は議論されている。Dochy, Segers, den Bossche と Gijbels（2003）はレビューにおいて「学生のスキルにおける PBL の着実なプラスの効果」を見出している。彼らはより図書館を使い、より多くのテキストを読み、出席率も上昇し、暗記する代わりに学習内容の意味するところについ

て学んでいる。Prince と Felder（2006）は Dochy らの分析を「疑いようがない。14 の研究すべてにプラスの効果が見られ、マイナスの効果はひとつも見出されなかった……スキル向上における PBL のプラスの効果は評価が指導と同時並行で実施されても、指導後でも変わらず有効である」（p. 129）。PBL がスキルをこのように効果的に向上させることは驚くべきことではない。それは学生たちに、自らの学びに対する責任をより多く担わせる学習者中心の方法だからである。

しかし、PBL プログラムに関するすべての研究結果が好ましいというわけではない。いくつかの研究（Albanese and Mitchell, 1993 のレビューでは 10 のうち 7 つ）が PBL プログラムの学生は科学の知識に関するテストにおいて従来のプログラムの学生よりも低いスコアを示している（この文献は医学教育におけるものであることを思い出してほしい）。Dochy、Segers、den Bossche と Gijbels（2003）は同様の調査結果を報告しているが、知識習得における PBL の全般的な効果については「確固たるものではない」（p. 533）と説明している。Prince と Felder（2006）は以下のように詳細に述べている。「しかしながら、もし本当に任意抽出されたテストしか含まれていないならば、知識習得における PBL のマイナス効果はほとんど消えるだろうし、知識に関する評価が、講義が終わってからある程度の時間を置いてなされるならば、PBL の効果はプラスになる。その意味は、もし講義が従来型のものであるならば、学生は短期間により多くの知識を習得できるが、PBL で教えられた学生は長期間にわたって習得した知識を保持できるということである。」（p. 129）。

Prince（2004）は、全体的な PBL 研究の概要を提示している。すなわち PBL が試験によって測られる学業成績を向上させている証拠が見られなくても、PBL が他の重要な学習成果の達成に「有効である」ことを示唆する証拠はある。PBL はより積極的な学生の態度を育て、学習へのより深化したアプローチを促進し、従来型の指導よりも長く知識を保持するのに役立つという研究結果が出ている。

プロセス指向型学習（探究学習）

プロセス指向型探究学習は 1000 人を超える教員に使用されている。それは

全米科学財団から200万ドルの財政的支援を得るほか、他の助成金も獲得している。この学習者中心の集団ストラテジーに関する研究は印象的な結果のリストを含んでいる。まず言えることとして、それは学業成績を向上させるということである。ここに2〜3の例がある。解剖学と生理学のコースの初年度（J.P.P. Brown, 2010）において、講義の50％がクラス内のPOGILに置き換えられた結果、全体的なコースのスコアの平均が76％から89％に向上した。さらに、同じクラスの多肢選択式の期末試験の平均が68％から88％に向上した。成績評価でDをとったり、Fをとって単位を落とす学生の割合も明らかに改善している。医学部の化学のコース（S.D. Brown, 2010）では、およそ40％の時間を質問のワークシート資料にもとづいて集団で学習した結果、2つの誘導された質問のセクションの学生の試験の平均点は、従来（の学習をした）のセクションの学生よりも3％ポイントほど高くなり、POGILセクションの期末の成績分布はAからBにわたり、他のセクションと比較すると、それはBからCにわたっていた。そして最後には、マーケティングの専門的な販売のコースにおいて、教員の研究者（Hale and Mullen, 2009）は以下の成果を実証している。「この革新的な指導方法は、常習的欠席を減少させ、学生を活発な学習者に動機付け、我々のクラスにおける学生のパフォーマンスを向上させた」（p. 73）。

　研究者は、他の学生と資料に取り組むことで、学習内容をよりよく理解できるようになるとの学生の発言を示しながら、学生のアプローチに対する態度が前向きになることを一貫して報告している。多くの異なる機関における1000人以上の学生を対象にしたある研究（Straumanis and Simons, 2008）では、このアプローチに対してマイナスの効果を示したのは、学生の8％以下であった。これは、従来の講義形式のクラスに対するマイナスの効果が30％の学生に見られたという結果と比較された。また他の分析（Minderhout and Loertscher, 2007）では、80％の学生が、集団的な問題解決やスキルの練習に見られるPOGILの経験的側面は彼らの学びに役立ったと述べている。

　J.P.P. Brownは以下の要約を提示している。「POGILは新しく、不慣れな教室での活動に対して懐疑的な学生にとって多大な努力と注意深い導入を必要とするが、その恩恵は議論の余地がない（ほどはっきりしている）」（2010, p. 155）。

ピア・リード・チーム学習

　この学習方法の開発が1990年代初めに起こってきて以来、このストラテジーはコミュニティカレッジや研究大学を含む幅広い機関において使用されている。このアプローチの初期の開発者であるGosser, KampmeierとVarma-Nelson（2010）は、「PLTL（peer-led team learning）の実施数は数え切れないが、控えめに見積もっても150の機関を超える最低200人の教員がPLTLを実施し、毎年2000人の訓練されたリーダーが20,000人の学生にワークショップをおこなっている。」(p. 376)と記している。早い段階から、開発者たちはこの集団構造の効果について、開発された一般的な化学のコースにおける学生の達成（成功）に着目して評価をしていた。このコースにおける成績評価でA、B、Cをとる学生の割合は38％から58％に上昇した。このアプローチを実施する人の多くはその効果を学生の成功に置いており、A、B、Cをとる学生の全体的な割合の向上は14％であった。

　報告された成績の向上よりもっと説得力のあるものは、さまざまな注意深く管理された、しっかりした実験的研究の結果である（Tien, Roth, and Kampmeier, 2002; Baez-Galib, Colon-Cruz, Resto, and Rubin, 2005; Lewis and Lewis, 2005; McCreary, Golde, and Koeske, 2006; Wamser, 2006; Hockings, DeAngelis, and Frey, 2008; Lyon and Lagowski, 2008）。これらの研究すべてが、ピア・リードセッションに参加した学生に対するプラス効果を示している。

　このグループ学習法の研究は、教員が掲げる主要な反論の一つに対処する：「私が学習内容をカバーしない（講義をしない）ということは、学生が多くを学べないことを意味する」。Gosser, Gosser, Kampmeier, と Varma-Nelson（2010）は、*Lessons Learned* セクションにおいて、以下のように結論している。「学習主題に関して学生同士が積極的に関与することを奨励する活動に時間を費やすのであれば、講義の時間は譲歩した内容抜きにしても縮小させることは可能である」(p. 378)。上記の研究は様々に異なった形で、その主張を裏付けている。

　ここに一つの実例がある。LewisとLewis（2005）は一般的な化学のコースでPLTLモデルを使用した。実験群は、100人の学生が1週間に50分の講義を2回、50分のピア・リード・セッションを1回受けた。統制群では、190人の学生が50分の講義を3回受けた。両方のグループは同じ4つのテストと期

末試験を受けた。実験群の学生は期末試験を含むすべてのテストにおいて高い平均点を出した「講義をあまり受けていない学生がよく学んでいないという恐れは、この研究によって根拠のないことだということが証明された」(p. 139)。このコースの2期目においてPLTLセッションを継続する機会を与えたところ、85％の学生がそう言っており、76％の学生がグループで活動することは有益であると確信していた。［実験群の中の］たった5名の学生がグループは自分のペースを遅らせると報告した。

　このセクションを結ぶ前に、私はまだ組織化されていないグループの協同活動に関するもう一つの研究を強調したい。この研究（Cooper, Cox, Nammouz and Case, 2008）は化学の分野でなされており、グループでの活動が問題解決の方略や能力にどのように影響を及ぼすのかを検討している。この研究はソフトウェア・システムを用いており、学生がどのように問題を読み進め、多肢選択の問題に対して自身の進み具合を具現化するかを、研究者が追跡することを可能にしている。初期の研究に基づいて、このチームは学生が5つの問題に取り組んだ後に、その方略やアプローチを「固定化する」、もしくは確定することを知っていた。彼らはグループ活動が、個人の「確定した」方略、特にあまり効果的ではない方略を変更させるのかどうかを知りたがっていた。

　結果は完全に注目に値するものであった。713人の学生の10万を超える行動を見て、「私たちは学生を協調的な集団にして学ばせることで、彼らの問題解決能力を向上させることができることを示した。それらの改善はグループ分けの後も維持され、集団で活動するプラス効果のさらなる証拠を提供している。」(p. 871)。研究者たちは、効果のない方略にいったん決めた学生の多くを含むたいていの学生が、10％の要素を改善していることを発見した。

　なぜ他の人と活動することが問題解決においてプラスの影響を持つのだろうか、そしてなぜグループ活動が終わって個人の問題解決活動に戻ったときにも、その効果が維持されるのだろうか。研究チームはいくつかの理由を挙げている。まず第一に、グループだと学生はお互いに説明をしなければならない。この説明作業はそれを聞いている人、そして実際に説明している人の役に立つ。グループにおいては、学生は互いに詳細に述べたり、批評しあう。このさらなる分析が理解を深めることになる。

ここで強調されている証拠や提示されている説得力のある証拠は、学生はさまざまなグループの形態のなかでお互いによりよく学ぶことができることを示している。その結果の多くは、知識内容の著しい獲得を実証している。実質的には、それらのすべては質問能力のスキル、批判的思考力、問題解決、そして知識統合と応用能力などの発達の重要な獲得を実証している。その証拠は、なぜ教員はこれらの学習者中心のアプローチを使用しないのかについて説明することを困難にしている。

個々の学習者中心のクラスの研究

　本節で強調するのは、方略の実践例と、それらの事例研究である。多くのケースに関して、学習者中心の教育方法を以前の授業方法、もしくは従来の授業と比較している。学習者中心のアプローチが組み込まれた、さまざまな種類のクラス（たとえば大規模なサイズのクラスなど）を解説している。

生物学のクラスに関する6つの研究

　印象的な事例研究の多くは、大規模なクラスや、生物学の入門クラスにおいて見られる。それらは真剣に扱う価値のある研究として、うまく設計されている研究である。教員はしばしば彼らの分野においてなされていない教育学的な研究を却下することがある。その一方で、私たちはある分野で検証された方法が異なる内容や、異なる教員、そして異なる学生においても適応できるかについて確信を持てないことも真実である。これらの研究で使用された多くの方法は、多くのほかの学習内容においても使用されている一般的なものである。生物学における活動のもう一つの非常に有望な側面は、あなたが学習者中心のアプローチを大規模なクラスで使えるかという教員のよくある質問への返答になる。要約は、クラスサイズ、学習者中心のストラテジーの概要、そして統合されたアプローチや結果の続報を強調している。

　Armbruster、Patel、JohnsonとWeiss（2009）は170〜190名の学生を含む生物学と医学部進学課程の専攻の入門的なクラスにおける一連の実施について説明している。それらの再デザインされたクラスは3つの要素を含む。すなわ

ち、彼らは、より広範な概念的テーマを教えられるようにクラス内容を整理し直した；彼らはアクティブラーニング（回答への参加ポイントとしてのクリッカーを含む）やグループ単位での問題解決を毎回の講義に取り入れた；そして彼らはクラスの目標に応じて、参考になる語彙（用語）の配布資料や形成的な毎週のクイズなど、学習者中心の学習環境のさらなる構築に取り組んだ。それらの変化は、クラスの内容に対する興味のレベル、自己報告式の学習、刺激となる授業内でのプレゼンテーションのランキング、そして教員の全体的な評価などを含む学生のコースに対する満足度を著しく向上させた。学業的な成果に関しては、特にクラスに変更のなかったセクションのクラスと同じ期末試験が出された。再デザインされたコースの学生は統計的に有意に高いレベルを示した。「私たちのこのような好ましい結果は、クラスの内容をすべて変えることなく、指導方法のデザインを変えることが、学生の態度やパフォーマンスの改善に結びつくことを示している」(Armbruster, Patel, Johnson, and Weiss, 2009, p. 204)。

　他の100人の学生のいる一般生物学のコースでは、教授（Burrowes, 2003）は授業内にグループでおこなう定期的な問題解決活動や、グループの一人のメンバーが小テストを受け、グループの再試験がわずかなボーナスポイントの誘引になるような小テストのシステム、そしてどのように学習内容がクラス内で提示されるかについての多くの変更を含むグループ学習のストラテジーを新しく設けた。この実験的なセクションは従来の講義スタイルを用いた同じクラスサイズのセクションと比較された。実験的なセクションの学生は3つすべての試験において、統制群のセクションの学生を統計的に上回る成績を残した。彼らは統制群の学生よりも統計的に有意なレベルで概念的な理解を問う問題において高い成績をあげた。これによって教授は「授業内における問題解決のテクニックの練習は、科学的思考のスキルを向上させるのに役立つ」と結論づけている（Burrowes, 2003, p. 498）。彼らは再試験の活動もよくおこない、彼らの生物学に対する態度は統制群の学生に比べると著しく良くなっていた。

　Freeman、Haak と Wenderoth（2011）は読解の小テストや、大がかりな授業内のアクティブラーニングの活動、そして毎週の練習テストが生物学専攻の入門コースの落第率を下げるかどうかについて検討した。そのコースは毎学期開講されており、調査を実施した年にはおよそ2,100人の学生が履修していた。

これらの実験的なセクションは従来の講義ベースで試験の少ないセクションと比較された。「私たちが学生の能力において調整をおこなうとき、失敗率は適度に構造化されたコースデザインにおいて低くなり、高度に構造化されたコースデザインでは飛躍的に低くなった」（p. 175）。また、彼らは「アクティブラーニングの実践が成績を水増ししたり、期末の成績の試験の影響を軽減させるようなどんな証拠も見られなかった」（p. 175）と報告している。

　KnightとWood（2005）は上級クラスの発達生物学の講義のクラスをやや控えめに変更した。彼らは授業時間の60〜70％を講義に使っていたが、残りの時間を協同学習モデルを使用した問題解決活動に充てた。結果として、彼らの成果は「より相互作用的で協調的なコースの形式に部分的でも転換することは、学生が学習によって獲得できるものを著しく増加させることにつながる」（p. 304）ことを示唆していた。

　彼らはその結果を「講義の代わりに相互作用的な活動や協同的な作業を取り入れた大規模な生物学のクラスを教える一般的なモデルを提案したが、その一方で学生の授業外でも学ぶ大きな責任が必要とされるクラス内容は維持し続けた。」（p. 298）

　Ueckert、Adams、とLock（2011）は学部専攻の新入生向けのクラスの再デザインについて報告している。その生物学のコースは、秋学期に900人、春学期に500人の学生が履修している。3つから5つのセクションが、それぞれ別の教員によって担当されている。再デザインの課題は共通のシラバスの開発、課題の詳細な表（キーコンセプトや、望ましいスキルのレベル、それぞれの概念を習得するのにかかる時間が書かれている）、そしてコースを評価するツールが含まれている。彼らはシンク＝ペア＝シェア、クリッカー、及び小グループ活動などを含む学習者中心の活動をさまざま取り入れた。それらのすべてはその論文において詳細に記述されている。彼らはコース変更の前の3年間、そして変更後の3年間、データを収集し、分析した。そのクラスをドロップ（落第）した学生の割合は統計的に有意に減少しており、AやBの成績をとる学生の割合は統計的に有意に増加した。彼らはこの改善のプロセスを描写するのに「長い（long）」「ゆっくり（slow）」そして「やりがいのある（challenging）」という形容詞を用いている。

Derting と Ebert-May（2010）は異なったリサーチ・クエスチョンに興味があった「2つの新しい入門コースの注入が、早い段階で学生のカリキュラムに取り入れられ、その両方が学習者中心ので探求ベースの原理に基づいていた場合、それは長期間にわたる生物学の概念の理解や探求プロセスとしての生物学に関連してくるのだろうか？」(p.463) 彼らは学習者中心のクラスの改善の影響について分析している多くの研究が、短期的な変化に焦点をあてていることに気がついた。期末試験のスコアは向上したのか、スキルの向上の証拠はあるのか、そして学生のクラスに対する態度は変化したのだろうか？　Derting と Ebert-May は「生物学専攻の初めに実施された改善された生物学のカリキュラムについて検討した」(p.463)。その改善は2つの新しいクラスの開発を含んでおり、両方とも多くの異なるアクティブラーニングや探求学習を用いていた。一つのクラスでは、学生は自分自身のリサーチ・クエスチョンや仮説を立てる。彼らは研究計画を立て、友人のそれを批評する。彼らはデータを収集・分析し、調査の成果を発表する。

　研究者たちは新しいクラスの5年間の影響を究明するために2つの評価ツールを使用した。彼らは探求プロセスとしての生物学に対する理解（Views about Science Survey for Biology,「生物学の科学調査についての見方」を使用）と専攻の修了時に生物学的な概念の知識（Major Field Test in Biology,「生物学の専攻フィールド」試験のバージョンを使用）を査定した。簡潔に言えば、彼らの結果は「生物学のカリキュラムの初期におこなわれた集中した探求ベースで学習者中心の学習経験は、長期間にわたる学習の改善に関連していることを示した」(p.462)。「学習者中心の探求学習の指導を通した入門的な生物学のカリキュラムの変容は、すべての学生の学習に多大な影響を与える潜在力を持っており、学部の変化のための転換点となるだろう」(p.471)。

代数学のクラスの研究

　ミズーリ大学のセント・ルイスカレッジでは、代数のクラスはいくつかの専攻で必要とされ、微積分学の履修必要条件であり、数学、化学、ビジネス、そしてさまざまな専門職の助手のプログラムの学生たちにとっての重要なコースであり、成功率は55％であった（Thiel, Peterman, and Brown, 2008）。教員はコ

ースを再デザインした。3回の50分の講義時間は1回に減らされ、学生が自分で数学を学ぶ2回のコンピュータ・ラボでのセッションに変わった。ラボでは学生は説明、チュートリアル、練習問題、そしてガイドを含むソフトウェアを使用した。彼らはラボで宿題をすることもでき、他の学生と協調したり、講師や大学院生、もしくはピア・チューター（彼らのうちの誰かが決められたラボのセッションの時間に常駐している）に助けを求めたりした。また、学生は毎週のオンラインの小テスト、4つの試験、そして総合的期末試験を受けた。

　「再デザインにより講師やTAの役割は劇的に変化した。彼らは時間を講義や、レポート作成の宿題や試験、そして成績評価に使っていた。今は彼らはコースを通して毎週の講義室でのミーティングなどで学生を指導したり、（数学テクノロジー）学習センターにおいて個別に学生に対応することにフォーカスしている。個人的な指導や学生との1対1の対話は多くの講師がとても働きがいのあることだと認めた大きな変化である」(pp.46-47)。

　結果に関しては、3年間を通して学生の成功率は「再デザイン前と同じタイプの問題を含んだ期末試験の学生の成績によって証明されるように、クラスの厳しさを変えずに」55%から75%に上昇した（p.46）。

物理学のクラスの研究

　具体的にはピア・ラーニングなど、学習者中心のアプローチに関する研究が多くなされる数年前から、ハーバードの物理学者であるEric Mazur（2009）は彼の教え方を劇的に変化させ、その効果についてのデータを収集した。彼は自身のアプローチについて、学生に「概念についての解釈違いを解決し、その領域の中で新しいアイデアやスキルを共に学ぶ機会を与えた」(p.51) と述べている。彼の研究や彼のアプローチを複製した人の研究成果の中で、彼はこう述べている「私のクラスや世界中の私の同僚のクラスで得られたデータは、幅広い学術的な設定条件や幅広い領域にわたっており、学生に、そして相互作用的な学習にフォーカスするアプローチによって、学習によって獲得できるものはほぼ3倍になることを示している」(p.51)。彼の教育学的なアプローチの変容について詳しく述べられているこの短い論文は、著しく向上した学習成果（ラーニング・アウトカムズ）に対する彼の主張を裏付ける研究の文献リストを含

んでいる。

　物理学で使われたもう一つの学習者中心のアプローチの具体的な例として、初年度の2学期目の物理の2つの大規模なセクションの研究（267人と271人の規模）について検討してみよう。セクションは、「審議するための実践」が学生の学習を改善するのかを検討するために比較された（Deslauriers, Schelew, and Wieman, 2011）。このコースの審議するための実践（認知心理学の概念）は「学生に授業内に物理学者のような論理的思考や問題解決の実践をさせる、やりがいのある一連の質問や課題であり、その一方で頻繁なフィードバックが与えられる」形式をとっていた（p. 862）。実験的なセクションの学生は1週間審議するための実践をおこない、同じ内容を統制群では講義の形態で受けた。「私たちは実験ベースの指導を用いたセクションにおいては、学生の出席率や活動への参与が2倍以上になったことを見出した」（p. 862）。

　この節でとりあげられている研究は、さまざまな学習者中心のアプローチがクラスに取り入れられたときに何が起きるかを示している。学習成果へのプラスの効果は、大規模なクラスや、入門クラス、高い落第率のクラス、主要なクラスや必修クラスで報告されている。わずかな変化が起こったとしても、結果としてプラスに働き、コースデザインの変化が実質的であればその結果は持続する。

学生は学習者中心のアプローチをどう思うのか

　学習者中心のアプローチを用いる教員は、第8章で扱うような学生から抵抗を受ける経験を頻繁にする。最初は、学生は学習者中心の教員に対して多くの他のクラスでしていること——学生が学習内容について知るべきことや彼らの宿題についてのすべてを伝えること——を求める。彼らはいつか態度を変えるのだろうか。ある時点で、教員がやろうとしていることが、実際に学習課題を学ぶのに役に立つことを学生は分かり始めるのだろうか。前述の2つの節で報告された研究では、多くの研究者たちは、これらのさまざまな学習者中心のアプローチのメリットに関して学生から回答を求めたが、彼らの回答は一様に好ましいものであった。多くの場合、学生は最初は新しいアプローチと格闘して

いたが、実践を積み重ねると、そのやり方が有益なものだとわかったと報告している。

この回答を、もう少し詳細に裏付けるものは全米科学財団のプロジェクト（Engineering Coalition of Schools for Excellence in Education and Leadership, or ECSEL; 教育とリーダーシップにおける優秀校の工学連合）の一部であるクラスを履修した工学部の学生の経験と、通常の工学部のクラスの学生とを比較した記述的分析（Terenzini, Cabrera, Colbeck, Parente, and Bjorklund, 2001）である。このプロジェクトは、アクティブラーニングや協調学習の実践を取り入れることによって学部の工学部のコースを改善することを目指していた。

調査データは6つの異なる機関の17のECSELクラスに学ぶ339名の学生と、ECSELクラスではない6つのクラスに学ぶ141人の学生から集められた。他の質問の中で、調査では学生が特定のクラスにおいて、さまざまな学習やスキルの向上の進歩が、結果的に見られたと感じているかについて学生にたずねた。

ECSELクラスの学生は著しい効果を報告した。すなわち、「ECSELの学生は学習の効果として以下の3つの領域をあげている。デザイン（計画）スキル、コミュニケーションスキル、そしてグループスキルである。ECSELの学生が楽しんだそれらの効果は、統計的にも有意であり、実質的であった」(p. 129)。例えば、ECSELの学生はコミュニケーションスキルによる学習成果について、ECSELではないクラスの学生よりも11ポイント高く報告している。計画スキルに関しては、ECSELの学生は23ポイント高く、グループスキルについては34ポイントも高い。「それらの学習効果はさまざまな学生の予備クラスの特徴がコントロールされているときでさえも、安定している」(p. 123)。

結論

ときには、証拠（研究成果）自身に語らせるのがベストであり、本章はそのケースの一つである。私たちは多くの分野をカバーし、本書で提唱されている学習者中心のアプローチを裏付け、私にとって説得力のある多くの証拠について詳しく検討した。私はこうした証拠自体が雄弁に物語っていることを嬉しく思うし、教員の読者がそれをレビューし、批判し、評価してくれるであろうこ

とを信じている。

　しかしながら、私は『サイエンス』という一流の出版物において、すぐれた科学の教育者や学術的なリーダーたち（Handelsman, Ebert-May, Beichner, Bruns, Chang, DeHaan, Gentile, Lauffer, Stewart, Tilghman, and Wood, 2004）からなされた以下の質問を提示することなしに、この章を終えるつもりはない。彼らの読者は科学者であるが、質問はどんな学術的研究者にも向けられたものである。「自身の研究において科学的主張のための確固たる証拠を求める卓越した科学者が、なぜ直感だけに頼って最も効果的でない指導法を使い続け、そのことを実際に正しいと主張しているのだろうか？」(p. 521)。私はその答えのいくつかについて本章の導入部分でふれている。おそらく彼らは研究が存在することを知らず、研究自体も読んでいないのだろう——もしくはひょっとしたら研究が素晴らしいと考えていないのだろう。本章はそれらの理由の正当性への挑戦を試みたものであり、その核心（学習者中心のアプローチ）は影響力のある潜在的力を発揮し、実践の変化を起こしている。

第Ⅱ部

実践への5つの変化

第3章
教員の役割

　前版のパートⅡの始まりは、この章ではなかった。しかし、学習者中心のアプローチについて理解してもらうために、通常私は教員の役割から話し始めることにしている。なぜなら、その方が分かりやすいからである。多くの人にとって、教員の働きは馴染みのある話である。教員の促進的（支援的）役割についてはもう何年も提案されてきており、そのアイデア自体は多くの教員が抱く指導観や学習観と哲学的にも食い違ってはいない。実際、話のきっかけとしては良いと思う。

　それは、教員の役割を遂行することが易しいということを意味してはいない。学習者中心の教え方は、私たちの多くが教えられてきたやり方ではないし、私たちが多くの時間をかけて教えるやり方でもない。それにもかかわらず、学習の促進者になることは、学習者中心にするためには不可欠な要件である。あとの章で述べる4つの変化は、教員がいかにこの役割に移行できるかにかかっている。そこで本章は、学習の促進者とは何かについて述べ、教員中心の役割に継続して依存している現実を文献で示す。そして、学習者中心の役割に基づく実践はどのように見えるのか一連の指針を提示し、その役割が遂行されるときに生じる問題点を提示しておくことにする。

何が変わるべきか

　典型的な大学の教室では何が起きているのだろうか。誰が学習内容を伝えているのか。誰が議論をリードしているのか。誰が教材を準備し、再検討するのか。誰が実例を示すのか。誰が多くの質問を投げかけ、そして答えるのか。誰

が学生に発言を求めるのか。誰が問題を解いたり、グラフを提示し、マトリックスを作成するのか。多くの教室においては、それは教員である。誰が最も過酷な仕事をしているかに関して言えば、たいていの場合、それは教員である。学生は教室にいることはいるが、彼らに対して「教育と呼ぶ営み」がなされ過ぎている。学びの過程で活動的な参加者になるよりも、彼らは教員のすることをおとなしく観察している。

　学習者中心の教員は懸命に働くが、彼らは学生も同じように学習に関連した仕事に従事する必要があることに気づいている。彼らは、教員の主要な仕事は学生の学習効果を促進し、支援することであると理解している。たとえ促進者としての教員の考え方は新しいものではないとしても、事実は違っている。前章で記したように、教員が選択もしくは交代でおこなう多くの役割のなかで、それは代替手段として提案されていた。しかし学習者中心の教室において、学習の促進者であることは、オプションというよりも必須の条件である。

　この教育アプローチの本質的特徴を明らかにするために、教師の促進者としての役割について、しばしば、比喩が用いられていた。Fox（1993）は教員を、その学習を促進するという意味で園芸家と比較していた。園芸家は当然のように、彼らが育てる花や果実の実りによって功績を認められる仕事であるが、彼ら自身が花を咲かせたり、実を結ぶのではない。教員は成長と学習を促進する状況を創り出すが、教材をマスターしたり、学習スキルを向上させたりするのは学生である。

　促進的な教員はガイド（案内人）とも比較され、この比喩から多くの役立つ見識が生まれている。ガイドはその道に続く人に道を示すが、歩くのは自分自身である。ガイドは景色を指し示す。彼らは以前その道を旅したことがあるからである。ガイドは助言を与え、危険があれば警告し、事故を最大限防ぐように努める。同じように、学習者中心の教員も学生と一緒に山に登る。一緒に登ることは、多くの学生にとって目新しく、最高にすばらしいことである。

　Hill（1980, p. 48）は、教員と学生が共に登ったときに共有されるであろう先天的な脆弱性についてのとりわけ説得力のある説明を示している。「登山家として教員はつなげることを学ぶ。ガイドのロープは一緒に登山する人につながっており、彼らはお互いに助け合える。教員は口頭や書面で学生に寄与するこ

とや、もっともらしい学際的な、また一つの学問内のつながりを構築したり、クラスの教材を学生の生活に結びつけることによって『ロープ』を作る」。Marini（2000）はこの比喩を再検討し、さらなる比較をおこなっている。

これに関連して、学習を促進する人はコーチとも比較される。Barr と Tagg（1995, p. 24）は以下のように記している。「コーチはフットボールの選手を指導するだけではない……彼らはフットボールの練習やゲームのプランをデザインする。彼は選手を送り込み、さまざまな決定を行うことで、ゲーム自体に参加している。新しい教員の役割は、より先に進むことであるが、また一方で、ゲームプランをデザインするだけではなく、よりよい学びを生むための、新しくよりよい『ゲーム』を創り出す。」

Spence（2010, p. 3）は、彼の優れたエッセイの中で、UCLA のバスケットボールの卓越したコーチである John Wooden について述べている。Wooden はコーチングをティーチングだと考えていた。「彼は選手に個々に関わり、学びを生むような指導をおこなった。彼の成功は、各選手の限界と潜在的可能性をどれだけ把握しているかによって決まった。彼は、もしあなたが学生のしていることに注意を払わず、彼らの誤りを正したり、やり方を指示するならば、それは指導ではないと考える。彼が言うように、もし学生が学んでいないならば、それは教員が指導していないということなのである」。Spence は以下に記している。「私たちの教室は Wooden の実践とは程遠い。しかし、うり二つに似ているべきなのではないだろうか？　学生が試みたり、失敗したり、指導を受ける場所は学習空間であるべきだろう？　私がコーチから学んだことは、教員にとっての学習者の経験に参加する必要性である。私は学生の長所、短所、そしてユニークさが分かるまで彼らを観察し、耳を傾ける必要があった。それは熱心な作業を必要とするが、私たちの専門的職業の義務を反映していないのだろうか？」

Eisner（1983）は、教員をオーケストラの前の指揮者と比較している。教員は指揮者のように、複雑なスコア――その日教えられる内容――が置かれた指揮台の後ろに立つ。指揮者の前には、異なる楽器を演奏し、それぞれ能力のレベルが異なり、練習量もそれぞれ異なる個人によって構成されたオーケストラがある。教員――指揮者は 50 分を使って、オーケストラに彼らのスコアに合

わせた演奏をさせる必要がある。私はこの比喩の大いなる将来性が大好きである。

　しかし、私の最もお気に入りの比喩的な説明は、助産師としての教員である。私はこのたとえについては多くの異なる文献に記されているのを見ているが、はじめて目にしたのはAyers（1986、p. 50）のエッセイである。彼はこう書いている。「よい教員は、よい助産師のように、人を力づける。よい教員は、学習は主体者と『目標物』との間の積極的な関与を必要とすることを知っているので、学生を活気付ける。学習は発見と発明を必要とする。よい教員はいつ後ろに下がって沈黙するのか、いつ観察すべきなのかを知っており、学生のまわりで何が起こっているのかを知りたいと思う。彼らは必要に応じて押したり、引いたりのアプローチができる――まるで助産師のように。しかし、彼らは常に教員からの支援を求められるのではないことを知っている。ときとして、支援は他の場所で起こらなければならない。」

　私は教員―助産師の関係を学習の誕生だと考える。助産師自身は出産するわけではない。教材をマスターし、発表するのは学習者次第であるが、助産師はそのような手助けをする。彼女は過去の経験、専門知識、確信、そしてときには落ち着きを教えてくれる。彼女はまるで自分も同じ教材と格闘するかのように、多くの学生に寄り添う。彼女は、どの部分がとても難しいのかを知っており、学習者たちがその困難を切り抜けて、理解する手助けになる助言やストラテジーを持っている。そしてついに理解・習得に至るとき、彼女は学習者たちのすべての過程を褒めたたえるためにそこにいる。それは美しいたとえである。

　それらの比喩は、学習を促進する指導の役割についての感動的な知識を提供してくれる。彼らは、教員の「すること」とは対照的に、教員が「どのような存在であるか」に着目している。教室において教員はどのように園芸家、ガイド、コーチ、指揮者、もしくは助産師のような役割を担うのだろうか。その役割を遂行するために、教員は促進者のすることについて知る必要がある。それは簡単に、単刀直入にまとめるならば、最適な始発点である。彼らは、学習の困難で厄介な問題について、学生に関わり、支援をする存在である。

　学習者中心の役割が、教員中心のそれよりも望ましい理由は、それは学習を促進するのにより効果的であり、それには2つの理由がある。第一に、教員は

彼ら自身の行動ではなく、「学生」の行動にフォーカスする（Biggs, 1999a, 1999b）。彼らは学生がいかにして教材を学ぶか、もしくは学んでいないのか、またどのような学習スキルを彼らは持っているのか／持っていないのかを理解し、この情報のインプットによって、彼らは学習をより効果的に促進する指導法を調整することができる。Wooden のコーチングに対するアプローチについての Spence の描写は、これを完璧に表している。コーチは彼がどのようにコーチするかについて心配するのではない。彼は選手たちを観察し、その焦点をあてた観察によって、選手がより首尾よくプレイするのを手助けするフィードバックを与えることができる。

　第二に、おそらくより重要なこととして、促進的な指導は、学生自身が学習課題に参画するという点で、より学習を促進する。彼らは教員から与えられた実例をただ真似するのではなく、彼ら自身でそれを生み出す。彼らは教員が問題に取り組んだ内容をただ記録するのではなく、彼ら自身が、自分の問題に、自分自身で、もしくは他の学生と共に取り組む。彼らは質問をして、内容を要約し、仮説を立て、理論を提案して、批判的な分析を提示する。

　私は Biggs（1999a, 1999b）の研究を読んだ後に、このコンセプトについて真に理解することができた。そして最初の変革への一歩をふみだしたのを覚えている。私は、それは実行するのは易しいと考えていた。［教室場面で］私は重要な概念を紹介して、それを注意深く説明し、質問を求めたうえで、以下のように学生に問いかけた。「さあ、私たちが必要なのは実例です。それらはあなたがこのことを本当に理解するのに役立ちます。さあ、この概念をよくあらわす実例にはどんなものがあるでしょうか？」誰も答えない。忍耐強く待った。励ました。「完璧な実例である必要はありません――頭に思い浮かんだことを共有しましょう」誰も答えない。さらに待った。後ろのポケットに手を伸ばすときがやってきた。「ええと、あなた方は実例のいくつかは、このクラスの試験に出ることを知っています。あなたのノートにいくつかの実例を書いてみないとダメですよ。」ついに、アルという少し几帳面で心配性の学生が、授業の進行が遅くなってきたときに、ためらいがちに手をあげた。「ありがとう、アル！」彼の出した実例を聞くとすぐに、私は沈んだ気持ちになった。それは答えとしてよい（望ましい）実例ではなかったのである。結局、実例を黒板に書

くまでに、さらに3〜4分の時間がかかった。終わった後、自分のノートを見たら、自分が用意した素晴らしい実例が3つ書かれていたのを覚えている。私はそれらを彼らと共有すべきだろうか？　答えはイエスでありノーでもある。おそらく私は、自分の実例のうちの一つを学生に紹介することから始めるべきであった——きちんと説明をして、彼らを正しい方向へと考えさせるために。しかし、学生たちは教員の出す実例をただノートに書くべきではない。彼らは彼ら自身の実例——彼らにとって意味のあるものであり、彼らにとってすでに知っていることと、新しい概念を結びつけるもの——が必要である。そして、もし学生のするすべてのことが教員に与えられた実例をただコピーすることならば、よい実例を生み出す、困難で知的な作業をいかにおこなうかについて、彼らは学んでいないことになる。さらに、実例を考え出す練習をするベストの時間は、教員がそこにいてそれを発見するのに助言を与え、彼らの発言の質を高めるためのフィードバックをしてくれる授業内においてである。

　学習者中心の指導はいちかばちかの仕事ではない。ときどき教員は学生のために学習課題に取りくむ必要がある。彼らには解決策を与え、質問に答え、ポイントを指摘し、加えて批判的思考を実演する必要がある。それは指導における合理的な［当然の］義務である。しかし、教員はそれらの仕事をすべて、もしくはほとんどの時間をかけてやるべきではない。結局のところ、学習の責任は学生次第なのである。学習者中心の指導は、深く、そして持続的な学習を促進するような課題を持つ学生に直接関わることによって学習を進める。

何が変わっていないのか

　学習者中心の教育に向けられたある程度の注目や、それが置かれている前提の特徴から判断すると、私たちは高等教育における授業は、より学習者中心になっていくであろうと期待できる。しかし残念なことに、この結果を裏付ける証拠はほとんど見られない。多くのデータは教員中心の指導方法に頼っているという事実を継続して示している。この証拠は一つの包括的な調査において見られるのではなく、以下の実例が示すように多くの異なる分析において一貫して見られている。

大学の教員が示してくれる教員中心の授業の根拠

　1998 年には、教員の 76％（新任教員も含めて）が、講義を指導方法として選択していた（Finkelstein、Seal、and Schuster, 1998）。しかし、学生にとっては活発に活動することは可能ではあるが、より定型通りの講義は教員中心のため、彼らは受動的な知識の受け手となる。果たしてその割合は変化しているだろうか？　それはわからない。このような調査は近年実施されていないので、この歴史的な基準と比較可能なデータは存在していない。

　調査はいくつかの領域でおこなわれている。学部の経済学のクラスを教える教員への調査は 1995 年、2000 年、2005 年、そして 2010 年に実施され、そこではそれらのクラスで用いられた指導方法や評価方法が報告された。驚くべきことに、それぞれの調査における教員の報告では、83％もの授業時間が講義に費やされていた。年を経るごとにより学習者中心のストラテジーを使用する割合は増加してきているものの、この調査をした人はこう結論付けている。「指導や評価方法におけるゆるやかな変化（特に近年の 2 つの調査において）が継続することが見込めるという主張について、この調査が正当な論拠とはなり得ても、全体的にみれば大部分の、そしてより中心的な部分は──『板書と講義 (Chalk and Talk)』の指導法であり、これを用いる多くの経済学者たちの好み、動機、強制力は過小評価されるべきではない」(p. 307-308)。

　Walczyk と Ramsey (2003) は、ルイジアナの 4 年制大学のフルタイムの科学と数学の教員に対して、学習者中心のテクニック［と彼らが定義し、説明している］についてたずねた。結果として、それらのストラテジーは「めったに使用されない」ことがわかった (p. 567)。彼らは「講義や口頭の朗読や評価は、その活動が研究に力点を置く大学ではなくても、科学や数学の授業において活きており、よく用いられている」(p. 579) と結論している。

　学部レベルの科学のクラスを教える教員の inquiry（質問、調査）に対する見方についての理解を深めることを目的として、研究者たちは質的なインタビュー調査を実施した（Brown, Abell, Demir, and Schmidt, 2006）。厳密に言えば、彼らは課題発見型のラボでの活動についての教員のイメージ（知覚）について興味があり、そのラボでは学生が現象や問題解決の調査のために実際に科学的な方法を用いることを経験する。このラボの活動方法は、しばしばすでに決めら

れた結果を生み出すための「レシピ」タイプのラボ活動と対比される。

　さまざまな種類の機関に所属する教員がインタビューを受けたが、彼らの一般的な結論としては、課題発見型のアプローチは「入門や科学専攻ではない学生のためのクラスよりも、科学専攻の上級生により適切である」となった（p.784）。「教員たちは、課題発見型のやり方については高く評価しているが、時間やクラスサイズ、学生のモチベーションや能力の点で限界を感じている。それらの限界は、彼らの課題発見型への考え方と相まって、そのタイプの実験を実行に移すのを制約している」（p.784）。

学生による教員中心の授業の根拠

　学部レベルの科学のクラスを履修している 922 人の学生に対して、その授業を評価する調査が実施された（Kardash and Wallace, 2001）。80 問の調査項目が因子分析により 6 つの因子に分かれ、そのうちの一つは「受身の学習」と呼ばれた。そして「受身の学習尺度における 2.81 点（6 点満点中）という平均点は、大部分の科学の授業では、未だに講義や知識の獲得に主眼が置かれている」ことが示された（p.208）。

質問	実験クラス	通常クラス	分散
グループで活動する機会がある	3.51	2.92	+39
教授と学習のプロセスにおいて、学生が活発な参加者になることを望む	2.92	1.91	+35
教員は、学生が他の人の考えを意見を聞いたり、評価したり、そこから学ぶことを奨励する	2.98	2.11	+31
教員は講義をしたり、クラスの教材を示すよりもむしろ、学生自身の学習活動の相談に乗る	2.74	1.99	+28
私はこのクラスの一部分として、教員と交流した	2.71	2.01	+26

第 2 章で参照されている Terenzini、Cabrera、Colbeck、Parente、と Bjorklund の工学部の学生に関する研究（2001）では、活動的で協同的なストラテジーを用いたクラスと、それと比較して通常のクラスについてのフィードバックを求めた。表に示すのは実験的なクラスと通常のクラスにおける学生の平均点（4 点満点）の項目リストと、パーセントで示した差（分散）である。それらの平均スコアの差はすべてにおいて統計的に有意であり、活動的で協同的な学習活動を経験した学生の割合が高かった。

これらのデータは、学習者中心のアプローチに対する学生の肯定的な評価を示すだけではなく、教授が学生よりも活動的になっている教室とは対照的な情景を示している。

教室の観察データ

1980 年代初めの研究では、教員は教室内での相互作用（学生との交流）に対してわずかな時間しか費やしていなかった。Fischer と Grant（1983）はさまざまな異なる領域における教育機関の、入門クラスから上級クラスに至る 40 の大学の教室を 155 回にわたって訪問した。それらの教室においては、教授は授業全体の 80％を話しており、平均 47 人の規模のクラスにおいて、学生よりも 4 倍近く多くしゃべっていた。下級クラスよりも上級の専門クラスのほうが、学生の参与は少なかった。20 の社会科学や人文のクラスの教室を観察した 1996 年の調査（Nunn）では、教員は授業時間のうち、たった 5.85％の時間しか学生の参加に充てていないことが明らかになった。これは 40 分の授業時間と考えると、その中のおよそ 1 分ということである。344 のクラスのセッションを観察した Fritschner の研究（2000）では、相互作用が起きるとき、教員は 47％の時間を使って学生の質問や応答に対して、質問をしたり、コメントをしたりと対応している。それらの教室内で学生がやりとりをしている間も、教員はいまだに 50％の時間を話すことに費やしている。

教室観察をベースにしたデータは、研究の中でおそらく最も気がかりなものといえよう（Ebert-May, Derting, Hodder, Momsen, Long, and Jardeleza, 2011）。それは、教員中心から学習者中心の指導方法へと転換を図ったワークショップに出席した生物学の教員に関する大規模で複雑な研究であった。そのワークショ

ップは数日かけておこなわれ、後で集められた調査データによると、大部分（1回の分析で89％）の人がワークショップで提案された改革を実際におこなった。その参加者の一群は彼らが教えているところをビデオに録画するように求められた（ワークショップ後の2年間で4回にわたってである）。それらのテープは、教室内で観察されるアクティブラーニングや学生の関与の度合いを測るためにデザインされた尺度を用いて分析された。「観察結果は、教員の大部分（75％）が講義ベースで、教員中心の教授法を実施していることを示していた」（p. 555）。これらの発見は、ワークショップの実効性や、教員の自身の指導に関する認識と実際に観察された事実との食い違いについての疑問を起こさせるが、この研究は、学習者中心ではない指導法が継続して使用されていることを裏付ける証拠として、ここに引用されている。

アクティブラーニングを示すための指導内容の分析

　ArcherとMiller（2011）は「入門」の政策科学のクラスのシラバスのコレクションをまとめた。そのクラスは、その領域では唯一開講している大規模な初歩のクラスであった。彼らはそれらのクラスでどの程度アクティブラーニングが用いられているのかに興味を持っており、シラバスを調べることを決めた。彼らは「シラバスは教室内で起こることをすべてカバーすることはできないが、それは指導者の意思や、望ましい学習成果、そして教育学的なアプローチの概要を提供してくれる」（p. 429-430）。

　グーグルとシラバス探知機というツールを使って、彼らは238もの機関から491のシラバスを入手した。その中には機関の代表的な事例も含まれていた。彼らはそれらのシラバスを分析し、特にシミュレーション、組織化されたディベート、そしてケースメソッド（事例研究）がこれらのクラスで用いられているかに着目した。彼らは、なぜそれらの特定のテクニックがコースの内容によく適しており、一般的にその領域の中ではよく知られているのかについて説明した。

　彼らは、それらの活動がシラバスのコレクションの中からあまり提案されていなかったことを発見した。シミュレーションは授業時間の7.7％、組織化されたディベートは4.7％、そして事例研究は3.7％しか費やされていなかった。

「全体的に見て、サンプルのすべての入門クラスの中で、14.7％の時間がこれらの3つのアクティブラーニングのテクニックの1つかそれ以上を使うのに費やされた」(p. 431)。

　ここで参照されていることは、さまざまな方法を使って他の領域でなされている、より大規模な研究のコレクションの代表的なものである。大学の指導が教員中心のままであると主張する研究はないが、学習者中心のアプローチの幅広い使用を示したデータがないことや、ここで強調されているような証拠は、多くの大学の教室で起こっていることは、本書の第1版が出版されてから大きく変わってはいないという主張を裏付けている。

なぜ授業はより学習者中心にならなかったのか

　もし学習者中心のアプローチが学習を促進するのにより効果的で（それは第2章の研究で実証されている）、促進的な学習のアイデアは教員に対して直感的に良いものと受け取られるのなら、なぜ私たちは学生がそのような形で教えられる変化を目にしていないのだろうか？　おそらく理論的に理解できることとしては、それは私たちの多くが期待しているよりも、実施することは難しいという問題がある。ここに、なぜ授業がより学習者中心にならなかったかについてのいくつかの理由が示されている。

教員がより教員中心の役割を好む理由

　学習者中心の指導への移行は、私たち教員の多くがどれほど教室における活動の中心であることを好ましいものと思っているかを示すことになる。私たちは捕われた（選択の余地がない）学生に向かって、その「本領」を披露する機会は決して逃さない。

　私にとって、それはエピソードやストーリーである。私は物語を作るのが好きであり（もちろん、いつも真実であるが）、年月を重ねた結果、自身の物語（十八番）を持っている。私が語るいくつかの話は、ジョークの落ちとして完成されている。調子のいい日や、たとえ活気のないクラスにおいても、私はそのうちの一つについて話すことができるし、そうすると突然クラスは活気づく。

私は、騒々しい笑いが部屋中に起きると、達成感を覚える。そして学生は私の話を記憶にとどめる。数年たって私が彼らに会うとき、彼らは私に「皿洗い機」の話を思い出させてくれる。そこでの問題は、もちろん彼らが話のポイントをほとんど覚えていないことであるが、私がさまざまな概念的事柄のすべてを使って話をすることの正当性（私は Amstutz, 1988 の比喩が好きである）は、物語の武勇伝を誇示するための言い訳なのである。

　私は学習者中心の教員が話にはすることが永遠に禁じられるとは考えていない。そしていずれにせよ彼らは楽しみ、脚光を浴びて活動している。それはまるで、ダイエットに挑戦し、いかなる状況でもチョコレートを食べないというようなものである。それに加えて、私の話のいくつかは、彼らがポイントをわかりやすく、覚えやすいものにしていることを示している。むしろ、実際のところ、それは私自身をして語らしめる原動力の分析や、促進的な学びのために語ることへの確信であり、私がまだ人を笑わせることができることを確認したいからではない。

　教員がより伝統的な役割にとどまる 2 つ目の理由は、King（1993）がしばしば引用する「壇上の賢者から寄り添う案内人へ」という論文のタイトルに見ることができる。促進的な役割は、それほど魅力的ではなく、考えようによってはより重要でないものとみなされる。それは、私たちが教える役割が実際にそれ（促進的な役割）よりも重要だと考える傾向があるからだろうか。目に見えるすべての指導の側面に対する私たちの関わりやコントロールにもかかわらず、私たちはその学習内容の伝達を保証できない。学生は学びを強制される存在ではない。教員は学生のためならどんなことも学ぶということはできない。学生はどんな教育経験においても完全に重要な多くの部分をコントロールしている。指導についての小宇宙が私たちをとりまいているが、学生はより大きな学びの銀河の中の星であると考えることができるだろう。

　教育の宇宙における私たちの立場のより現実的な理解について、促進的な指導役割が、学びのプロセスの中でいささか権威に欠け、あまり本質的ではないという考えを再検討できる。まったくの逆もまた真である。多くの女性は、自分のそばに何らかのガイドやサポートがない状態での出産を考えるとパニックになるだろう。コーチのいないチームは勝てない。まさしく、促進的な役割は

成果の興奮度は少ないが、学生の学びにより親密に関わることのできる機会を教員に与えてくれる。教員は学びを可能にする功績があると信じられている。学生は教員によって学ぶのであり、私たちがいるにもかかわらず学ぶのではない。

　多くの教員をより促進的な指導への移行から遠ざけているもう一つの隠された理由がある。教員と学生との関係はより共依存的なものへ巻き込まれ、両者の関係が依存的なときに生じるであろうさまざまな心理的な恩恵がある。学生にとっては、責任から解放される。教員が宿題の全詳細を決めてくれれば、学生はより楽である。教員にとっては、予測できない指導の要素に束縛されることもないし、危険人物はほとんど出ないし、脆弱性も低いのに加えて、重要性の感覚が他者のための決断と関連している。しかし、教員と学生両方にとって、依存的な関係は基本的に不健全で、最終的には両者の個人的な成長の潜在的可能性を制限してしまうことになる。

促進的な役割はもっと難しい

　促進的な学びはあまり実践的ではないスキルを含んでいる。それは奇妙で、居心地が悪く感じられる。教員はほとんど自身のパフォーマンス（成果）について考えているため、新しい役割が生む不安感に関してとても客観的で洞察力にすぐれているとは言えない。彼らはそれが正しいものと感じられず、うまく機能するとも思えないため、おそらくはそのようなやり方で教えることができない。彼らは学生の前で愚かに見える羽目になる前に、彼らの知っている方法に戻ろうとする――なんということだろうか。どのようにその役割が機能し、何が教えるうえで促進することをより難しくしているのかについて理解することで、なぜ多くの教員がそれを受け入れないのか。そして、なぜ多くの人が有益とはいえない最初の経験について報告しているのかについて明らかになるだろう。

　まず、きちんと準備された指導法が少ないことがあげられる。あなたはすべてを計画した状態で教室に入ることはできない。あなたがよく準備してクラスに行ったとして、もしもその計画の一部に学生に例を聞くことが入っていたなら、あなたは彼らが何を思いつくかについて事前に知ることはできない。そ

して彼らの提示する例があなたが思いもつかないものである可能性や、そのアイデアの質が最低レベルのものである可能性もよくある。どちらにしても、あなたはそれに応える必要があり、事前の準備による恩恵なしに授業を進めなければならない。

　私にとってよりやりがいのあることは、習慣的な学びにおける混乱の処理である。講義は大きな混乱を招く要素を含んでいるが、学生は注意をごまかすのがあまりにも上手で、質問をしないので、私は試験の採点のときにはじめて問題を発見する。もし学生がグループワークをしたり、出された課題に対する成果があまり良くなかった場合、その反応にあなたは直面するだろう。さらに、こうした混乱を認知するのは最初のステップにすぎない。あなたはそれに対して何か対応しなければならない。それを指摘するべきだろうか？　それを整理すべきだろうか？　それとも、彼らに整理させるべきだろうか？　今回の実施の問題について私たちが議論しているように、それらの疑問に対する答えはいつも簡単で、明白なものであるとは限らない。

　これらの挑戦は促進的な学びを強制されることに対する学生の反抗によって、よりひどいものになる。彼らは、学生に例を出させたり、問題をやらせたり、その概念についてお互いに説明をしあうような活動をさせる教員を欲してはいない。それは教員の仕事であり、いわゆる「良い」教員がやるであろうことであると、今まで数人の学生が私に指摘した。この指導法は学生により多くの課題を課すことになる。実例を自分で考え出すよりも、丸写しするほうがずっと簡単である。それは間違える可能性が少ないという点で、より安全な方法である。あなたは教員の出す例を理解すればよい――どうしてそれが間違っていると言えようか？　教員が促進的役割を果たそうとするときに出てくる学生の抵抗、それがどのように現れるのか、教員はどのようにそれに対して建設的な対応をするべきか、それが通常はどの程度時間や労力を浪費するものなのか――第8章では、すべてにわたってこういったことが書かれている。ここでは、学生の抵抗は促進的役割の実施をより困難にする要因のうちの一つであることを述べておきたい。あなたが何か新しいことをやろうとするとき、ある程度の不安や恐怖を感じながら、サポートを必要とするまさにそのとき、あなたはすべての異議や反論を処理することになるだろう。

学習者中心の指導は易しい方法ではない。ある教員はそれを感じて、実施することを避けようとする。ほかの教員はいったんやってみるものの、もとのやり方に戻る。面白いことに、多くの教員が学習者中心のアプローチを試みないもう一つの理由を述べている。私はそれについて自分のワークショップで聞いた。「私の学生は、あなたが提案するような学生自身の責任のレベルを行使できないのです。そのアプローチをとることはできません。彼らは、まだそれに対する準備が整っていないのです」。もちろん、そこには発達的な問題も含まれているが、第9章ではそのことについて議論している。しかし、私はその意見はどちらかというと言い訳であり、理由にはならないと感じる。本当の理由はこのセクションで議論されたことであり、彼らは学生についてよりも教員について関心があるのである。結局のところ、私が第1章ですでに指摘したように、Freire と Horton はこれらのアプローチを最も準備ができていない学生に対しても、首尾よく用いたのである。

促進的な教授：その実施を導く指針

　教員の促進者としての役割を取り入れるには、学習者中心の教員が教える際にすることを表す一連の指針によって導くことができる。どの役割でもそうであるように、一つの正しいやりかたはない。指針は、役割を認識できるようにするものであり、具体例がその役割一つ一つを特有なものにする。各教員が学生を参画させ学ぶ努力を支援する方法はたくさんある。役割が最も効果的に遂行されるのは、教員がそれぞれにあった実行の仕方をみつけ、教えている内容に即し、そして、学生の学習ニーズに応えている時である。

指針1：教員は学生を学習課題により関わらせること

　この指針には既に触れている。教員は、学生に代わって学習課題をしてあげることを止めなければならない。教員がいつも内容を決め、具体例を考え、質問をし、その質問に答え、ディスカッションをまとめ、問題を解き、図表を作るべきではない。ここで重要な言葉は「いつも」である。時々（機会が多い場合もあるが）、教員は学生のためにこの全てを行う必要がある。この指針は、

これらを行なうことが例外となるまで、回数を徐々に減らしていくということだ。

　例えば、クラスでのディスカッションの最後のまとめは、教員がいつもするべきではない。私は一度、とても効果的で独特な方法で、学生にまとめをさせていた教員を見たことがある。それは、英文学の授業で、学生は小説の一部についてディスカッションを行なっていた。学生らは、U字型に配置された席につき、気づかれることなく彼らは考えを提供していた。学生が話す度に、教員は学生の発言を黒板に書いた。教員は発言はせず、学生の意見の重要点を記録することに集中した。10分くらいしてから、教員はクラスにこのように言った。「今どこまで話しましたか。この意見交換を振り返り、何らかの結論を出せるかみてみましょう。私が黒板に書いたメモを再考察して下さい」。少し沈黙のあと、彼女は、「この意見の間に何かつながりは見つけられますか」と問いかけた。学生がつながりを見出そうとすると同時に、彼女は線を引き、丸で囲み、数字を付け加え、時折訂正を加え、消したりした。次第に、いくつかの結論が現れてきた。彼女は学生に、ノートに自分の言葉でそれを書き込ませ、そして3人の学生にまとめた文章を書くように指示した。そしてクラスは、それぞれのまとめの良い点を話し合った。そして最終的に、何人かの意見を取り込んだ一つのまとめを作り上げた。

　この実演で私の心に訴えたのは、記録する役割が彼女を話し合いの中心から効率的にはずしたということだ。学生は、互いに意見を交換し、互いに返答しあっていた。私のほとんどの授業では、私がどこに立っていようが、学生は私にしか話しかけない。そして、彼らの意見に反応しているのは、私しかいないと気づいたのである。案の定、私が日常的にそれをするのを辞めてから、学生はお互いに話すようになった。

　Black（1995）は、以下のストラテジーを使って、彼の生化学の授業での問題を全部自分で解かないようにしている。彼は、教室に早く来て、あいている黒板に問題を書いていき、学生が入室する都度、2人ひと組でランダムに与えられた問題を解くように課せられる。授業が始まるときには、8〜10名の学生が黒板で問題を解いており、授業開始から5〜10分までそれが続く。Blackは、教室内を歩き回り、他の学生と話をしたり、問題を解いている学生がうまくや

っているかどうかを確認する。もし手間取っている様子であれば、ヒントを与えたり、答えを導く質問をすることもある。

「問題解答が終わると、黒板の前に出ていない学生が当てられ、指定された問題とその解答について分析したり、コメントをしたりするように課せられる。私は、解答の評価を導くような質問をすることで、手助けをする。答えはあっているか。よりよい答えはあるか。もし答えが正しくないと思うのであれば、何が間違っていて、どのようにそれを直すことができるのか。中心となる考えは何か。どの指針を伴っているか。あなたならどう答えたか」(Black, 1993, p. 143)。彼の質問が、ただ単に正しい答えだけでなく、問題解決の過程に焦点をあてていることに注目してほしい。

考え始めてみると、教員が学生にさせることのできる学習課題はたくさんある—授業の終わりにまとめ（要約）をさせること、次の授業で振り返りをさせること、実験結果を予測させること、可能な理論を提案する時に仮説を立てること、結果を評価すること。教員のように学生はこれらのタスクをうまくできるか。できないのも当然だ。練習を繰り返していくうちに、成長していく。この様な考え方は、5章でも詳しく説明されるように、学習スキルを発達させ、内容理解を深めることを同時に行うことで、学習を促す。

指針2：学生がより多くの発見ができるよう、教員は自分から語ることを少なくする

教員というのは、学生に多く言いすぎる傾向がある。授業内の実演を計画したとしよう。私たちは、学生にこれから何をするのかを説明し、実演を行い、そして、何が起きたかを説明する。私たちは学生に、いつ、どのように学ぶか、そして、知識を詰め込んだり、先延ばしにしたりしないように言う。学生に、リーディングや宿題をしてくるよう指示し、授業に準備不足で参加しないよう、また、遅刻しないように言う。レポートがどの程度の長さで、どのフォントを使い、オンラインで正確にどのように提出するかを言う。学生は、何を自分で解明する必要があるだろうか。これほど伝えることは、学習を促すのだろうか。学習者としての学生の成長に、どのように影響を与えるか。

これほどまで伝えるのは、悪循環になりえる。私たちのほとんどは、その授

業のあらゆる側面を説明している細かいシラバスを準備するためにたくさんの時間をかける。それでも学生はシラバスを読まないため、授業内で共に目を通さなければならない。もちろん、私たちは補足をし、詳細を述べ、どんな質問にも答えるが、ほとんどの場合、書かれていることを繰り返しているだけである。説明が終わると、学生は必要がないのでそれをあまり読まない。私はたまに、シラバスに書かれていることの長い説明が、学生がシラバスの中に応えを見つけられるような質問を聞いてくる理由の一部ではないかと考える。もちろん、わたしたちのほとんどは、それらの質問に答える。

　他にも、より学生中心なものある。私のスピーチコミュニケーション入門の授業シラバスは長く複雑である（付録1参照）。初日に、学生が教室に入ってくるときに配る。学生は10分でシラバスにざっと目を通し、その後、私は学生に質問をさせる。この授業にはたくさんの特異な特徴があるにもかかわらず、常に質問はない―学生は完成させる課題を自ら選び、また、グループ試験を受けることもでき、さらに、授業参加を自分で評価することができる。しかし、学生たちは冷静であり、ゆったりしている。彼らは、授業が早く終わるのを期待して、何も質問したがらないのだと私は察する。

　1年目にこの方法を使った時は、代替策がなかったため、質問がない時は、私は屈服し、シラバスを一緒にチェックした。私はあまりにも自分にうんざりしたので、すぐに違うアプローチを決めた。次のセメスターもまた、何も質問があがらなかった。私は、「分かった。この授業で優秀な成果を出すには、シラバスを良く理解することが重要です。そして、私の仕事は、みんなが成功する手助けをすることなので、小テストをして皆がどれほどシラバスを理解しているかを確認しよう。」と言った。今では定期的にこのアプローチを使い、学生の反応はいつもあまり乗り気でない。それでも私は笑顔で居続ける。彼らは、私が小テストを採点する気がないのを知らない。小テストが終わると、近くの席の学生と答えを見比べるように促し、答えを変えたいのであれば変更するように伝える。次に、小テストを提示し、クラスの皆に答えの多数決をとる。明らかに多数票がないものに関しては、シラバスを確認するよう指示し、次の授業時間にその質問から始める。

　シラバスを一緒に読み返さないというアプローチは、私に成功したと思わせ

る、2つの結果をもたらす。それは、授業とその形態についてのよい話し合いを促すからである。いつか、学生は質問をし始め、そしてその質問を他の学生に答えてみるように要求する。もし答えが思いついていないようであれば、関連する文章を教え、そこを読ませ、そして誰かに自分の言葉で説明するように言う。もう一つは、学生は授業に関する情報をシラバスで読んだ上で、授業を始める。私は、新しい課題を出す度に、この姿勢を再度強調する。学生はシラバスを取り出し、課題の説明を読み、そして、それについての質問をする。もし学生がシラバスの中で答えられている質問をしたら、私はユーモアを交えながら、私の高齢と、間近に迫った退職に触れながら、もし正しい答えが知りたければ、シラバスをみるべきだと言う。しかし、私が思う一番の成功の兆しは、セメスター終わりの学生のシラバスの状態に表れる。私が今まで見ていたまっさらで何のしるしもないシラバスではなく、使用されているシラバスになっている。

多くの教育場面で、「自分たちの力で探れ」という標語が聞こえてくるべきだ。もし学生が文書の中に答えが見つけられそうな質問をしたら、文書を参照させる。次の日に、その学生に質問をし、答えを調べたかどうかを確認するのもよいだろう。もし新しい教材にそれ以前に講義した内容が出てきたなら、自分たちのノートからその情報を探させる。学生も「発見」する必要があり、彼らの学習に影響を与える判断を下す責任を負う必要がある。6章でこのトピックについて詳しく述べている。

「一方的に話す」習慣を捨てるのを助けるために、私はShrock（1992, p. 8）の使うアプローチを気に入っている。「学生は私のオフィスがおばあちゃんの屋根裏部屋を思い起こさせるという：書籍や論文が政治のポスターや大恐慌時代の広告、シンボルバッジ、そしてERAの優勝旗と共に飾られている。しかし、最も重要な標識は、歴史的なものではなく、現在と未来に重きがおかれている。それは、学生中心の教育の絶え間ない試練を示している。私が授業に向かう前に最後に見るものとなるように、私は意図的にそれをオフィスのドアの横（電気のスイッチの上）に置いている。その標識には、私の手書きで簡単に、「なぜそれを彼らに伝えているのか？」と書かれている。

指針3：教員はより注意深く授業デザインをおこなう

　学生が授業中に夢中になって課題に取り組んでいる一方、教員がそうでない時、私たちの多くは、まるで私たちが仕事の義務を果たしていないかのように思い、罪悪感を感じてしまう。そういう時は、今学生を参画させているアクティビティの計画と準備にかけた時間と労力を忘れがちになる。教員の教育設計の役割の側面は、学生中心の教育には欠かせない。それは、学びが起きる手段である。Fink（2003）はこのプロセスを「意義深い学習体験を作る」と表現しており、それは、前のセメスターでしていた事や他のほとんどの授業ですることと大きく異なる。

　良くデザインされた学びの経験は4つの特徴がある。まず1つ目に、これらの学びの経験（それが課題であれアクティビティであれ）は学生の参与と参加を促す。その目的は、学生が知らないうちに参画し活発になっているように、学生を引き込むことである。2つ目に、以前にも提案しているように、一つ目の目的を達成するための最適な方法は、学生にその分野に適した実際的な学びをさせる課題とアクティビティである。WigginsとMcTighe（2005）は以下のように説明している：「学生が、教えられたことや既に知っていることを、実演を通して暗唱したり、言い換えたり、反復したりする代わりに、学生はその分野の中で探求や課題をしなければならない」(p. 154)。学生は、生物学者や技術者、哲学者、政治学者、社会学者が行なっていることを（もちろん、学生のレベルで）している。3つ目に、よくデザインされた課題やアクティビティは学生の今の知識やスキルを新たな能力へと押し上げる。また、それは、優しすぎず、難しすぎないように行なっている。さらにここで大事なのは、一つ一つの学習経験が積み重なるように、順序だてる必要があることである。この例は9章で触れている。最後に、これらの経験は知識と学習スキルを同時に発展させる。このことについては、5章でさらに述べている。

　これらの特徴は、高い基準を設けており、また、全てのアクティビティや課題で達成するのは非現実的である。それでもなお、それらは私たちが今使っているアクティビティと課題や、新しくデザインするものの基準となるべきである。学習者中心の教員は、深い学びやスキルの発達を促す経験をデザインする際に起こる知的な難題を過小評価しない。

これらのような学びの経験は創造力や独創性を用いた設計のアプローチが必要である。また、よい授業設計は常に変化しているとの認識の下、学習計画作業に取り組む必要がある。それらを試した後、学生からのフィードバックや教員自身が感じたうまくいったこと、いかなかったことに基づいて、当初の計画は変更される。自分が掲げた学習目標を達成したと感じるまでに最低 6 度繰り返して作ったアクティビティを使って説明しよう。

　Silverman と Welty（1992）が行なった教員間の話し合いを促すケーススタディーを使う。それは、教員がある学生に対して、人種を理由に評価をし、学習障害があることによって優遇したとして、教員を非難することに関する。学生たちは、授業の前に、この事例を読み、支持するほうを選んでくる。ディスカッションは Frederick（1981）の枠組みを与えたディベート（forced debate method）を使って進行した。教室に中央通路を作り、この空いたスペースを向くように椅子を並べる。学生が来るなり、支持する側の席に座る。そして、お互いにその側を支持する理由を話し合う。ディスカッションの間に考えを変えたら、いつでも教室の反対側へ移動する。

　私は黒板を半分に分け、それぞれの側の意見を記録する。新しい意見が出なくなると、それぞれの側は集まって、その側のどの意見が一番よいか、また、相手側の一番良い意見に対してどのように答えるかの話し合いをさせる。そして、それぞれの側の有志が、学生の成績について話し合いをする教員と学生のロールプレイをする。

　通常、話し合いはゆっくりとはじまるが、学生は成績の公平性が大事だと感じるため、次第に調子が出てきて、意見が飛び交うようになる。普段の授業で参加する学生の数より多くの学生が参加し、議論や反論をし、証拠を立て、主張を通し、意見を述べる。何人かの学生は、考えを変え、反対側へ移動する。他の学生は、席を反対側の方へ少し近づけ、話し合いが始まった時よりも、自分の当初の意見に自信がもてないことを示している。私は良い実例を多く聞き、議論の立て方、過ちの正し方、証拠の示し方について学ぶ時にそれらを次々と使っている。

　これはとても良い戦略であり、様々な内容で使うことができる。もし興味があるのであれば、Herreid（1994, 1999, 2007）の研究を勧める。彼は、科学の授

業の実例で多くの関連する戦略を提案している。私が考えたアクティビティは、いくつかの既存の資を結合して、議論するスキルを養うための経験を作りあげる。アクティビティが未完成のように感じたため、ロールプレイを最後に付け加えた。また、そのロールプレイによって、学生は会話・対話をするための「準備」をすることでその質を高めることが出来るとわかるようになる。教室をどのように配置するかでもめ、記録係に徹するまでは自分でいくつかの役割を担っていた。私が書いた記録は、学生が議論を振り返るのに役立つ。これら全ての特徴は違いを生む。どれも特に特別ではないが、学びを促す経験は、アクティビティがもつ潜在的な学習力が発展するために様々な要素の力が合わさるように、慎重に作り上げられている。

指針4：教員は熟達者の学びについてより明確に手本を示す

　ファシリテータとしての教員は、熟練した学習者がどのように学習課題に取り掛かるかを実演する。これは、授業で実際に学ぶことで、最もうまく手本を示すことができる。しかし、それがもし、入門レベルの授業で、何度も教えられている授業である場合、教員にとっての新しい学びは多くは起きないかもしれない。私たちはこれらの授業の内容はよく知っているということが多いが、たまに学生は新しい質問をしてきたり、違う例を挙げたりする。そして、私たちの返答が、経験豊富な学習者がどのように新しい考えや情報を扱うかを実際にやってみせることができる。

　授業で「学ぶ」のと同じくらい効果的なのは、教員が行なう学習法についての明確なディスカッションである。問題を解くときの思考回路を声に出して言っても良い。学生に、難しく分かりにくい問題にどのように直面し、つまずいた時や間違った答えを導き出した時にどうするかを説明しても良い。また、同じ教材を初めて扱った時にどうだったかを思い出すのも役に立つ。わかりにくかったか。悔しかったか。すぐに理解できたか。どんな間違いをしたか。最終的に理解できるために何が役立ったか。教員がその教材を最初に手にしたときの事を詳しく話して手本を見せることで、学生は励まされる。

　学生は、熟達者にとってでさえ、難しく厄介な学びがあるという例を見る必要がある。ある英語クラスの同僚が彼女のクラスの学生が、添削や書き直しの

作業がとても時間を取り憂鬱だということを共有してくれた。学生は、レポートを書き、完了したと思ったら、たくさんの手直しをしなければならない。腕の悪い書き手なのだと学生は感じる。学生たちの考えは、その教員が書いたレポートに対するある編集者からのフィードバック・評価を共有したことで、大きく変わった。全く、教員は書いたレポートのほとんど全てを手直しをし、書き直さなければならなかった。しかもそれは彼女が腕の悪い書き手だからではない。

　教員も学びに参画している時、彼らは学生にとって説得力のあるモデルとなる。また、その学びというのは、既知の分野に基づいた知識ではない。教員が、居心地がよい分野外で、違う分野の新しい教材を学んでいるとき、学生にとって2つの方法で助けとなる。一つは、学生の感覚を簡単に忘れてしまう教員が新しい学びによって、混乱、落胆、絶望、達成感などといった気持ちと再びつながれる。私は、この本が最初に出版された後に、大学の理系の授業を2つ修了した。私は、初めて天文学の授業で手を挙げ、理解できなかったことに関する自分にとっては適切だと感じた質問をしたのを覚えている。先生は、質問が理解できないと答えた。私は質問を言い換えた。彼は答えたが、彼が言ったことは私には理解できなかった。驚いたことに、私はにこりと笑い、うなずき、そしてありがとうございますと言った。その日以来、にこりと笑い、うなずき、ありがとうございますと言う学生のフォローをするように心がけている。

　私の好きないくつかの教育系の論文で、教員が自分の分野以外の授業を学生と共に受講している経験が報告されている。英語の教授である Starling（1987）は学習コミュニティーの一環として、3回にわたるビジネスの授業を受講している。また、英語の教授である Gregory（2006）は演劇の授業を履修している。両方の論文は、経験から得た見識に富んでおり、私もそれに合意する。学部の天文学と化学の授業を受けた経験は、最近の仕事人生の中で最も爽快で屈辱的なものである。これらの経験によって、私と私の教育観を初心に戻してくれた。

　まとめると、学生は教員が学んでいると得るものがある（それが、教員が教えている授業、履修しているもの、あるいは独学で学んでいても）。それは、その教員たちが学生となり、真新しい経験をしているからである。さらに、学生は新しいものを学ぶことは大変であり、簡単でなく、しばしば間違いをするもの

だと認識するため、得るものがある。私が教えた化学の授業に付属した1年のゼミで、実習室の仲間によって私の無知が明らかになった。一つ一つの実習の最後には、ボーナスポイントがもらえる「考える」問題があり、実習室仲間で共に答えることが可能だった。私は仲間に、考えられる答えを提案したところ、疑いもなくそれに賛成した。結局、研究グループの中に先生が一人いたのである。もちろん、私が提供した答えは間違っていた。そして、仲間の一人がゼミでこのように言った「私たちはたった今、Maryellenが考える問題の答え方が分からないことが分かりました。」

指針5：教員は学生がお互いに学びあえるようはたらきかける

　教員はよくグループ学習の価値を過小評価する。私が提案する時はいつも、教員がそれを避けるべき様々な理由があげられる。教員は自由に意見を持って良いが、その意見は多くの経験的証拠と一致しない。多くの研究（2章でほんの少し強調されている）は、様々なグループ構成がお互いから、また、グループメンバーと共に学ぶことを可能にすると証明している。確かに、良いグループ学習の経験は、教員の準備と努力が必要となる。この場合もまた、グループのタスクをデザインすること、また、どうしたらグループ内で効果的に役目を果たすことができるかを学生に学ばせる手助けをする意欲が、成功への鍵である。グループで行動することを生まれた時から知っている人は誰もいない。これもまた、学ぶ必要のあるスキルである。

　多くの学生はグループ学習を拒み、そのほとんどの場合、最も優秀な学生が一番声を大にして拒んでいる。彼らは、グループ学習の嫌な経験がたくさんある。その経験のほとんどが、グループの他のメンバーが公平に分けられた仕事をしなかったり、締め切りを守らなかったり、グループメンバーの皆を失望させるという事を伴う。これらの経験は、きちんと計画・デザインされていないグループ学習と、教員が学生にグループダイナミックスに対応する自信を持たせていない事が原因で起こっている。学生は、結局は、一人の方が課題をうまくこなすことができると信じ、明らかにグループ学習が一人での学習よりも効果的だということを示せた時だけ説得されるだろう。

　私は、学生が真剣に取り組む試験を使って、協調の価値を示そうと試す。私

の授業では、グループ試験に参加する学習グループを割り当てられるかどうかを、学生は選ぶことができる。各学習グループはクラスの他の学生に復習教材を準備する。そして、それに加えて、グループで一緒に学習するかどうかの判断は、各グループに任せられる。一緒に学習するグループもあれば、しないグループもある。協同学習の研究が証明しているように、より多くの時間を仲間と共に勉強する人の方がより良い成果を出す傾向がある（Hsiung, 2012を参照）。学生にとってグループ試験というのは初めての経験のため、成績に影響する割合を低く保っている。良い成果を出したグループは評価され、あまり良い成果を出せなかったグループは減点されることはない。成績のボーナスはこのように機能する。学生全員は、授業の前半で40問の選択問題を解き、提出する。そして、グループで集まり、同じ試験を共に行う。その後、私はグループ試験の採点を行う。もし、グループの点数が個人で受けた試験の平均点よりも高い場合、その違い（通常80点満点の試験で4～12点）がそれぞれの個人の点数に加点される。

　グループ試験や様々な採点方式が他の人たちによって使われている。Benvenuto（2001）は、このような取り組みを化学の授業の週ごとの小テストで使っている。彼の工学の授業では、成績のボーナス点とグループでの自立を固定させる。グループメンバー全員が試験で一定の点数を取った時にのみ、ボーナス点が与えられる。

　私は学生がグループ試験を受けるのを見ているのが好きだ。皆で、全力で取り組んでいる。話し合いの最初は、静かな激しさで始まり、ほとんどすぐに、意見の不一致が起こり、討論が始まる。初級の学生に互いの意見に反対させることはほとんど不可能に近い。彼らは、クラスメートとの争いを嫌い、授業中にはなるべくそれを避ける。この場合だと、学生は気付かないうちに、討論をしている。とりわけ、彼らは内容を、情熱を込めて話し合っており、それもまた、不可能に近い成果である。

　学生たちは、試験が返却されてから、グループ試験の経験について分析する。ボーナス点を得た学生は、グループ学習が助けとなるという、目に見える証拠がある。学生のほとんどは、なぜそれぞれのグループが個人よりうまくいったか、あるいはうまくいかなかったかが説明できる。グループ試験への参加はオ

プションであり（4章で課題の選択について説明する）、グループ試験に参加しないのは、いつも決まってクラスで最も優秀な学生たちである。私が彼らに理由を聞くと、彼らはすぐに答える。「一人の方がよく勉強できるのです、ワイマー先生。」「グループ学習する時間が私にはあまりないのです。」。私は彼らの選択を尊重するが、彼らの意見と一致しない証拠を突きつけるために最善を尽くしている。例えば、試験の結果を報告する時、私は点数の一番高い5人の点数を書き上げ、どれがグループの点数で、どれが個人の点数かの印をつける。常に、3つか4つはグループの点数である。さらに、一人の方がよく学べるという優秀な学生らに対し、試験についての学習記録を記入する際、それらの点数についてコメントすることを提案するメールを私は送るのである。

学生と教員の両方が、グループ学習に対するマイナスな思考を再考する価値がある。教育に関する文献は、教員がデザインし、うまく授業に取り入れられている実際のグループタスクの実例で満ちている。それの多くは2章で言及されており、他のものも続く章で紹介される。学生は、お互いから学び、また、共に学ぶ事ができるし、事実、学んでいる。

指針6：教員と学生は学習のための環境を創造できるように取り組む

この指針については、6章で十分に探究されるため、ここでは紹介だけにとどめる。学習者中心の教育というのは、規律（婉曲的な表現だと、学級経営）というより、学習を促進する環境を作るということである。教員は、その環境を作るリーダー的役割を担うと共に、それを持続させるための責任も負う。しかし、その教室の環境は、教員と学生が共に作り上げるものである。この目的は、学生が、教室で起こることに対していくらか責任を持つことである。

指針7：教員は学習を促進するために評価をおこなう

この指針もまた、後の章（7章）のトピックとなっている。しかし、この指針が、教員が評価を行う回数を減らすという意味ではないことを、前もって明確にする必要がある。その責任は、今までと同様にある。違いは、教員は学生の課題を評価するときは常に学びがあると考えることである。彼らは学生が経験から学ぶ可能性を高め、その結果成長できるようなフィードバックを与えた

り、補足のアクティビティをデザインしたりできる。これには、学生が自分とクラスメートの学習を評価する必要があることを認識させる面もある。学生は、自分にも他の学生にも成績を付ける事はないが、自分とクラスメートの学習を批評的にみるアクティビティに取り組むことができる。

この7つの指針は、学習者中心の教育が実践の中でどのようなものかを表している。そしてこれらは、促進的な教員の役割の様々な側面をさらに詳しく説明する。リソースとなる人やメンター、学習設計者、そして卓越した学習者。これらは違う役割だが、やはり大事な指導の形である。直接、また効果的に指導と学びをつなぐ役割である。

興味深い実施例

より促進的に教える初期の試みの段階で、取り入れる際にいくつかの興味深い問題が生じた。一つのクラスで、割と分かりやすいグループ学習を使っており、起きたことも同様にわかりやすいものに感じたが、その時に生じた質問に答えるのに苦労をした。後に、これらの質問が、学生と学生の行動に焦点を当てる教員の役割を取り入れることを成功させるために、大事なことなのだと気付いた。では、まず何が起きたかから説明しよう。

私は、授業内の2コマにわたる、小グループのアクティビティを使っていた。学生は、タスクの最初の半分を終わらせ、次の段階に進めなければならなかった。そのプロセスを誘導するために、私は各グループの仕事に対して数パラグラフにわたるメモで対応した。素早くタスクを読み、グループの誰かにそれぞれのメモを渡した。学生は、20分メモを読む時間を与えられ、そこで挙げられた問題を話し合い、そして先に提出したものを訂正した。一つのグループ以外は同じ（良識のある）ように進めた。一人が他の学生にメモを読み上げる。

私の左前には、（偶然にも）とても恥ずかしがりの学生が集まったグループが座っていた。私がメモを渡した学生はそれを黙読し、他の学生は静かに待っていた。彼女が読み終わると、コメントをすることなく、隣に座っている学生に渡し、その学生もまた、そのメモを黙読した。

私は初め驚いた。彼らは何を考えていたのだろうか。明らかに、何も考えて

いなかったであろう。なぜ、他のグループがどうしているかを見なかったのだろう。通常、学生は、他の皆がしている事を頼り、手本にする。なぜグループの誰も何も言わなかったのだろう。皆そんなに無口であるだろうか。私の驚きは戸惑いへと変わっていった。何をするべきなのだろうか。口をはさむべきだろうか。それは一歩引いているように感じた——教員が介入をし、学生が間違った判断を下す度に、その問題を解決する。しかし、学生の課題の質や、その課題から学ぶ可能性はこの愚かなアプローチによって、損なわれてしまう。

　私の中で自分との対話が続いた。もし口出しをするとしたら、どうするべきか。彼らのやり方がどれだけバカらしいかを伝えずに、なんと言ったらよいだろうか。もしかしたら、私が彼らの下した判断が良くなかったこと、また、グループの誰かがそれに気付くべきだったことを彼らは分かるべきなのかもしれない。さらに、彼らに問題があるということだけを伝えるのではないようにするには、何と言ったらよいだろうか。もし、「調子はどうですか」と聞いた場合、皆頷いて、「大丈夫です」と答えるのではないかと恐れていた。もしかしたら、「タスクが理解できますか」と聞くことができるかもしれない。「はい。」「どれくらい時間が残っていますか。そして、後どれくらいやることがありますか。」これは、伝えるというより、教えるに近いように感じる。

　私は結局何もせず、学生の課題も結局あまり出来の良くないものに終わった。彼らの課題の取り組み方と、その評価の低さの間に彼らが関連性を見出したかはわからない。私は楽観的ではない。彼らのほとんどが、グループで何かを成し遂げようとするくだらなさについての疑問に確信を持たせる経験の一つとなったのだと思う。しかし、このグループに対する私の不適切な対応と、この経験についての彼らの結論が、ここの顕著な問題ではない。そのグループで起きたことは、促進的な教員の役割を実践することの３つの根本的な質問を挙げた。

あなたは介入をしますか？　もしそうなら、いつ

　この２つの質問はあまりにも関連しているため、まとめて考える。もし、この教えることのアプローチが、学生の判断の結果を彼らに発見させ経験させることであるとしたら、教員は介入するべきか。介入すべきでないという人もいるだろう。全ての介入は、学生が間違いから学ぶ可能性を損なう。そして、私

たちは皆、自分の間違いから学んだことを並べることができる。

　初級レベルの学生については（私が最もよく知る学生）、答えははっきり「はい」とも「いいえ」とも出せない。言うことが私の教える方法だったため、教える時よりも介入は少なくするべきだし、少なくすることができるのははっきりと言える。しかし、初級レベルの学生は（もしかしたら全ての学生に言えるかもしれないが）、介入を必要とする場合がある。こつは、どの状況で、また、どの段階で介入をするべきかを決めることである。必要な状況がはっきり分かる場合とそうでない場合がある。私たちは、学生の判断が学生を傷つけてしまう場合に介入する——18単位履修し、週35時間働きたいなど。学生の判断が、他の学生の学びの可能性を損なう場合に介入する——クラスの後方で日常的におしゃべりをし、授業を妨げるなど。何かを理解するための努力が、あまりにも大きなフラストレーションや不安を生み、その経験から得られる学びの可能性を損なう場合に介入する——通常怒りが学びの邪魔になる。しかし、他の状況では、教員の介入の必要ははっきりとしておらず、介入の結果もより複雑である。この一連の指針は役に立つだろうか。役に立つ可能性はある。より良いのは、共有されたもののように、実例について考え、話し合いを行うことである。それは、個別で、状況次第の、しばしば不明瞭な状況についての難しい判断をどのように下すべきかを示す。

どのようにしたら最善の介入ができますか

　もし、倫理的責任と経験から学ぶ可能性を損なう場合に介入が必要だとすれば、教員の介入はどのような形をとるべきか。私はほとんど、ただ彼らに伝えるだけだと示してきた。きっと、それは場合によって適切であるが、常にそれをしていると、教員が何をするべきか、するべきでないか、を教えてくれる事に学生は頼るようになる。しっかりした学習者は、自分でそれを理解できるようにならなければならない。必要な洞察と理解へと導く質問を学生にする方がよい。

　どのように介入するかという疑問に関連するもうひとつの疑問として、どのタイミングで介入するかがある。学生が間違いをしている最中に介入するか、あるいは、間違いをした後に介入をするか。これもまた、「状況次第」である

が、もし学生が、何が間違ったのかを解明しようとし、その間違いから学ぶ可能性があれば、間違いをした後に介入をすることを論証することができる。正直に言うと、この問いに対する良い答えを、私は持ち合わせていない。先に述べた2つの問いと同様に、この問いも、授業で起きる前と後にしっかりとした分析を要する。

　この章で取り扱われている様々なトピックが示すように、学習者中心の教員の役割を実践するのは、そんなに簡単ではない。それは、教員が、自分がしている事に焦点を当てる指導から、学生がしていることに反応する指導へと変える事を要する。目標は、学習において、学生を参画させ、サポートすることである。学習を促進する教員が具体的に何をしているかを示す方法として、この一連の指針が提案された。また、実例は、その役割の実践を示し、それは多くのありえる応用のほんの一部である。

　教員の重要性を弱めるように感じるため、この役割を避ける教員もいる。しかし、この章で示そうと試みたように、この役割も、同等に大事であり、必要な役割である。学生は、自分で学ぶ事ができるが、今日の大学生のほとんどにとって、教員は必要不可欠である。まだ、全てを理解できているわけではないが、学習者中心の教育が、興味深い挑戦と特有な賞賛を得る事ができるのだと分かるくらいは理解できた。また、この役割は、学習を促すものだとも分かっている。

第4章

力の均衡

　大半の教員は、教員の役割を変えるということが、学生の学びをより効果的に促進するという考えには、さほど違和感を持たないが、教室内においてパワー・バランスを変える必要があるという新しい考えには動揺する。パワー・バランスを変えることについて書き、また話してきた私の経験から、あからさまな拒否反応を防ぐためのもっとも良い方法は、以下の2つの問いに徐々に慣らすことだということに私は気が付いた。

　あなたは自分の学生たちをどのように捉えているだろうか。つまり彼らを、自信と創意をもって学習作業に取り組む自主的な学習者として勇気づけているだろうか。今日、少なからずの大学生は不安を感じ、ためらいがちに授業に出てくる。彼らは授業が簡単であることを望みながら、またもし難しかった場合には自分たちは何をすべきなのか心配しながら、講義を受け始める。大多数の学生は、得意ではない、あるいはすることができない多くのことを列挙することができる。彼らは数学や科学をほとんど必要としない専攻を探し、また、書くことを多く要求する授業を避けるために最善を尽くす。大半の学生は教室ではむしろ話したくないと考えている。要するに、彼らが考える良い授業とは、教員がするべきことを正確に彼らに伝える授業なのである。これらは一般論であるが、多くの学生にとって教育は彼らに起こる何かであるが、それはほとんどの場合、学生たちをうんざりさせることなのであり、むしろ不愉快な経験となっている。

　学生たちの自信の欠如や彼らの「何でも教授の言うとおりにしますよ」という非常に受動的な態度を私や同僚がぼやく時、私たちは、学生の勉学へ取組みをいい加減なものにしてしまう、こうした無頓着さを打ち破るために何ができ

るのかと考える。しかし、これは良い質問であるが、適切な問いとは私は考えていない。私たちは、いっそう難しい問題と向き合う必要がある。すなわち、なぜこのような学生が存在するのだろうか。なぜ、こんなに多くの人たちが不安で、優柔不断で、また学習者としての自信がないのか。さらに端的に問えば、学生たちが受動的な学習者になっていること、つまり、彼らの成長が妨げられているということを悟らせる方法はあるのだろうか。学生たちを従属的な状態にしている以上、教員たちが何かを、またどのように学ぶのかを学生たちに教えない限り、彼らは学ぶことができないのではないのか。これらの問いが、まさに教室内におけるパワー・バランスを伴う問題に私たちを導く。

何を変え、何を維持すべきか：教員によるコントロール

　私たち教員の多くが当然のことと思っている教員としての権限が、どれほど学生の学びを規定しているか、私たちは気づいていない。しかし、以下の単純な一連の問題への解答は、教員の権限の程度をたいそう明確にしてくれる。授業で学生が学ぶであろうことを決めるのは誰か？　すなわち、誰が授業内容について決定するのか？　授業の進度を管理するのは誰か？　すなわち、誰が授業計画を組み立てるのか？　学生がどのようにその内容を学ぶのかを決めるのは誰か？　すなわち、学生がなすべき活動や課題を決めるのは誰か？　学生が学ぶための状況を設定するのは誰か？　すなわち、出席、参加、提出日、そして授業での行為に関するルールのような事柄についての授業方針を設定するのは誰か？　教室において、誰がコミュニケーションの流れをコントロールし、調整するのか？　すなわち、［教室での活動に］学生たちが参加する時、参加を呼びかけ、参加を許可し、あるいは自発的に話さない学生を励ますのは誰か？　最後になるが、学生がどれほどうまくその題材を学んだのか、あるいはそうではなかったのかを判断するのは誰か？　すなわち、評定するのは誰か？

　化学教育で評判の高いBunce（2009）は、同様の特徴を以下のように述べている。

「学生は授業が教員に属するということを知っている。つまり、教員は方

針、提出日、そしてテストの難しさや課題／テストの各々の重要さを決定する。さらに、教員は、どのような題材が重要で、それがどのように提出されるのかを決める。学生たちが学ぶ必要があるものが何であるかを学生自身に尋ねる教員はいない。概して、学生たちはものごとがどのようになされるのかということについての意見を持っていない。同様に、仲間から厚かましいと見られることを恐れて、自発的に提案するということもありえない」(p. 676)。

　学生および彼らの学びを管理する傾向があるという明白な証拠は、私たちのシラバスを見れば十分である。物腰の柔らかい、通常優しい教員でさえ、学生のために規則を編み、要求し、指示的になる。「どんな状況下でも、遅れたレポートは受け取らない」「ボーナスポイントを求めるな。時間とエネルギーは授業で課される課題に使われるべきである」「不参加はあなたの成績を下げる」「授業中に話をしない。あなたは聞き、学ぶためにここにいる」「授業に来る前にあなたは読書をしなければならない」「自分の考えをまとめないままに、考えていることを話すことは、貴重な授業時間の浪費である」。
　Singham (2005, 2007) は2つの説得力のある論文の中で、現在のシラバスが陥っている状態を非難している。つまり、「その科目がなぜ勉強するに値するのか。なぜ重要であるのか。なぜ関心を引き起こすのか。あるいはなぜ奥深いのか。それらの理由なく、またその授業のなかで使うべき学習方略を提示することなく、シラバスには指定読本を記載している。典型的なシラバスは、学生と教員が一緒に刺激的なラーニング・アドベンチャーを開始しているという証拠をほとんど与えない。しかも、その論調は、囚人が投獄初日に手渡されるかもしれない囚人マニュアルにたいそう似ている」(2007, p. 52)。彼は続ける。「詳細でばか丁寧に法を守るシラバスは、学生を学びたくさせるものとはまったく正反対のものである。学習動機づけの項目に関する膨大な研究文献があるが、その1つは大きな声ではっきりと次のように叫んでいる。人はどのようなことをしていても、他の状況であれば、大いにやる気を起こしている事柄をしている時でさえ、他者からの支配的な環境では、興味を減じてしまうことは首尾一貫して明らかである」と (2007, pp. 54-55)。

教員は、あらゆる種類の個々の行動および教室での問題に対処する方針と共に、誰が責任者なのかということをしっかりと制定する。［シラバスに明示することで、］授業中に野球帽をかぶってもいいか、あるいはガムを噛んでもいいかについて教えない教員がいる。最近、授業に来る前に入浴するようにと学生に注意しているシラバスを私は見た。その教員は、以下のように解説してくれた。つまり、数年前にある一人の学生がいつも不快な体臭をさせながら講義に来ていた。彼女は その注意をシラバスに加え、それ以降、それが効いて、これまでのところ、教室においてくさい学生はいなくなった、と。

　仮に私のワークショップで、ディスカッションが一度でもダレるならば、携帯電話に関するクラスの方針について尋ねれば、いつでも活発な意見交換が生じる。実際、ある参加者の携帯電話が鳴ったのをきっかけに尋ねた話であり、ワークショップの進行を妨げることにならなかったのだが、そのセッションを行って数ヵ月たっているにもかかわらず、いまだに参加者たちは盛り上がっている。［話を戻すと］Singham が「ぞっとするほど規則の多いシラバス（syllabus creep）」と呼ぶものについて以下のように述べている（2007）。「教員は既存の規則に応じない、各々の学生の言い訳に立ち向かうため、新しい規則を加え続ける」と（p. 55）。この本の初版が 2002 年に出たが、それ以降、シラバスにおける方針の数が増えたという証拠は提供できないが、その数が減っていないということに自分の職を賭けることを私はいとわない。

　大多数の教員は、自分たちが学生の学びに対してかなりの力を行使しているということを進んで認めるが、しかし、彼らはその程度が過度で、もしかすると有害だといういかなる忠告には、強く抵抗する。2011 年 8 月 24 日の「Teaching Professor」というブログ投稿 サイト（www.facultyfocus.com）において、「シラバスが学びに関する興奮を伝えたか。授業に関するすべての決定が教員によってなされるべきか。そして学生が今までにシラバスに対してフィードバックを求めていたか。」それらの状況について尋ねる一連の質問を付けて、私はシラバスを再考するように読者に促した。［すると］ブログは注目に値する反応を見せた。すなわち、いくらかは肯定的反応だったが、多くは「シラバスは契約である」として強く擁護するものだった。「もし、あなたのシラバスの目的が［学生の］悪ふざけの再犯防止や予防のために、自分の要求項目

を述べることにないというのなら、あなたはこれまでにはあまりなかった教授であるとの念を私は抱く」。「私のシラバスは学生にとってそんなに簡単で優しいものではない。それはまさしく学生が成績を取ることを成就するのに必要なことを契約書の形式で記載したものである。それは幼稚園のための広告ではない」。「これは、教員が教室において権利を与えられた学生と直面するという状況を生む、公然と愛を表明するような、無意味な考えの類である」。

　このようなコメントは、教員が［授業を］支配しなければならないと考える理由を明らかにしてくれる。すなわち、学生にはそれが必要だからである。教員は学生自身に学習を決定させるということ、あるいは、完全に制御されていない学習環境のなかで分別をもって返答させることは、安心して任せられない。学生は権限を守らない。というのも、学生は良い学習スキルを持っていないし、十分に準備を整えていない。また、学生は満足している部分に関心を持っていない。［さらに、］学生は成績を得るために授業を取るのであって、学びについては関心を持っていない。学生が教育に求めること、それは良い賃金の仕事につくことがすべてとなっている。

　これらの特徴は大学生の典型である。私たちはこれについてまさに議論しようと思えばできる。また、もし、学生は自らの学びについての決定を任せられているなら、それらは扱うべき問題である。しかし、学生中心のアプローチに対処できるように学生たちは準備する必要があるという事実は、学生のために教員がすべてを決定することを正当化しない。Mallingerは、以下のことを指摘している。すなわち、「教員の指示のもとで発揮されるリーダーシップについての議論では、学生には自ら成長レベルを拡張する**能力**はないとみなしている」(1998, p. 473) と。

　教員が教室で生じる多くのことを管理する2つめの理由は、彼らが常にそうしてきたからである。教員がすることとして想定されているのが管理である。Brayeは以下のように説明している。つまり、「『良い』教員とは、教室およびその諸要素を支配する。授業時間を効率的に使用するために、教員は授業計画を立案し、いくつかの教科目標を規定する。そして、学生が知識を早く学び、それをよく記憶して、そして必要な際には即座にそれを再現できるように、教

員は明瞭かつ効果的に知識を広める」(1995, p. 1) と。何年もの間、私は、学生が教員にしてもらう必要があることをしていると信じ、その台本に従ってきた。学生と学生の学習過程を管理するという私の方法が［彼らにとって］有害になっているかもしれないとか、あるいは私の教育方法は彼ら以上に自分のためになっているかもしれないなんて、決して私の心には浮かばなかった。

　ここで、私自身の教え方を検証して明らかになった、心中穏やかではいられない類の例を挙げよう。私は日ごろ自分の要点を完全に話し終えるまでは、常に学生の質問を受け付けなかった。私は中断されることを望まなかった。私は話し終えたあとで、質問を求めた。私は教室内を急いでざっと見まわし、手が上がっていないのを見て質問をし、（自発的に発言してくれる学生を待つ時間も持たずに）学生を指名した。また、私は学生の回答をほとんど承認せず、軽く受け流して次の話題に移った。私はすべての内容を理解させるつもりだったので、その話題により多くの時間を使うことはできなかった。このようなやりとりを思い出すことは、私を腹立たしくさせ、また少し恥ずかしい気にさせる。知らず知らずに、ここまで授業を統制している自分を発見するとは思いもよらなかった。そして、当然ながら教員が力を持っているということが、力を行使する正当な理由にはなりえないのである。

　最後に、教えるという行為に内在する危うさゆえに、教員は学びや学生たちを統制しようとする。私たちは身丈のものしか教えられないという弱さを持っている。だから、自分たちの感情を害する結果を引き起こすものに注意深くなっている。しかし、この危うさとそこに関連付けられた恐れは、教員が頭で考える以上にしばしば感じられるものである。私の同僚の一人は、それを悪い夢として繰り返し見るという。その夢はこんな具合である。彼の主要科目で、ビジネス・ロジスティクスという初心者向けの科目の初日だった。彼は正教授で、基礎的授業をもはや教える必要はない。しかし、その内容がとても重要であるということから、その基礎的な授業を担当することに決めた。そのことを指摘しながら、いつものように導入部分を切り抜けて行く。途中、ある学生が立ち上がり、教員にははっきりと顔が見えないが、大声で教員はいんちきで、大変なペテン師で、解任されるべきだ。学生は［学費を］払っているので、もっとよい待遇を受けるべきだと指弾する。この学生扇動者がそのクラスを焚き付け、

学生たちは教室の前方へ波のように押し寄せてくる。クラスから追い出されようとしている中、彼はうなされ、叫びながら目覚める。

　私が初めてこの悪夢の話を聞いたとき、彼の教員としての顔とは非常に対照的に思われたことから私は笑った。しかし、それは現実に根差している悪夢である。もし、学生がいっせいに教室から教員を追い出すことを望むなら、かなり小さいクラスでさえ、その際立った行いを達成するのに十分な力がある。教員は多くの力を使うかもしれないが、それでも完全にクラスをコントロールできない。たとえば、シラバスの中にリスト化されていない課題を加えたり、あるいはいくらかの規則の違反行為のために公的にある学生を叱ったりした時、私たち教員の大多数がこの脆弱性を感じる。もし学生が教員の権限に異議を唱えるなら、多くの教員はより大きな力の行使によって対応することを義務付けられているように感じ、またそれはほぼ決して明確に終えることのない悪循環を開始する。

　教員はこれらの挑戦を気にして、それらを防ぐために自分たちができることをするように動機づけられる。皮肉にも、教員たちがより多くのことがらを管理下におくことで、おそらく学生はよりいっそう反抗するであろう。学生を授業にしばりつける厳しいシラバスは、教員と学生の敵対的な関係を明らかにする。それはほとんど、教員の権威に異議を唱えるように学生を挑発する。第1章で強調したいくつかの理論および第2章で検討された研究の中には、以下のことを証明するものがある。すなわち、教員が支配力を行使するとき、学習に関する学生のやる気、自信、そして情熱すべてに悪い影響を及ぼし、学生たちは無力を感じるようになる、と。

　しかし、これは究極の皮肉ではない。学生のために学習に関する大部分を決定し、学習環境の多くの局面を管理するにもかかわらず、学生はまだもっとも重要な決定をすることができる。学生だけが学ぶか否かを選択することができ、教員は学生のために学んだり、学生に学ぶことを強要したりすることはできない。もし学生が学ばないと決めるなら、すなわち、履修単位を手に入れず、また授業料を無駄にするなら、強いネガティブな結果が生じる。学生は落第し、それは大学および職業での成功を危うくする。あるいは、学生はほとんど知識とスキルを身につけずにその授業を離れるので、次の科目で苦労する。とはい

え、若干名の学生がとにかくこれらの結果を選択している。実際、教室におけるパワー・バランスは学生に有利に働く。学生は学ばないことで、教えることを無意味にすることができる。

　要するに、教員は、学生の学習過程に多くの制御をかけ続ける。たとえ、教員は管理することが学生に役立つと考えて（善意で）そうしているとしても、それはしばしば深い学びや学習スキルの発達を損なう原因になる。学生のために学習に関する決定をすることは、受動的な学習者をつくる。そして、学習環境の厳しい制御は、学びに対する動機づけに否定的に作用する。学生に安心して学習に関する決定をさせることができない、あるいは安心して責任を持って行動させることができないという理由から、この権限の使用を正当化するということは、当然、学生がこれらの重要なスキルのいずれかを習得することができないということになる。これは単に理由が不十分だというだけでなく、おそらく教員が学習過程および教室で起きることを統制する必要があると感じる本当の理由ではない。教えることで、その人の弱さがわかってしまう。すなわち、学生は首尾よく教員の権限を疑うことができる。そして、学生は教員が大きな力を持っているにもかかわらず、［自立した学習者を育てるという］教育の最終目標を確かにするには無力であることを示すことによって、学ぶことを拒否することができる。

力の均衡を変えること

　学生中心の授業において、教員は権限を学生と共有するとはいえ、それを大量に移譲しているわけではない。すべてではないが、また必ずしも学生からの意見をもらうわけでないが、教員は学びについて依然として決定している。たとえそうでも、この変化は、教員が学習者に提供することを義務づけられているものが何かという教員の責任に関する倫理的問題を提起する。学生中心の方法に反対する人たちは、最後には学生が授業を運営したり、教員自身に教えたりするようになるのではないかと心配する。しかし、学生が自分たち自身に教えるのに必要な学習スキルを身に着けさせることがその最終的な目的になっているというのは正しい。自分自身に命令される自律した学習者は教員を必要と

しないか、あるいはわずかに教員を必要とするだけである。とはいえ、自立した学習者になる過程はゆるやかな過程であり、大多数の大学生は非常に受動的な学習者であるところから出発する。

　学生中心の教室では、学生の力量に合わせて、力を再分配する。運転免許証を取り立ての10代の少年少女の親たちは、「すてきな週末を過ごしてね。私たちは月曜日の朝にその車を使うからそれまでに戻してね」と言って、金曜日の夜にファミリーカーのカギを彼らに渡さない。この本で共有されたいくつかの方法は、学生にいくらかの発言の機会を与えるが、決定するための力のすべてを与えていないのである。学生は授業を運営していないし、教員は正統な教育的責任を無効にしていない。

　ここに、力の均衡におけるこの変化がどのようにうまくいくのかということを説明する1つの例がある。社会学の授業を一度も受けたことのない入門期の学生たちには、テキストを選ぶ知識も経験もない。そうした学生たちに、テキストを選ぶように要求することは倫理的に無責任であろう。しかし、社会学の教員が、さまざまなテキストを検討し、授業の学習目標を達成させ、かつ学生の学習ニーズに応えていると思われる、適切な本を5冊選んだとしよう。そして、その授業を履修している学生たちにテキストの選定委員会を作らせ、良いテキストの特徴を見分けるルーブリックを与え、テキスト選定理由書を作成する課題を課したらどうだろう。私には、テキスト選定にこの方法を定期的に用いている同僚がいる。彼は繰り返し驚いているが、学生は彼が選ぶだろうと予想した教科書をめったに推薦しない。さらに彼は、学生たちが教科書を選ぶのを手伝ったと知って、次の学期の学生たちは教科書をいつもとは異なるものとしてみていると述べている。

　この例では、学生たちは限られた量の権限を与えられており、この活動は彼らの意思決定を導いている。私の授業では、私はどの課題を完成させるかを学生に決めさせている（そのうちの1つは必須としてとっておき、他のものを選ばせている）。しかし、彼らの意思決定はその課題の特徴によって制限される。学生は自分の課題を選択するが、その選択された課題は自ら設計した通りに完了されなくてはならない。若干の課題では、学生はどのくらい課題をするかを決めることができる。たとえば、学習日誌の課題では、自分たちがどの項目を書

くのか、またどのくらいの項目を書くのかを学生自身が決定する。さらに、(学習記録を含めて)授業におけるすべての課題には提出期限が定められている。そして、その日以降に課題を仕上げることはできない。私が担当している授業では、学び始めた学生が時間管理に苦労していることを私は知っている。また彼らには最後の2週間で一学期分の勉強をしてもらいたくない。彼らには、それぞれの課題に対して相当量の時間とエネルギーを費やしてもらいたい。そこで、点数を稼ぐためにはどんな課題に対しても、学生は少なくとも配点の50%を獲得しなければならないことにした。もし、課題が不合格なら、得点は与えられない。

　授業内容がどのように学習されるべきかは、十分に習熟した、信頼できる学習者によって適切に決められるであろう。学び始めの学生の圧倒的多数がするべきことは、決めることではない。しかし、もし、学び始めの学生が習熟した学習者に成長しなければならないなら、また、もし、彼らが自分自身の学習を管理し始めなければならないのなら、彼らは自分たちの学びに対していくらかの裁量権を与えられなければならない。そして、もし、教員が学習を促進する方法を学ぶことを望むなら、いくらかの意思決定を学生に喜んで移譲しなければならない。学生たちと同様、教員にとって学ぶための最良の方法は、徐々に統制権を学生にゆだねていくことである。

　学生は、この変化による恩恵を常に理解しているわけではない。最初、彼らは困惑する。一部の学生は自分の教員が仕事をしていないと指摘して抵抗するが、このことは実際、学生が教員に権限を返していることになる。少なくとも、学生と権限を共有した私たちの大部分の人たちの経験において、教員の権威を廃止したり、さもなければ危うくしたりするのに学生が与えられたその権限を用いるということが起こるのではないかという懸念には、根拠はない。

　私は学生自身に授業における参加方針を設定させている。次節では、これがどのようにうまくいくかをとりあげる。学生は細かいことを決めていくなかで、しばしば私の意見に従うか、あるいは疑問をていする。ここでいう細かいこととは、教員は自発的に手を挙げる人を指すべきか、それとも強制的に指名するべきか。解答を間違えたら、減点の対象になるか。また、出席に対して点数をあげるかどうかというようなことである。[そうこうしていると]「あなたはな

ぜ私たちに尋ねるのですか？　これらは教員が決定することです」と声があがる。受動的な学習者は、教員中心の授業を好む。なぜなら、それは彼らが慣れているもので、また教員によってなされた決定に対して彼らは責任を取らなくてもよいからである。

　学生たちで決めるように指示したことについて、教員が本当に決定しないということが学生たちに明確になると、学生はこの新しい権限を試験的にかつ若干の不安を伴いながら使う。その時学生はフィードバックを欲し、肯定されることを必要とする。もし、そうした後押しが与えられるなら、彼らは少しばかり自信をもって前に進んでいく。そしてある日突然、、彼らは本当に自分たちで決めていいということに得心する。少なくとも彼らのうちの多くが得心し、クラス全体に影響を与えるに十分な人数が勢いと熱情を生み出し、しばしば残りの学生たちに火をつける。もちろん全員が得心することはないが、こうした指導上の、理想郷のような状態はおとろえない。いくつかの活動や課題は未だうまくいかなくても、こうしたとても前向きで納得させるやり方は、その教室の雰囲気は違ったものにする。そのうちの4つについて述べてみよう。

　私の受け持つ学生に自分たちの課題を私が選択させ始めたとき、正直に言って、多くの相違点を見ることを予期していなかった。実際、［これまでも］私は彼らにまあまあの権限を与えていた。しかし、彼らの動機づけのレベルにおいてすぐに顕著な変化があった。すなわち、学生はより多くの勉強をすることをいとわなかったのである。私が学生たちに課題を選択させ始める前には、私はセメスターに、10～12個の課題を要求していた。学生が課題を選択し始めたのち、平均して学生たちは13個以上の課題を完了した。そして、この授業でどのくらいの勉強を必要としたかということについて誰も不平を言わなかった。私および同僚の経験は、本書第2章で強調された自立した学習者に関する研究はもちろんであるが、同じくその章で概説した動機づけに関するPintrichの研究（2003）によっても確認される。

　次に、学生に若干の権限を持たせることは、さらに教材に対する学生の学び方に影響を与えるということに私は気付いた。教材の内容を関係づけ、それらの関連を見て、そして学んでいることを適用しようと欲することは、教材を学びやすくする。私は何回も以下のように考えたことを覚えている。知識は力で

あり、私が受け持つ学生は目的によって、また落ち着きさえ伴って、知識と力を行使していた。そして、当然のことながら、若干の決定をするという経験は、他の決定をするという次の経験に影響する。

　権限の共有は、より積極的で建設的な教室環境をつくる。［つまり、そこには］もっと強い共同体意識、すなわち、授業は皆の所有物であるという、より大きな意識が存在する。学生はよりいっそう明確に自分たちにも同様に、授業で起こることに対して責任があるということを理解する。私の授業のなかで学生が設定した授業参加の方針には、学生が自発的に申し出るときのみ教員が指名するという項目を決まって入っている。大変驚くことに、私がある質問をして回答を待っているときには、私から学生を指名しないことに同意したこと、および誰かが自発的に申し出るほうが良いということを、何回も、誰かが大きな声で発言し学生に思い出させてくれた。

　学生たちが教室で権限を共有するときや彼らが若干の意思決定を任されて権限の意味を感じるとき、迷惑行為はより少なくなる。学生が無力と感じないとき、権威に異議を唱える理由がより少なくなる。権限の共有は、教員と学生の関係をそれほど対立しないようにして再定義する。授業管理は、不正行為を防ぐ方針を必要とすることから、学ぶ傾向を促進する方法の追求に変わる。本書第6章はこれらの教室の雰囲気に関する問題を探求する。

　より多くの動機づけ、内容とのより良い接続、コミュニティのような教室の学生たちにおける強い感覚、そしてより少ない授業管理の問題といった、これらの肯定的な反応を考えると、教員が学生と権限を共有する時には、教員もまた利益を得るということは意外ではない。それほど受動的でなく、いっそう関心をもっていて、そして勉強することをいとわない学生たちと一緒に働くことは嬉しいことである。彼らの反応は私にやる気を起こさせた。私はさらに多くを準備して、より一生懸命新しい課題を求め、そしてより大きなリスクを負うことをいとわなかった。私は、学生と権限を共有する教室において自分の力を失ったとは決して感じなかった。皮肉にも、通常、私は、よりいっそう管理しているように感じた。私が学生に何かをするように頼むとき、彼らは快く従った。

　要するに、権限が共有される時、教室内で起きることは変化する。教員と学

生はいつもとは異なる行動をする。私は自分の教室で、［他の教員に比べて］より多くの騒々しさを大目に見ている。部外者にはそれが混沌としているように見えるかもしれない。学生はグループ内で勉強し、また他のグループの人々に話をする。授業の前に、学生はお互いに話をしながら歩き回る。時には、学生は教室の前のほうにあるテーブルに座り、また、きちんとした列にならないように彼らはいすを配置換えする。彼らは黒板に連絡事項を書く。学生はその場所の所有者として行動する。1人の同僚（相互評価者）がある学生に近寄って話しかけるためだけに教室の中に来た日のことを私は決して忘れない。その同僚は教室で何をしていたのか？ 説明の後、学生が同僚に「多くの奇妙な課題を伴った確かに型にはまらない授業だ」と言ったと聞いたが、そのクラスは本当に非常に良いクラスだったので、私はこのコメントによって教員としての被害をこうむるわけではない。私は自分がおびえるべきかあるいは喜ぶべきかわからなかった。

力を再配分すること：例

どのような種類の課題が、またどのような種類の教室での特有の活動が学生たちに責任を持って学習過程をより制御させるのか？ それは本節が答えることを熱望する質問である。活動がどのようなものかという例は、一般的に教員が学生に決定をさせる場所として本章の導入で確認された4つの領域を中心にして整理される。つまり、(1)その授業の諸活動と諸課題、(2)授業方針、(3)授業内容、(4)学生が学んだことの評価である。本節は、学生に種々の量の意思決定を提供する諸事例を含んでいる。また教員と学生の権限を共有するという選択のための学生と教員の準備を並べたいくつかの選択を教員に与える。

活動と課題

私は、自分の授業の初めにおいて自分が完了するであろう課題を学生自身に選択させていると、既に述べた。これらの課題は本書の付録1に載っているシラバスのなかで記述されている。私は管理上、この過程を形式的な契約を使わないことで容易にしている。授業が進むにつれて、学生は課題を加えたり、交

換したり、あるいはより少ない課題をすることが許されている。私は絶対的な採点基準を用いて学生の課題を評価しているが、私はそれをシラバスに載せている。初日から、学生たちはＡ／Ｂ／Ｃ評価のために何ポイント得る必要があるかを知っている。

　私は誰が何の課題をしているかを記録・追跡しなければならないという労を取られることを望まないが、私の受け持つ学び始めの学生は従来に比べ若干の授業計画立てるように促される必要がある。そこで、学生は最初の学習日誌（log entry）において、最初の課題をいくつか選択し、これらの決定した課題を完了できるように自分たちの反応を共有する。彼らの反応のいくらかはそれほど励みにならない。（どれが容易であるかについては若干の意見の相違があるが、）学生は容易な課題をすることを計画すると言う。彼らはまた、これらの選択が自分の学習の好みに関連づけられるという洞察をほとんどせずに、自分たちが"好き"と思うそれらの課題を選択して計画を立てる。「教員は学生が好きで、自分たちにある機会を与えることを望んでいる」あるいは「学生が悪い成績を教員のせいにすることを教員は望んでいない」ので、教員がこの方法を用いて教えていると学生たちは信じる。

　学習の振り返りになる質問を授業の最後にしているが、励みになることは、それへの回答である。すなわち、「この授業におけるこの方法はあなたのパフォーマンスにどのように影響を与えるとあなたは思いますか？」［という質問であるが、それに対してある学生は以下のように回答してくれている］「私はこの構成が本当に私のためになると思います。それは私を責任者であるようにします。」「この授業に関して言えば、影響があるかどうかは私次第です。また、それは私を怖がらせるけれども、それはやるべき方法だと私は本当に思っています。」「私は考えなければならないでしょう。しかし、私は本当にこの授業で一生懸命努力するつもりです。私は好機を得たような気がします。」「もしそれがこの科目でＡ評価をとるのに必要なことなら、私はすべての課題をします。私は動機づけられました。」

　本書の初版では、このような振り返りの効果を完全には理解していないということに気づいていなかった。私は、それは若干の学生たちにもう少しだけ熱

心に勉強する動機を与えるかもしれない巧みな考えだと、ただ思っただけだった。私がはっきり理解したのは、この方法が教員にかなり複雑な授業設計をするというチャレンジの機会を与えるということである。教員は、起こりうるできる限りの課題の組み合わせを完了することで授業目標を達成するということを保証しなければならない。これは、一連の授業目標を明確にするということが不可欠である。また同様に、各々の課題における注意深い分析を必要とする。もし、私がこれをすべてやっていたなら、学生にすべての課題を選択させる前に、いくつかの課題の間にオプションを与えながら課題を選択するという方法をよりいっそう徐々に実行する。課題のなかで学生たちに選択権を与えることは同様に可能である。[そのとき、]計画時における同じ原則が適用される。それぞれの選択は課題の全体的な目標を達成しなくてはならない。そして、それぞれの選択は等しく多くの時間を要し、また知的側面に関して言えば、挑戦的であるようにしなければならない。

　若干の教員は、課題をいつ提出しなければならないかを学生たちに決定させた。これはレポートにはうまくいく。授業内容に対応して推移する課題に関して、教員はレポートが提出されなければならない期間（たとえば、1週間）を学生に提示する。締め切り期限に間に合わせることを学生に教えることが重要だと考える教員に対して、学生はこの期限内の期日を指定するように求められる。また、もし彼らがその最終期限に間に合わなかったなら、そのときのペナルティを指定するように求められる。

　よりいっそう経験を積んだ学生とより大きなプロジェクトによって、学生はプロジェクト全体をタイム・マネージメントする責任が与えられる。私には、300番台の上級レベルでのビジネス講座のなかでこれをしている同僚が一人いる。このグループ作業では、学生は1つの主要なレポートを準備しなければならない。それは、地域において製造施設を設立するというビジネス展開を試みるものである。課題でまず評価されるのは、グループからの簡単な報告である。その報告には、プロジェクトを完了するのに必要となる重要な工程や暫定スケジュールと分業計画を含む指令、すなわち学生がいつ、何について教員に形成的評価を望むのかというもので、そこには最終レポートの最終的な提出日が含まれている。

学生に自分の課題における責任に関する若干の決定をさせることは同様に可能である。授業の一環として定期的な小テストや宿題を課し、仮にその出来具合が成績の5%を占めるとして、最終テストあるいは単元テストの成績に占める割合を減らして、成績の10%あるいはそれ以上に小テストや宿題の割合を増やすことが許されるかもしれない。大学教育に関する私の大学院の授業では、学生は5つの異なった課題を完了する。それらの課題のひとつひとつは、彼らの成績の10%の価値を持っている。私は成績に関する他の50%を与え、また学生に5つの課題の間で成績を割り当てさせる。私は学生が何を必要としているのかというアンケートを用いてその割り当てをすることを勧める。5年間で、彼らが大学での教授法においてもっとも知る必要があると予想するのは何か？彼らはそのことを知って、どの課題がその知識をもっともよく提供するかということをいっそう容易に判断することができる。Dobrow, Smith, と Posner は、以下のように報告している (2011)。すなわち、経営大学院の人材管理コースの3つの主要な課題の配分を、指定された範囲のなかで決定することができた学生は、この選択を与えられなかった学生と比較して、その科目への興味、およびその分野の他の科目も履修しようとする意欲が極めて高かった、と。

授業におけるポリシーの決定

　私のコミュニケーションの授業で、学生がどのように授業参加に関するポリシーを策定するのかを、少しだけ述べてきた。今から、学生と共にポリシーを作成することがどのようにして可能となるのか、また、この活動を通して私が何を学んだのかを紹介する。私は、ラウンド・ロビンとよばれる協同学習の手法を使う。学生4人1組で、授業参加ポリシー作成のために考えるべき項目を質問文の形で持ち寄り、それらについて話し合うという形で策定活動を行う。例えば、「授業参加で加点に値するような行動とは何か」という質問に対する答えをグループで検討してもらう。他には、「ある特定の行動に対して特別に加点を多くするべきか」「もし、加点を多くするべきだと考えるのであればどれくらいか。」「どのような行動が減点の対象となるか」「また、その行動をとるとどれくらい減点されるべきか」「授業参加の促しかたについて、教員・学生はどのように考えるか」などが挙げられる。学生はグループメンバーに自分

が用意した質問を共有し、ディスカッションをとおして答えを考える。

　次に、同じ質問を考えた学生同士で新たなグループを作り、どのような回答があったかを共有する。学生は、共通した答えを統合すると同時に、少数回答ではあるが良いと思ったものをまとめ、グループとしての回答案を決定する。グループ回答を提出してもらい、次の授業時間に私から各グループにメモの形で質問や、より具体的に教えてほしいことをフィードバックする。学生はグループで私からの質問に回答し、さらに討論を続ける。学生の回答を用いて、授業におけるポリシーのたたき台を作成し、全学生に配付する。このポリシーを受け入れるか否かは多数決を用いたり、さらなる議論をもってもよい。

　この活動をとおしてまず驚いたことは、多少の例外はあるものの、ほとんどの場合、私が長年使ってきた授業におけるポリシーと似通ったものを学生が作ってくるということである。あるクラスでは、正解と誤答を同等に扱うことを学生から提案してきた。一瞬「数学を教えていなくて良かった」と頭をよぎったが、このような議論の余地のある提案を受け入れることができるかを考えることに時間を費やした。私は、学生たちがどのようなことに不安を感じているのかを授業内で共有し、提案の根拠を尋ねた上で、2つの納得のいく根拠が提示されれば、少なくともその学期は提案されたポリシーで授業を運営しても良いと考えた。1人の学生は、教員が誤った回答をクラス全員の前で長時間にわたり訂正するという行為は、学生の発言意欲を損ねることになると述べた。またもう1人の学生は、教員が何度も学生に「間違いから学ぶのだから間違いを恐れてはいけない」と言うことについての意見を共有した。それは、もし自分が間違えることでクラス全体が学ぶのであれば、自分が加点をもらってもおかしくない、というものであった。この意見には一理あると思った。

　授業におけるポリシーを作る作業を通していつも思うことは、いかに学生が決定権を教員に返したがるかということである。学生がポリシー設定を始めたばかりのころ、意図的に曖昧なポリシーを提案してきた。例えば、「努力したことに対して、学生は加点をもらえる」というものがあった。これに対し、「学生が努力しているかどうか、教員はどうやってわかるのか」とたずねると、「先生が決めてください。あなたが先生なのですから」と即答された。「私に決めてほしいの。わかった。そうしましょう。でも、これだけは言っておきます。

毎学期この授業には技術者の方が履修していますが、今まで誰一人、授業に参加しようとした人はいませんでした。今はっきりと言っておきます。技術者は努力しても、加点を得ることはできません」と、曖昧なポリシーを作ることで、公平に評価されない可能性があることをわかってもらうために発言してみた。案の定、学生は抵抗した。「教師としてとってはいけない行為です。公平でなければなりません。」この時点で、学生の何人かは、明確なポリシーをつくることは、自分たちを守ることになるということを理解し始める。

　自発的な発言者のみを教員は常に指名する、と学生は思い込んでいる。このことから、私は論文で触れられていた「突然の指名」について真剣に考えるようになった。教員はなぜ自発的な発言者がいない場合、強制的に指名するのだろうか。時には、この方法が学生の参加する唯一の方法となっている。もしくは、特定の学生が全ての質問に対して回答するという、偏った参加の状況を扱う手段になっている。Howard, Short と Clark（1996）が観察した 231 の授業において、全体の 28％の学生が 89％の質問に答えていた。また、Howard と Henney（1998）の調査では、各クラスの平均発言回数は 31 で、そのうち 29（全体の 92％）の発言が 5 人の学生によって発信されていた、指摘している。

　もし教員にその理由を尋ねれば、参加を促したいから学生を指名するという回答が大多数である。私は「もし自発的に手を上げていない場合でも指名され、発言することがあれば、学生は授業に貢献することができることを知り、より自発的に発言するようモチベーションが挙がるだろう」という仮説を立て、長年研究しているが、仮説を立証してくれるようなケースを見つけることはできていない。それでも教員は、学生を強制的に指名し、発言させれば、学生は学んでいると考える。しかし、大学以外の環境では、たとえ発言しなければならない状況でも、自分から答えなければ誰も指名してくれることはない。

　そこで、突然の指名は、学生よりも教員に利益があるのではないかと考えるようになった。質問をして誰も答えないという状況はとても居心地の悪いものだ。多くの教員は待つことができないため、沈黙に費やす時間は最低限で止め、それ以上は時間の無駄だと感じる。また、この沈黙は教員の権威に対する学生のささやかな抵抗または脅威のように感じることさえある。この状況を教員がどのように切り抜けるか見てみよう。教員が学生の誰かを指名すると、問題は

もう教員側には無い。答えなければならないプレッシャーは学生にある。

　一方、嬉しい悲鳴ではあるが、学生の参加が過剰な場合の問題のポリシーにも言及している。学生は、「多くの」学生が参加できるように、1人が「参加しすぎない」ことを提案している。教室に限らず、参加しすぎる人たちは、これが問題だということに気づいておらず、この行為が問題であるならばそのむねを明確に伝えなければならないことを、まず私から学生に伝える。75分の間にどれほどの参加が参加過剰になるのか。学生は適当な数をあげ、この数字をポリシーに含む。この効果は劇的だ。普段参加しすぎる学生は、授業中に何回発言したかを数えはじめる。これは、自己観察ということにおいては、身につけるべきスキルである。同様のポリシーを教員の委員会でも用いたいと考えることがある。

　最後に、もう一つ驚いたことがある。参加に関するポリシーを作成することを通し、学生は対学生・対教員とのやりとりがどのようにして行われるのかを理解する。参加というものを行動として捉えるようになる。質問をする、質問に答える、確認のための質問をする、互いの発言に対して反応する、例を挙げるなど、具体的に考えるようになる。参加を行動として初めて理解したという印象を受ける。しかしながら、私の授業において、学生の授業への参加状況が完璧になったといっているわけではない。［実際］完璧ではない。コミュニケーションの授業中、何も発言をしない学生がいるし、誰も私の質問に対して答えない場面もある。また、本来のディスカッションの話題から反れた発言をする学生もいる。いずれにしても、権力の再分配は私の授業においては学生とのよりよい関わりを作り出している。Woods（1996）は、彼の4年生レベルのエンジニアリングの授業において、授業内ディスカッションを評価するための道具を学生と協同で作成し、同じような結果を得られていることを報告している。

　授業参加のポリシーだけが学生が作成に関われるものではない。Benjamin（2005）は、学生が授業目標を明確にする活動をし、彼のものと統合している。DiClementiとHandelsman（2005）は、数多くの分野で授業運営に関わるポリシーを設定する活動を学生にさせていることを報告している。初めは、学生にポリシーを提案させ、それらを受理、拒否、改訂するかを教員が決定するという方法をとっていた。これは、学生が不適切なポリシーを作成することを防ぐ

ためのものであった。しかしながら、驚いたことに、学生が作成するポリシーが自分たちの作成するものとかわりがないため、いつの間にか教員がチェックするという行程をなくした。

「突然の指名」であっても、［単に］やるべきか・やらないべきかという議論ではない。Welty（1989, p. 47）は、「冷静な」指名という言葉を創り出した。授業の始まる前に、質問を提示し3人の学生にこの質問に対する答えから授業を始めたい旨を伝える。授業での提示と、段取りを説明している間に、質問に対する答えを考える時間を学生に与えている。これは、学生に少しだけコントロールを与え、彼らの答えをよりよいものにする機会を与える例である。

授業内容の決定

私が教員に、学びに関する意思決定に学生をかかわらせることを話すと、学生に内容を決定することに関してかかわらせることに、教員は強い抵抗を感じていることが多い。教員は授業内容について熟知していて、学生はほとんど何も知らない。このことが［原因で］、教員は学生に授業内容について何か意見を求めることを無責任と感じるのか否か、私は考えている。さらに、授業で扱う内容の多さを考えるとなおさらである。これらの内容はどれも省くことはできないし、たとえ学生が興味のあるトピックを提示したからといって追加する余裕もない。

しかしながら我々は、既に学生に内容に関する判断を委ねている。プレゼンテーションのトピックを選ばせたり、追求したい作品やレポート、リサーチペーパーの対照を選ばせたりしている。ある教員は、課題図書の中から［興味のあるものを］選ばせたりする。他にも時間を有効に使い、一部の授業内容に学生を関わらせることもある。私の恩師に、試験準備のためのセッションで扱う内容を、学生に決めさせる人がいた。Eメールを使って、学生に学びたいトピックを知らせるように指示することもできる。私がこの方法を使いはじめた当初は、より学習者中心の教員であるためにはじめた。［しかし使い出して直ぐに、メールでのコミュニケーションは］フィードバックをやりとりするすばらしい方法だと気づいた。［教員として］学生が何を重要なトピックだと考えていて、何がよく理解できていないかがわかる。

第 7 章では、教員が学生を試験問題作成の際に関わらすことができるいくつかの方法を紹介する。このレビューの方法は、学生に回答よりも設問に注目させることができる。私の担当する学生は、さまざまな情報を記憶することはできるが、質問に対してそれらの情報を統合することができない。もし設問を作る際に助言を加えるようにすれば、「試験のために何を理解する必要があるか」という質問に学生自身が答える機会を提供することにもなる。もし何人かの学生が作った問題（または類似の問題）が実際に試験に出れば、学生が授業内容に多少関わったことになり、彼らも試験を真剣に受け止めるだろう。

　Black（1993）は、再構築した有機化学の授業において、学生により内容の決定権を与えた。授業内容は教科書で網羅されている。これは、彼が授業内で教科書に書かれていることは説明しないことを指している。彼は以下のように授業で何が起こるのかを説明している。「現在、授業はディスカッションのセッションとしてゼミ形式で成り立っている。授業の始めに、学生が何につまずいているのかをアセスメントし、何に関して話し合いたいのかを探る。学生からの要望を基に、我々はトピックのリストを作成し、授業の中で例を提供したり、改めて説明するなど、様々な手を使って学生がつまずいている箇所を補っていく」(p. 142)。［これを聞いて］授業の崩壊をイメージする人もいるであろうが、Black はそのようなことは述べていない。「面白いことに、私が学生に授業で何について話し合いたいかを尋ねると、現在学習している章からの内容であったり、シラバスで示された学習予定の章からの話題を要望してくるため、授業が成り立たないといった状況には陥らない。毎日、授業に向かうことは喜びであり、新鮮である。私自身、リラックスしており、授業を楽しんでいる。また、それが学生に伝わる。ただ単に授業でカバーしなければならないことに追われるのは楽しくないし、学生が［要望している］内容を一緒に話し合うほうが楽しい」(p. 144)。

　Tichenor（1997）は、心理学の授業において実験デザインにいかに学生が関わっているかを説明している。第 2 章では、週に 1 回授業がある数学の授業で行われた調査（Thiel, Peterman, and Brown, 2008）がハイライトされている。もう 1 つの授業は、学生が課題に取り組む［ゼミ］形式のもであった。この授業を履修している学生は、どのような課題に取り組むかを決めているわけではな

い。課題ではなく、解くことのできない問題・解けたが自信のない問題・疑問点を明らかにした上で、授業で扱う内容を決定する。

　場合によっては、学生が授業の内容に関する大きな決定を下すこともある。「大学での教え方」という授業は、大学院のどのプログラムの必修でもない。これは、授業で必ずカバーしなければならない内容が定められていないことを示している。このクラスのために、話題や課題の長いリストを作成した。最初の課題として、学生はなぜこの授業を履修することにしたのか、何を学びたいと考えているか、そしてどのような内容が自身で設定した学習目標を達成するために必要と考えるかを書かせている。これらのレポートは学生間で共有し、［これを基に］授業で扱う話題のリストを作成する。個人とグループで話題に優先順位をつけたものを使って、私が授業で扱う内容を決定し、スケジュールを決定する。その上で、適切な課題文件を選び教材を作成する。個人の興味あるトピックがグループとしてつけた優先順位からもれた場合は、その学生に課題の1つを使って、個人的に興味のあるトピックに取り組むよう薦めている。

評価活動

　評価は、学生を関わらせていく上で、もう一つの挑戦すべき領域である。学びに対する評価は、長い間教員のみに委ねられてきた。［この理由から］学生にかかるプレッシャーは、彼らの学びに対し客観的に評価する能力を弱めてきた。しかしながら、学生に自身の学びを評価したり、学生間で評価したりすることに関わらせること方法がある。第7章では評価について、さまざまな例を用い、それに関わる課題について述べられている。

　シラバスに関わるいくつかの活動は、課題・授業内の活動・授業方針・授業内容・評価の手法などに関する学生のかかわりを同時に扱うことになる。ここでは、力の再分配方法をいくつか紹介している。Johnson（2000, p. 1）は、シラバス作成に学生をかかわらせている。授業初日前にシラバスを準備するが、「下書き」という文字を1ページ目の最初の行に繰り返し書いておく。授業始まりに、彼は学生に互いをインタビューするように指示し、この授業で何を学びたいかについて話させる。学生は互いに何を話したかを共有し、Johnsonは聞いたことを書き留める。そして、学生は小グループに分かれ、「自身の興

味・関心、インタビューをしての結果、そしてそれらに対する私のコメントから、あなたはどのようにこの授業を組み立て直しますか？」という問かけに下書きのシラバスを参考にしながら答えを考える。学生はシラバスの改定案を出してもいい。Johnson は［学生が］さまざまな提案をしてくること、またその多くがとても良い提案であることを報告している。「学生が簡単なシラバスに書き換えたり、授業内容を簡単なものにしたというケースは今までない」（p. 1)［と言っている］。学生からの提案を吟味し、納得がいくと感じた多くの提案を取り入れながらシラバスを改定する。これは、学生を授業設計においていかに関わらせるかの良い例であり、同時に授業の質を保っている。

初版出版後、教育学の専門書では、［学生が参加できる］シラバス作成についての例が紹介されている。Hudd（2003）は、社会学入門の授業で、各週の論題と課題論文が示された骨子のみのシラバスを学生にまず与えている。［この時点の］シラバスには、宿題はまだ示されていない。［そこで］学生はグループに分かれ、［この話題と課題論文にあった］課題を作成することを課せられる。「学生は時々（授業中に行うグループによる試験など）新しいアイディアを出してくるが、往々にして思いつく宿題は従来どおりのもので、試験、レポート、口頭発表といったもので、それらをどのような割合で評価に反映するかを話し合う」(p. 198)。この論文には、［学生の関わらせ方の］設計から授業での実施まで有意義な情報が書かれている。学生からの反応は「想像以上に肯定的」であった。Hudd はこのような授業の進め方は、授業内容だけでなく学生に貴重な学びを経験させると述べ、次の学生のコメントを例としてあげている。「学生に権力を与えてくれているようだ。こんなことは今までには無かった。ただ授業に行って、教員の決めた内容を受け取るのではなく、自分たちが［内容を］創りあげた」(p. 200)。

Gibson（2011）は、2年生レベルの高齢化についての社会学の授業で、学生に授業計画に関わらせる取り組みを行った。これは、この授業が学生たちにとって個人的に意味のあるものになってほしいという願いからであった。彼女は、学生を授業設計に関わらせることが授業の質を危ういものにするのでは、という批判があることは認めている。しかし、彼女の経験から、「学術的な面からも大学の認証要件としても十分であり、学生の能力を向上し、同時に学習目標

も達成する」(p. 96) ことを信じている。具体的に言うと、彼女は 50 の授業における学習目標のリストと、22 の異なる課題を学生に示している（全て論文に挙げられている）。学生は課題の提出日を決定し、重要な順番に並び替える。改めて言うが、ここでの学生の反応も大変肯定的なものである。

　最後に、Mihans, Long と Felton（2008）は、あまり人気のなかった初等教育の授業を学生に関わらせることによって再設計したことを報告している。学生と教員が共同で授業の改善プロジェクトに参加した。彼らは次のようなことを述べている。「大学の授業設計に十分に関われるだけの教育学分野の専門知識を、学生が持っているか否か我々も疑問に思っていた。また我々自身が、授業を再構築する過程において［学生にゆだねる］ことができるかもわからなかった。［分かっていたことは、］単に口先だけで調子のよいことを言うのではなく、本当に学生と力を分かち合い、共同しなければならないということだった。学生と意見が異なった時、学生の意見を採用することが我々にはできるだろうか？」(p. 2)。彼らの経験から、これら全ての疑問に肯定的に答えることができた。この論文は、新しい授業シラバスを設計するために行った過程を説明している。また、このような力の共有をする場合に起こるであろう問題点・課題点も考察している。

実践における興味深い問題点・課題点

　「学習活動と経験を合わせることで、学生により［学びに対する］権限を与え、彼らの学びに影響を与えることができるのか？」という実践における基本的な疑問に、この章を通じて答えようと試みている。読者の皆さんがこの質問に対する答えを模索するために、更なる議論と事例を見ていきたい。

　本章で取り上げられている例をとおし、3 つの更なる疑問がわいてくる。

1. 学生に興味を持たせるために、どれくらいの権限を与える必要があるのか。
2. 学生が下せる判断とはどの程度のものなのか。
3. 教員が取るべき授業に対する責任を果たせていない場合は、どのように

気づくのか。

　初版を出版したときには、これらの質問に対し特定の回答を持っていなかった。時が経つにつれ、より洗練された回答が出てくるものと思っていたが、学習者中心の教授法の研究においては、これらの重要な質問への回答がまだまだ不十分な状況である。

学生に興味を持たせるには、どれほどの権限を与える必要があるのか
　本章の例に挙げたように、判断を委ねるなど権限を学生に持たせることが、学びへの興味を促すのであれば、どれほどの権限を与えればよいのだろうか。このような学習環境を整えている教員としては、この質問に対する答えは現実に合うものとなる。いくつかの判断を学生に委ねることで、いつ、どのように彼らの意欲に変化があるかを見る必要がある。第2章でふれたいくつかの先行研究がヒントをくれている。いくつかの先行研究では、学生に適切な判断を委ねることで、成績が良くなり（すなわち、より学んで）、学びに対するより肯定的な態度が見られることが報告されている（Armbruster, Patel, Johnson, and Weiss, 2009; J. P. P. Brown, 2010; S. D. Brown, 2010; Gosser, Kampmeier, and Varma-Nelson, 2010, など）。これは、私の経験とも重なるものである。しかしながら、我々は個人的な回答から、より一般的なものへとしていかなければならない。［そのためには、］専門としての規準と基準を設定するための原則とガイドラインが必要になる。
　関連した疑問として、個々の学生の意欲をあげるためにどれくらいの意思決定権を与える必要があるのか、またそれは授業に肯定的に影響を及ぼすのかが考えられる。私は自分としては学生に十分な意思決定権を大部分の学生に与えたと思っているが、これによって学生全員に肯定的な影響を及ぼせたと感じていない。何人かの学生は私の授業で単位を修得できない。彼らはやるべきことを全くやらないか、非常に少ない［学習量のため］単位を取ることができない。［このことから］私は、学生にもっと権限を与えることが必要なのか、学生に与えすぎなのか、権限や権利とは全く無関係な要因によって単位を落としているのか、疑問に思う。

この疑問（困惑）は、意思決定権を異なる形で学生に与えるべきか否かという疑問に行き着く。ある学生にはもっと権限を与え、ある学生には教員がより権限を持つことはできるだろうか。また、このような状況は、全学生に対する平等性・公平な待遇という原則を破るものだろうか。そもそも、授業サイズを考えるとこのようなことは実行可能なのか。

授業計画にどれ程関わることが学生にはできるのだろうか
　学生の意欲をかきたてるために必要な意思決定権の譲渡は、学生の知的成熟度と自由と同時に発生する責任に対して行動を取れるか否かに、その度合いはかかっている。問うべきは、学生にどの意思決定を全面的に委ねるか、また、教員がフィードバックをしながら決定していくべきことは、何をどのように客観的に判断するかということである。
　この問いは重要である。なぜなら、学習者中心のアプローチに対して異論のある人たちは、学びに対する意思決定を行う準備が学生に整っていないことを指摘するからである。それは、学生が既に判断をすることができる試験準備への不適切な判断などの証拠に基づいたものである。私の担当するコミュニケーションや初年次教育の授業において、試験のための学習計画・攻略法を学生に準備させる。時間軸と準備内容を使っての計画になる。この課題をとおしていつも驚かされることは、多くの学生がこのような学習計画・攻略法を立てるのは初めてということだ。さらに驚かされることは、試験後学生に聞くと、自分で立てた学習計画・攻略法のとおりに実施した人がいかに少ないかである。彼らは、普段どおりにやっているだけである。一夜漬けで全てのことを覚えようとしていた。
　彼らに学習スキルが欠けていたという事実のほかに、学生は自分自身の学びに関する意思決定をした経験を全く持っていないに等しい。彼らは、レポートのページ数から特定の専門分野における知的資産にいたるまで、教員が全ての意思判断をすることに慣れている。
　十分な学習スキルや過去の意思決定の経験なしに、学生（特に下級学年）が誤った判断を下す確立は高くなるだろう。教員は、学生が誤った判断を下した経験から学ぶということを願いながら、それでも学生に意思決定させるべきだ

ろうか。もし、させるのであれば、どのような意思決定をさせるのか。私の場合、毎学期、私のコミュニケーションの授業には出席するものの、課題を自ら選択するということをしない学生がいる。授業方針でも示されている授業への参加の1つになる。［課題を選択するという授業への参加］は評価の対象になるということを指摘すると、ほとんどの場合学生はすぐにその非を認める。［今のところ］機会を逃した学生には後々選択権を与えてはいないが、今後与えることも考えている。

　学生が犯してしまった過ちの中で、いくつかのものは非常にシビアな結果に至ったものもある。ある学生は単位を修得できなかった。その理由は、単位を認めることができる基準に25点足りなかったからである。彼は驚き、私の研究室を訪ねてきた時、私は彼に「合計何点あるのか知っているか」尋ねた。彼の答えは「知りません。合計したことはありません。でも足りないと分かっていたら、もっと課題をやったのに。」というものだった。この経験から、学期を通して学生に課題に対する評価の合計を配付すべきか否か考えさせられた。［それまで］私は、学期を通して現状点を学生に配付することなど考えたこともなかった。学生には課題の評価点の記録用紙も渡していて、学生が計算すればいつでも自分が今どのような成績なのかを把握できるようにしていた。ほとんどの学生は、このシステムで何の問題も無かった。事実、何人もの学生がこの記録用紙のシステムがいかに有効的か、報告してくれていた。学生が私の授業でどのような成績を取ろうとしているのかは秘密ではなかった。それどころか、授業の課題に集中しやすい環境を整えていた。

　いずれにしても、上記の25点足りなかった学生の反応は、私にとって大きな衝撃であった。課題に対する評価点を加算するという行為は、彼の能力以上のことを求めていたのだろうか。それとも、この学生が単に怠惰で無責任だけだったのだろうか。このようなことが起こっているか否かを、教員は事前または事後にどのように解明するのだろうか。また、この事例は個人レベルとクラスレベルの［ニーズの］板ばさみを示している。履修しているほとんどの学生が、与えられた決定権、管理、権限を自分で責任を持つことができるにもかかわらず、何名かの学生が責任を持てない場合はどうするのか。これらは、実用的かつ理論に基づいた、回答を模索すべき疑問である。

教員は正当な教育的責任を手放す時をどのように知るのか

　すでに述べたように、自主的で自律した学習者に関する論者たちは、学習過程から教員が「消える」ことを最終［目的］としている。しかしながら、教員はまだ引退する必要は無い。多くの学生は、自身の学びの全責任を担えるような成熟した技能と熟練した知識までに程遠い。しかし、言えることは、極端に言えば教員が学習者に譲ることができない課題に関する権限はない、ということだ。したがって、教育上の責任の何を委ねるのかではなく、どのタイミングで委ねるのかの妥協案を出していくことになる。

　大部分の学生との話し合いから、教員が持ち続けなければならない権限もあるということも［はっきりしている。］そして、その権限は相当はものである。例えば、大学院や専門職大学院への進学などさらなる学位を目指すにあたり成績がその「門番」となる限り、教員は課題評価における大部分の決定権を保持する必要がある。いくつかの専攻やプログラムのカリキュラム構成をみると、授業を順序性をもって履修せねばならず、特定の授業で扱う内容がプログラム担当の教員間で合意されている。［この場合、］学生に授業内容を変更させることは無責任な行為となる。また未熟な学習者に対しては、教員が授業設計、課題などの権限を保持する必要がある。教員の立場から見ると、集団としての学生が特定の判断を下すスキルが持っているか否かを評価する必要があり、教員は俯瞰した立場から考える必要がある。

　いくつかの状況においては、教員が不適切に権限を［学生に］譲渡してしまったケースも見られる。私はあるとき、病気になった教員の代わりを見つけなければならなかった。病気で休んでいる教員の授業方針を尊重していないとして、学生は新しい教員を拒否した。「私たちは、自分たちのグループ課題を自己評価することになっている。」と学生はいった。私は［何のことか］理解できなかった。「グループ同士で評価しあうということですか？　そのうえで、教員があなたたち学生の他者評価も考慮してグループを評価するということですか？」「いいえ。グループ同士で評価し、それが最終成績となります。」「どんな評価基準を使うんですか？」「［基準はありません。］ただグループ課題に値する評価をするだけです。」「あなた方は、C以下の評価をつけたことがありますか？」「いいえ。私たちはAかBしかつけません。」学生は、［今までの］授業

方針を続けたいはずである。

　ここまで極端ではないケースであっても、常時、倫理的な責任を問われる難しい決断であった。しかし正直に言えば、教員が授業に対する正当な責任を取らなくなることに関して心配はしていない。大部分の教員は、学びに対する判断をほぼ100％下しており、より多くの権限を早々と放棄してしまう可能性は希だからである。これは、冗談を言うだけで「学生を『楽しませている』」といわれ、教員としての信頼を失うことを恐ろしがっている教員と［同じ理由である］。もちろん状況によるが、本章で示した例が教員の教育に対する責任を危うくするとは思わない。

　本節において挙げられた質問に対し、より決定的な解答を提供したいと考えていた。［たぶん］質問をすることのほうが「正しい」解答を出すことよりも、より重要なことだと考える。これらの質問は、授業における改善策を模索するに当たり、個々人の教員が自身に問うてみることがより有効となるだろう。［同時に］学習者中心の教育の立場をとる我々は、グループとして模索するべき問、であろう。

　最後に、学習者中心の教育は授業における権限のバランスを変える。学習の過程におけるいくつかの権限を教員は学生に譲る必要がある。多くの大学の授業においては、権限・権威・コントロールはほとんどの場合教員にのみ与えられている。そして、これらを教員が保持することが教員中心の授業を展開することとなり、学生が学びとの関係性を絶つ原因となっている。権限が責任を持って学生と共有されることにより、考えられない結果が得られる。教員はコントロールを失うことになるが、積極的な姿勢で学習に関わる（時には学ぶことが大好きな）学生から多大な尊敬を得るという形で返ってくる。

第5章
科目内容の役割

　［授業における権限の問題が］学習者中心の授業に関する諸決定に与える影響がはっきりしない場合であっても、科目内容の影響は直接的ではっきりしている。学習者中心の授業は講義中心の授業よりも効率が悪い。時間が余計にかかり、授業時間内で教えられる内容量は少なくなるため、この授業のやり方を支持しない教員は多い。授業の内容量は、教員の信用、プログラムの評判、プロとしての責任の問題に関わるからである。もし定められた量がカバーされなかったらば、学生は、その後の科目において、苦労することになるだろう。さらに悪くすれば、職業に就く準備ができていることを保証する試験に落ちることにもなるだろう。科目内容をきちんとこなそうとする教員にとっても、また、課程における科目内容の役割を変えたいと考える教員にとっても、科目内容に対する関心は高い。

　この章は、内容に関する確立された考え方に挑戦するところから始まる。それは、十分な科目内容の伴わない科目を推奨するということではなく、なぜ、科目内容をカバーしようとする考えが、最早、意味のないものであるのかについて、その理由を提示することにある。また、この章は、学習者中心の授業において、どのように科目内容の役割が広がりを見せるのかについても探求する。この章は、そうした（科目内容の役割の）広がりを様々に例示し、かつ、授業の中において、科目内容が広い役割を果たすことを想定した場合に生じる問題を提示し締めくくる。

　数ヵ月前、ある人がこの本の初版を読んでいた教員たちの間で交わされたオンライン上のやり取りのコピーを送ってくれた。その中の一人は次のように書いている。「私は、科目内容に関する章に、ありとあらゆる疑問を抱いてい

る。」「科目内容を少なくして教えることは、私たちの科目の完全性を損ない、学問の水準を下げ、そして、学生が職業に就くのに、準備をさせないということになる。」これが科目内容の役割を変革するということであるのか？　学習者中心のアプローチとは、学生が科目内容の何をどのように学ぶのかについての妥協を意味するのか？　これらは、学生の学習経験における、科目内容が果たす異なる役割を探求するにあたって、私たちが常に考えるべき問いである。

何が変わるべきなのか

　変わるべきなのは、科目内容に関する私たちの思考である—とりわけ教科書内容を「カバーする（cover）」しなければならないとする考えであり、また、授業で扱う内容がより多ければ多いほど良しとする思考である。科目内容をカバーするというのは、私たちの思考の中でも、根深く、そして、疑われることのない回路の一つである。私たちは、何度、次のようなコメントをしたり、あるいは、聞いたりしことか？「今日、私たちは、……をカバーします。」「最後のテストの前に、その教材はカバーしました。」「カリキュラム編成に伴って、各科目で何をカバーすべきか決めなければなりません。」「最後のテストから、彼女が一体どれだけの内容をカバーしたのか信じられない！」

　科目内容を「カバーする（covering：覆う）」というのは比喩である。文字通りカバーするわけではなく、比喩的に表現している。WigginsとMcTighe（2005）は、比喩が意味するところをこう解き明かしている。「カバーするという単語は、上にある何か、例えばベッドカバーのようなものを指す。これを授業に当てはめてみると、何かしら表面的なものを示唆している。教材をカバーするとき…私たちは無意識のうちに表面的なことに目を向け、その中身にまで踏み込んでいない。」(p. 229)。また、カバーするとは、今日、私たちはこれだけの距離を「カバーした」というように、「進む」ということも意味する。「旅人であれ、教師であれ、これだけのものをカバーしたと言う場合、それは進んだことを言っているのであって、『進んだ』ことから何かしらの意義や優れた知見を導き出したと言っているわけではない」(p. 229)。

　カバーするということが、必ずしも学ぶということと同意ではないことくら

い、たいていの教員は、はっきりと分かっている。「教えるということは、それ自体は、決して学びを引き起こさない。学習者による学びへの成功裏の試みこそが、学びを引き起こす。達成というのは、学習者が教えられていることの意味を首尾よく理解したことの結果である。」(Wiggings and McTighe, 2005, p. 228)。私たちは、それについて理解しているのだが、科目内容をカバーするということは、教員の責任となっている。学生は、私たちがカバーしたことについて学び損ねるか、あるいは、理解することができないでいるかもしれない。しかし、それは学生の問題であり、私たちの問題ではない。私たちは、教員がやるべきことはやったという納得感をもって、私たち自身、私たちの同僚、そして、私たちの職業と向き合うことができる。私たちの授業がほとんど、あるいは何らの学習成果も生まない時、その授業は、ほとんどあるいは何らの意味もないという事実と、私たちは、あまり向き合うことはない。

　科目内容の関することは、本質的な議論を生む話題となるよりは、たいてい酒席の他愛もないおしゃべりに過ぎない。それは、学生が本来そうであらねばならないほど、科目内容に打ち込むということはないので、その議論は、（カバーすべきことが）いかに遅れているか、あるいは、一体全体どうやって、学期が終了するまでに、全ての科目内容を終えようかといったものでしかない。たいていの教員は、科目の中に内容が多すぎることを容易に認めるし、また、何人かは（飲んだお酒の量にもよるが）、カバーすべき内容を減らしたいと真に願っている事を白状する。しかし、これらの会話は、私たちが科目内容をどのように考え、私たちの科目の中でそれをどう取り扱うのかということについては、大きな影響は及ぼしてはこなかった。

　このことは教育学の文献の中に定期的に登場するテーマではないが、例外的にいくつか存在する。『アメリカ史ジャーナル（The Journal of American History）』（教育学系の定期刊行物ではないが、定期的に教育関連の欄が設けられている）には創刊以来、歴史の入門講座における内容量を取り上げた興味深い論文がいくつか発表されている。ある論文（Sipress and Voelker, 2011）は「内容量重視の歴史の授業に対する批判は、100年もの間にたくさんあった」と指摘した上で、1800年代後半に表明された懸念から始まる「カバレッジモデルの系譜」（p. 1051）を提示している。2006年の文献においてCalderは次のように記

している。「典型的な内容量重視の入門講座は、学生に歴史の精髄や力を紹介するという意味では誤った方法を用いていると論じる際、私は何も突飛なことや目新しいことを言っているわけではない。ただ、教育において惰性が生じているのだ。昔を振り返ってみると、授業で使うテクノロジーといえば巻き上げ式の世界地図と黒板のことだった……今ではすっかり様変わりしているのに、入門講座の授業に関していえば、内容量重視という昔からの決め事がいまだにしっかりと守られている」(p.1359)。

　この変化は、十分な知的困難さを伴わない科目についてのことではない——これは繰り返して言う必要があるように感じる。それは、カバーするという比喩について挑戦することについてである—いわゆる私たちが支持するその種の学びは、教員が学生に伝達することをもって科目内容を「カバーする」という考えである。Finkel (2000) は、学生が前もって知らないことを慎重にまた明解に伝えることが、多くの教員にとっては、「教えるということの根源的な行為」(p.2) であると言う。しかしこれこそが、変わるべき思考なのである。科目内容はカバーされるためにこそあるという考えは、私たちに、学びを促進したり、あるいは、重要な学習スキルを開発したりするような方法で科目内容を活用することを私たちに促すことはない。

　これとは反対の比喩が提案するのが、教員が科目内容を「アンカバーする」(uncover：覆いをはずす) ことである。次のような一コマ漫画を想像してほしい。問題が書かれた黒板の前に1人の教授が堂々と立ち、吹き出しにはこう書かれている。「目標は科目内容をカバーすることではなく、その一部をアンカバーすることである。」この対比は科目内容に関する学習者中心の考え方の本質を捉えたものではあるが、必要な変革は、私たちがあらゆる形態の比喩をやめたときに明確になってくる。大切なことは科目内容をカバーすることではなく、科目内容を使って2つの目標を達成することである。1つは私たちがいつもそうしているように、科目内容を使って知識基盤を構築することである。そうすれば、成績表には生物学や社会学、物理学などの教科が並んでいるにもかかわらず、こうした学問について何の知識も習得していないということにはならないはずだ。もう1つは科目内容を使って、高等教育修了後に待ち受ける生涯学習に必要な学習スキルを習得することである。

学習者中心の授業に関連しながらその対極にあるのが、授業で扱う内容はいつでも多ければ多いほど良しとする思考である。この場合、「良い」授業というのは、内容が過剰ともいえるほど多い授業のことをいう。研究大学でさえも、この教育学上の過ちが頻繁に見られ、科目内容が複雑でなく量も少ないという批判を受けないようにしている。私が履修した化学の入門講座の教科書は、838ページ数もあった。本の大きさは、8.5×11インチもあり、文字フォントサイズは、8ポイントであった。とにかく膨大な量であった。それは疲れ果てたマラソンのようなものであったが、ほぼ4分の3まで到達した。

　私たちが問うべきであるが、決して、問うたことのない科目内容に関する質問は、「どれだけカバーすれば十分なのか？」というものである。ある学問分野においては学生にとって唯一の出会いとなる入門科目について尋ねられた際のとりわけ顕著な質問である。15週間でいかなる学問分野であれ、大要を概観するということは、高度かつハイスピードでその科目内容を「飛び越す」ことを意味する。そして、それら学問分野の領域は拡大し続け、下位区分や専門分野に分かれ、また、時に新しい学問分野に分派することもある。

　もし学生を、私たちの専門領域に招待するということが、ある人を上手に他者に紹介する際の特色と見なすことができたならどうだろうか？　良い紹介というのは、新しい人物が興味深い人物と捉えられるような多少の詳細を提供することである――例えば、誰かあなたが出会いたいと思い、出来るなら知り合いになりたいと思うような人物である。興味をそそるような詳細とは、どの学問分野にも内在しているものだ――だからこそ、私たちは、自身が専門とする学問分野を愛している。良い紹介というのは、また、二人の人物によって共有される何らかの共通の話題を確認することでもある。「君たち二人とも西海岸の出身だね。」「二人は北西部のワインに興味があるんだね。」「Tamは、何人かの君の友人を知っているよ。」これらのコネクションは、会話の始まりを気楽なものにすることだろう。私たちは、同様に、科目内容と学生との架橋を考えることができる。「君たちは、きっと化学に興味を持つだろうよ。なぜなら君たちは、毎日、大量の化学物質を摂取しているのだから。君たちの何人が朝食にシリアルを食べているんだい？　箱に書いてある栄養素のリストを読んだことはあるかい？　君たちが発音できないような栄養素の名前をね。それらは

一体何なのだろう？　朝食に食べるべきものだろうか？」私は、かつてある科目において聞いたことのある化学への偉大な導入の仕方を引用している。良い導入部として特徴付けることができないのは、不必要なほどの詳細を含んだ個人の一生の歴史を拙速に物語ることだ。それらの詳細の多くは、とりたてて興味深いものではなく、当を得たものでもない。

　私は、自分が習った化学の科目内容は大好きだ——そのおかげで、地球温暖化やオゾン層の消耗などの本質を理解することができた。私は、Adirondacks山岳地帯（※ニューヨーク州北東部）の酸性雨に関する期末レポートを書いた。私は、なぜ自分がエコカーを運転したりボートを足で漕いだりしなければならないのか理解している。しかし、私はしばしばクラスの中で化学の妥当性が分かる唯一の学生なのではないかと感じていた。残りの学生は、必修科目を何とか切り抜けようとして、そこにいるに過ぎない。学期が終わるまでには、学生は、やはり化学が好きではなかったということを知り、教科書を売り払い、化学について学んだことを、ただ愉快に忘れることを楽しみにしている。私たちは、学生が化学、生物学、心理学、経済学、あるいは、いかなる学問分野においても、必要最小限の知識とそのような態度をもって学期を終えさせるわけにはいかない。

　どれだけの内容を教えればいいのか？　それは、専門外の学生のための科目についてのみ向けられるような質問ではない。その質問は、私たちが教える全ての科目にあてはまる。また、学位プログラムと専門職認定要件にもこの点を求める必要がある。しかし、この問題の重要性にもかかわらず、教員が科目内容の適切な量を決める上で参考になる指針を提供している基準はほとんどない。多ければ多いほど良しとする考え方をやめると、科目を問わず、どの程度が十分な量なのかまったく分からなくなる。これまで、この点について議論がなされたことがなかったが、次のセクションで詳述する理由により、この問題は積年の課題であった。

　何が変わらなければならないのか？　その答えは簡単である。それは、科目内容に関する私たちの思考である。なぜ、それは変わらないのか？　その答えは、簡単ではない。私たちは、今まで、決して本質的に考えたり、語ったりしたことのないことを変えることなどできないのである。私たちは、科目内容を

カバーすることと、教員のアイデンティティまた科目の評判を混同してきた。もし、私たちが科目内容の扱いを変えるなら、双方の威信を危うくすることになろう。そして、その科目内容こそが、私たちが知りそして愛するものなのだ。一体どうして、少ない科目内容で教えたいと思うだろうか。それには理由がある。それに説得力があるかどうか、ちょっと考えてみよう。

なぜ変わるべきなのか

科目内容の役割に関する思考が変わるべき理由には、科目内容の網羅は、深く持続的な学びを促進することはないという事実(そしてそれは、確かに事実である)に始まり、幾つかある。Carvalho (2009) は、正しく観察している。「私たち教員は、出来る限り入手可能な多くの情報に学生を晒すことに注意を惹かれるあまり、しばしば、学生がどれだけの情報を応用することができるのかということを顧みはしない。教員は、教材を包括的に網羅することを選び、学習と応用を確実にすることを犠牲にしながら、授業時間を組み立てている。」

学生は殺到する情報に直面した際、それを記憶し、試験において学んだ詳細を返納し、そして、ほとんどのことを忘れてしまうという研究報告が続いている。「過去25年以上に及ぶ教育研究は、疑いようのないある一つの事実を発見している。それは、講義によって学生に伝達されたことは、長時間に亘って保持されることはないということである。自分の経験を顧みてみよ。高校や大学において、教えられたことのどれだけを、あなたは覚えているだろうか?」(Finkel, 2000, p.3)。

一つの具体的な研究事例を見てみよう。Bacon と Stewart (2006) は、マーケティング専攻で顧客行動に関する科目(彼らが選択した領域の中にあり、表向きには興味があるとしている分野であり、職業実践に関連する科目内容を伴う科目)の履修者を対象に研究を実施した。興味深く長期的な研究デザインを用いながら、研究者らは、同科目においてカバーされた科目内容のほとんどは、2年後には忘れられていたということを突き止めた。一連の推奨の中で、研究者らは、教員が科目内容に対する見識の広さを断念すべきであることを提案している。「私たちは、自身が好む幾つかのトピックを諦めることを厭うが、ついでにカ

バーされたに過ぎないトピックは、意味あるものとして（学習者に）保持されることはないということを心に留めることが重要である。かくして、それらを既に諦めてはいるのだが、ただそれが明らかにされていなかったに過ぎない。全てを諦めることを避けるために、数種の重要なトピックは、より深くカバーされなければならない」(p. 189)。

　私たちの多くは、学生がどれだけ多くの科目内容を忘れるのかについての証拠を提供している参考文献の長ったらしいリストなどは必要ない。私たちは、直にその結果を見ているからだ。試験の後、2週間が経ち、私たちが学生に（その試験のために）何か学んできたことを思い出すように促した際、学生は困惑した様子を見せながら、専門用語は耳朶に残っていると答える。しかし、沈黙は、その専門用語が何を意味し、またそれが、私たちが今、話していることとどのような関係があるのか思い出そうとすればするほどに長いものとなる。次の科目でも同じ事が起こる。前もって履修が必要な科目においてAまたはB評価をとった学生がいる。前提知識を問うような質問を投げ掛けた際、誰か思い切って推測を言うような者がいれば、まだついている。科目内容をカバーすることは、学生が高等教育の経験から取得すべき知識基盤や学習スキルを開発することにはならない。そしてそれこそが、なぜ、科目内容をカバーすることよりも科目内容について何かするということについて考える必要のある最も根本的な理由である。しかし、それだけが唯一の理由ではない。

　学生が知るべき全てを教えるには、余りにも多くの科目内容があり、ほぼすべての分野において、知識は、増加の一途を辿っている。大学を出た後、学生は、生涯に亘る学習に直面する。私が初めてKnapper（Weimer, 1998）を、彼とCropleyの共著である『高等教育おける生涯に亘る学び（Lifelong Learning in Higher Education）』（1985年版、2000年時点では第3版が発刊）についてインタビューした時、彼は、学生が知るべきことを教えるという思考を「注入による教育（education by inoculation）」として特徴づけた。学生に科目内容を服用量のように与えることや、それが学生にとって必要な全てであると考えることは、欠陥のある思考であると説明しながら、卒業生らは、科目内容それ自体について知っているのと同じくらい、科目内容の学び方についても理解し、巣立つべきである。

教員は、学生は学習の過程において彼らが必要とする学習スキルを身につけるものであると長らく推論してきた——例えば、問題を解きながら、問題解決スキルを育成し、あるいは、教員が批判的に物事を思考するのを観察することで、（学生は）どのように思考すべきなのかということを学んできた。それが、私たちの多くが教養のある学習者になるために取ってきた道である。そして、それは、ある学生層には事実であり続けている。そのような学生は、最優秀の学生である傾向にあるが、私たちの多くは、そのような学生は、今日の大学では決して多数派ではないことを余りにもよく認識している。全ての学生（非常に優秀な学生でさえ）は、明快に教えられた時に、より良く学習スキルを習得する——偶然ではなく、教授過程の中の意図的な箇所において。学習者中心の教師は、教養のある学習者が必要とする知識基盤やスキルを開発するために、科目内容を利用する。

　科目内容をカバーすることの非有効性、どれだけの量を教えるべきなのか、学習スキルの開発における系統立てられた教授の必要性に加えて、なぜカバーするためのものとして科目内容を捉える思考が変えられるべきなのかについての最後の理由がある。科学技術は、今や大量の内容を即座に入手可能なものとしている。最早、図書館に行く必要などない。読みたい文献を全てオンライン上で検索することができるし、また、それらの文献の多くは、直接に参考文献に導いてくれるリンクを含んでいる。もし、この著者の作品は良いと思うような著者に出会ったら、簡易検索は、その著者が他に何を書いたのかを明示してくれさえする。科学技術がもたらした変化は、驚愕的なもので、それは、科目や高等教育における科目内容の役割に関するありとあらゆる問題の生起につながっている。

　入手可能な知識の量、また、それへの容易なアクセスは、学習者が情報マネージメントスキルを育成する必要のあることを意味している。性能の高い検索エンジンは、私たちが知りたいと思うことのほぼ全てに私たちを導いてはくれるが、導かれた先が必ずしも最良の情報元であるとは限らない。では、どのように最良の情報を探すことができるのだろうか？　いかにして信頼性の高い情報とそうでない情報を選別するのか？　どのように十分な情報を入手できたことを知りえるのか？　いかにして入手可能な大量の情報を組織化し、統合し、

有用なものにすることができるのか？

　科学技術によってもたらされたいくつかの質問は、哲学的でさえある。情報への容易なアクセスは、学生が物事をあまり知らなくてもよいということを意味するのか？　学生は、「ルイジアナ購入」の日時やそれが何を含んでいるのかについて、それら両方への答えが数秒以内に発見可能な際に、知る必要などあるのだろうか？　Wikipediaの共同創設者として知られているSanger（2010）は、「知らなくてもよいとする考えに対しては、それは違う」と答えている。インターネットについての記事を書きながら、彼は入手可能な情報が「理解する」ということが必要とすることを変えることはない、と主張している。「ある事柄について何か（の記事）を素早く読む（または見る）ことができることは、情報を与えてはくれるが、しかし実際には、その事柄についての知識を得る、または、理解するということは、常に批判的な学びを必要とする。インターネットは、決してそのような学びを変えることはない」(p. 16)。

　これらの理由が説得力のあるものであるかどうかに関する限り、変革をおこさせるより切実な要求を想像することは難しい。そして、これらの理由（たいていの教員は分かっている）は、未だ多くの教員が科目を設計し履行する際におこなうことを変革させるまでには至っていない多くの者は、少ない量の教科書やクラスの中でカバーする量を減らすということを選択することはない。私は、何が教員を科目内容重視型にするのかについてのヒントをほのめかしてきたが、私たちは、その志向性を十分に探求する必要がある。

なぜ変わらないのか

　科目内容への傾倒は、長年に亘るコースワークが科目内容の専門的知識を習得することのためにあるような大学院において始まる。典型的な研究者は、そのキャリアを大量の科目内容を知ることとともに始め、そして終える。多くの者は、資料に惚れ込んでキャリアを始め、そして終える。典型的な研究者は、また、そのキャリアを教えることや学ぶことに関する知識をほとんど持たないまま始め、そして終える（もちろん例外はある）。そのような知識のいくらかは、教えている間に自然と身につくのだろうが、多くの場合（例外を認めつつ）、教

えることや学ぶことについては、科目内容の知識に比べると見劣りがする。

　科目内容を心地よく感じながら、私たちは、それに引き寄せられる。私たちは、概念を理解しているし、それがどのように働くのか、なぜ重要であるのか、また、何がそれらを魅力的なものにしているのか、などについて説明することができる。しかし、クリティカル・シンキングについて説明してみせよ——それが何であり、なぜそれが重要であり、どのようにそれをおこなうのか。知識が暗黙のもので行動が無意識のものであるとき（批判的思考が多くの研究者のためのものであるように）、誰かにどのようにそれをおこなうのかを教えることは、決して楽な仕事ではない。また、だからこそ多くの教員が、彼らが最も良く知っていて、最も好むことにしがみつこうとするのだ。

　しかし、科目内容への傾倒は、コンフォート・ゾーンの外で教えることは避けたいという願い以上のところからくる。先に述べたように、科目内容は、科目や教員の信頼性の指標となる。科目の中において、大量の複雑な内容を含むことは、確固たる評判につながる。その授業において扱う内容量の減少も、その水準や教員の信頼性を下げる事と同意として扱われる。それは、教員（終身雇用権を所有する者も含めて）にとって、犯したくはないリスクである。酒席のやり取りで、教員は、科目内容の役割は変わるべきであるとういう原理を受け入れはしたが、現在の科目内容に対する指向性が蔓延る限りは、彼らは自分自身のクラスで、それがどのように機能するのかについて、敢えてそれに挑戦しようとは思わない。それには道理にかなった懸念があるようだ。

　もしその科目が連続したコースの一つであり、また新しい科目内容が（数学のように）以前の科目内容の延長に構築されるような学問分野であった場合、例えば、次のクラスが第13章から始まるのに、10章分しかカバーしないようなら、それは学生にとって仇となる。もし、登録看護士になるために学生が通らなければならない修了試験に、様々な腎蔵機能に関する質問が含まれているのに、教員が腎蔵についてあまり包括的にカバーしなかったなら、学生は、それらの質問に答えられず、何度も試験に落ち続けるようになり、やがては学部の存続さえ危険にさらすことになる。

　私は、（科目内容を）カバーすることについての思考を変える理由をとても説得力のあるものとして捉えるあまり、大胆にも教科書の半分もカバーしないよ

うにするといった転向の経験に対しては、警鐘を鳴らしている。もしかすると、本来取り扱われるべき量の2倍の量の科目内容があるのかもしれない。しかし、私たちが個人でも集団でもどのくらいの量の科目内容が十分であるのかについての答えが分かり、またもっと多くの教員、学問分野、プログラムが科目内容に関する思考に挑戦するまでは、科目の中でどのくらいの科目内容を取捨するのかについては、賢明であるべきだ。

　それでもやはり、科目内容について現在のところ何がなされており、その理由を検討することなしに、科目内容をカバーし続けるための口実を誰人にも与えたくはない。たとえ、その科目が連続して行われる授業の中の一つ、あるいは、科目内容の量が認証試験によって指示されているようなプログラムの中の科目であったとしても、少ない時間枠でも、学習者中心のアプローチを利用するやり方を、この章の残りは提案している。そのやり方とは、クラスの時間をより効率的にやりくりする方法であり、学生に学習教材や自分自身に対してもっと責任を持たせるような方法である。一歩を踏み出しさえすれば、教員は科目内容をカバーするのではなく活用するという方向へと、多かれ少なかれ進むことができる。現状通りの科目内容中心の授業を続けた場合、教育機関としての完全性は科目の内容量を減らす場合以上に大きく損なわれる。

学習者中心のクラスでは科目内容はどのように機能するか

　学習者中心の科目では、科目内容は、2つの目的を達成するために機能する。それは、知識基盤を確立するためであり、また、学習スキルを育成するためである。知識基盤を確立するにあたって、学習者中心の教員は、深くまた持続的な学びを誘発するような教授戦略を選択する。そのような教員は、学生が科目内容を忘れることなく、また容易に応用できるように理解することを望んでいる。第2章において着目したような研究を考えると、学習者中心の教員は、深い学びを促す最良の方法は、学生を専門分野においてなされるような作業をするように科目内容を利用させることであると理解する。これらの経験から、学生は専門分野においてなされているような考え方を学ぶ。

　私たちの多くは、初心者が専門家と同じように科目内容について考えたり利

用したりすることはないことを直接的に理解している。これは、学生がどのくらい上手に専門分野の作業をするのかというとについて、現実的であらねばならないことを意味する。Calder (2006) は、歴史の入門コースにおける学生について記述している。「歴史を学び始めたばかりの学生は、専門家のように歴史を学ぶのだろうか？ もちろん、答えは『いいえ』だ。しかし、私の研究は、学生は、学生が歴史を見る目を育むのに重要な基礎的な一連の手立てを学ぶことができるということは見出している」(p. 1364)。

　学生が、教材を利用して学ぶ時、教員は、彼らの学びの無秩序さに直面する。学生が初めて文学批評をしたり、科学的な方法論を利用したり、あるいは、事例研究を分析する際、学生は、ありとあらゆる過ちを犯す。その多くはひどいものばかりだ。その種の無能さは、専門家が対処するのに難しいものとなろう。今週、私は、発達障がいを持った兄弟に、より効率的にまた安全にリンゴを切るための皮むき用ナイフの扱い方を教えようとした。私は、説明し、実際にやってみせ、それから彼にナイフを手渡した。「だめ、だめ、そんなんじゃ。指を切ってしまうよ。」私は、大声を出さないようにした。どのように彼に理解させることができるのだろうか？ なぜたった今私が示したことがそんなに大変なのだろうか？ リンゴの皮をむくなんて簡単なことだろう。初心者の過ちに対処するのは、教師中心のクラスにおいてはめったに使われることのない教え方のスキルを必要とする。教員は、学生と直に働かなければならない。教員は、建設的なフィードバックを与えなければならず、辛抱強く、フラストレーション（自身のと学生のとの双方）に対処し、他のアプローチを提案し、繰り返しの試みを奨励し、そして小さなものであっても達成を祝福しなければならない。

　アクティブラーニングの当初の関心は、学生に科目内容を用いて練習させる機会を提供することではなかったのだが、幸運にも、今や数多くのアクティブラーニングの文献が、学生に科目内容を用いて作業をさせる際、どのように彼らと向き合うべきかといった知見を明示している。たいていのアクティブラーニングの方法は、学習者中心であるが、教員は、もっと学ばせることに集中したいので、それらを使い始めることはない。教員は、その方法を受動的な学習者への矯正手段と見ている。それらを利用する過程において、多くの教員は、

いかに効果的に学生を意欲づけることができるか、また、異なる種類の学び方を促すことができるかについて理解するようになる。その結果として、アクティブラーニングへの関心は、数十年間に亘って、高どまりしている。そのため、教育学の文献は、アクティブラーニングの方法に関するもので満ちている。その多くは、学生に科目内容への理解を伸ばすようにそれを利用させるために入念に設計された学習機会の提供の仕方を示唆している。この文献はまた、初心者が新しい科目内容に取り組む際に、建設的に介入する方法を探している教員にとっては、有用な助言を提供している。

　科目内容の深い理解を促すのと同等に重要なのは、学習者中心の環境であり、科目内容は、学習スキルを伸ばすためにも利用される。そして、既述のように、この目標を達成することは、苦労を伴う仕事である。おそらく、理解を促すために教えることよりもさらに困難な仕事であるのかもしれない。多くの教員は、学生の基礎的な学習スキルの欠如を忸怩たる思いで見ている。学生が大学に到達するまでの間に、読み方、計算の仕方、そして、筆記上のコミュニケーション、これらについて教えられてきているべきである、と。教員が基礎学力の不足について文句をいったり、嘆いたりすることはよくあるが、もう一つの現実を踏まえると、そうした主張はすべて重要性を失う。しかし、そこでなされたどのような議論も、現実に照らせば、それらの事の深刻さを見失っている。学生が大学を卒業する時、彼らが依然として基礎的なスキルを獲得していないなら、議会、雇用主、親権者に対して大学は、高い教育上の説明責任を負うことになる。

　基礎スキルの開発に関わる私たちの思考は変わる必要がある。Gardiner（1998）は、745人の学部生を対象とし、たった14％が学び方（どのように学ぶか）について教わったと述べていることを報告した。長年、学習スキルについて研究しているKiewra（2001, p. 4）は、次のような質問をしている。「そもそも問題解決の方法である学習方略の指導がなされなかったのであれば、なぜその指導が基礎学力を補うことになり得るのか。実際には学習方略の指導とは基礎学力を補うものではなく、強化するものである。」例えば、ノートの取り方を一度も習ったことがなければ、そのやり方を知っているとは期待できない。つまり、習得しているはずのスキルを学生が身につけていないというのは、ま

さにそういうことなのだ。

　欠落している基礎的なスキルを修正するのに加えて、学習者中心の教員は、ある学問分野に固有の、より高尚なスキル、また全ての自律的・自己調整的な学習者の特徴として挙げられるような包括的なスキルの開発に真摯に取り組んでいる。私は未だ、定期的にCandy（1991, pp. 459-466）の素晴らしい自律的学習者のプロフィールを参照している。そのプロフィールは、100以上の研究によって裏づけされた自立した学習者が備えていると言われるコンピテンシーについて一覧にしている。それらは、論理的で体系的であるための、高度に発達した情報収集や活用のための、そして柔軟で創造的であるための能力である。

　学習者中心の教員は、学習者が知識基盤を開発し、基礎的なスキルの欠陥を修正し、また、より高度な学習スキルを伸ばす手助けとなるように科目内容を利用する。一体、これら全てを、一度の10～15週間のクラスにおいて、実現することができるのだろうか？　その質問の中に高まる動揺の音が聞こえる。助言や具体的な提案は、この本の次節で語られているが、まず初めに、理解を促進し、また学習スキルを開発するために科目内容を利用することの目的はそれぞれ異なったとしても、同じ活動を通して、それらは、しばしば同時的に達成されるものであることは、理解されるべきである。科目内容に取り組むのか、あるいは学習スキルを開発するのか、これらの二つを二分法で捉えた時、科目内容を教え、かつ様々な種類の学習スキルを育成しなければならないということは、よりとっつきにくいもののように映る。しかし、学習者中心の環境においては、それらは相補的な方法で機能させることができる。

　ここに、それがどのように機能するのかを表した例がある。それは、学生が心理的にも肉体的にも授業を終える身支度をしている教授上困難なクラスの最後の5分の例を含んでいる。多くの教員は、その時間帯を要約（何人かはまだ科目内容をカバーしようとしているが）に充てる。多くのクラスでは、その要約をするのは教員である。学生は、教員が要約を述べるのをただ聞くことによって、要約の仕方を学ぶだろうか？　すでに読者はその答えを知っているだろう。学生は、要約することを練習することによって、よりそれを学ぶことができるということを。おそらく学生は、ノートを再度見直したり、重要箇所に下線を引いたりするだろう。または、学生は、パートナーと授業内で提起されたこと

と似ているが異なる未だ解けないでいる問題について話し合ったりするだろう。学生は、潜在的なテスト問題を作成するかもしれない。どのような活動であれ、それは、学生を科目内容に引き込むことができる。すなわち、学生はこのクラスセッションで扱われた教材をおさらいしたり、要約することの能力を高めたりする活動を援用することによって教材を復習しているのである。

　二つの目的を達成する一つの活動は、時間の節約になる機略またはそれ以上のものである。それは、それは、成功した結婚のようなものである。そこでの相乗効果（シナジー）は、二人が共にあることで、それぞれが別れていた時に比べ、より良いものを生む。要約や批評に責任を持って取り組むことは、学生の学習者としての自己に対する意識を高める。学生は、自らのノートをおさらいしながら、意味の取れないことがいくつかあることを発見する。おそらく十分に記述がなされていなかったのか、あるいはそこに書かれたことが、彼らにとっては意味のないものであったのかのどちらかである。学生は、仲間と話すことが理解を明解にする上での有用であり、テストに出る可能性のある問題を作成することは、単に答えを暗記するよりも意味のあることであると気付くかもしれない。続いて挙げられる例の多くは、教員によってなされるよりも、学習者が自ら学習課題に取り組み始めた時、学びや学習者としての自己について学生が発見し得ることを、ちょっとしたメッセージによって、いかに増幅し強化させることができるのかを示している。

　この章の最初に、私は、科目内容の働きにおける変革は、その役割を減少させることなく、むしろ拡大させることを強調した。この節は、それがどのようにして起こるのかを明らかにしている。学習者中心の教室においては、科目内容は、単にカバーされるだけのものではない。それは、私たちが理解と関連づける深い学びを促進するために、また、学習スキルを開発するために、意図的に利用される。それは、科目内容にとって、より小さなということはなく、より大きな役割なのである。

学習スキルを開発するためのガイドライン

　教員と学生がどのように科目内容を活用して理解度を深めるかは専門分野に

よって異なる傾向はある。ただ、科目内容を理解している（かつ、ほとんどがその内容に関して高度な専門知識を備えている）教員は、学生の教材内容の習得に役立つ最良事例や理論、概念、参考文献、問題を選別することができる。一方、本書のような書籍にできる助言は、もっと根本的な問題を取り上げることである。例えば、教師が一方的に教えるのではなく、科目内容に基づいて専門分野をどのように活用するか、学生に模索させるようにすることの必要性などがそうである。また、本書などの書籍は、次の2節で詳細に説明するように、学習スキルを習得するための科目内容の活用法を教員に提示することもできる。ただし、次の2節で提案する学習体験の中で、科目内容の習得と学習スキルの習得を切り離しているものはほとんどない。提案しているのは、一つのアクティビティで、科目内容に関する知識の構築と学習スキルの習得を実現する事例である。

　最初の節は、2つの理由から有用であるとみなされる学習スキル開発のガイドラインを提供する。授業で扱う内容量についての私の主張にも関らず、たいていの教員は、大量の科目内容を切り落とすことができず、周辺事項の断片を切り取る程度であることを、私はよく分かっている。この一連のガイドラインは授業で指導する科目内容がなお多いことを想定したものであるが、これを指導する者は現時点において、いかに科目内容を活用して学習スキルを習得させるかということに熱心とはいかないまでも、関心を抱いてはいる。さらに、私が本書の初版を執筆したときと比べて現在の方が、最小限の時間配分の中で少しずつ進めても価値のある学習スキルを習得できる。もちろん多く時間を割ければその方が良いのだが、時に何もしないよりは少しでもした方がいいということもある。この場合はそれが当てはまる。

　第二に、一連のガイドラインは、学習スキルを系統立てて教えることにまだ慣れていない教員にとっては、有用なものになるだろう。学習スキルおよび学生が学習者としての自覚を育むためにできることの幾つかは、単純でありまた単刀直入なものである。全ての学習スキルが複雑なわけではない。教員や学生にとって、始めるのにある意味で容易な箇所はある。私は、これがガイドラインを有益で意欲を引き出すものにすることができるのではと期待している。

発達的に考える

　発達的に考えるということは、学習スキルの中で学生が習得しているものと習得していないものを明確に理解することから始まる。まずは今、学生のいる位置から発達軌跡をスタートさせるとよい。つまり、学生が本来どの位置でどうあるべきかなどと論じることで時間を無駄にしたり、基本的なスキルを習得せずに高度なスキルに移ることができるなどと考えたりするのではなく、学生がいまどこにいて、次にどこに移るべきかフィードバックを用いて検証するのである。

　発達的に考えるということは、学生をスキル開発の軌跡に沿って歩ませる活動、課題、イベントの順序や繋がりについて考えることでもある。多くの学生は、いっぺんに、いかにして厳密な質問をしたり、分析的な議論を構築したり、あるいは科目内容の知識を統合するといった方法を学ぶことはない。それは、漸進的なプロセスであるが、学生が計画的に設計されたイベントを順序に沿って歩んだ際に促進されるプロセスである。学習経験の配列については、発達に関する諸問題を扱っている第9章においてさらに述べられている。

スキル開発を目標に定める

　私たちは、次に、発達の必要性のあるスキルを明らかにすることに着手する。多くの学生が持ちあわせていないスキルを考えるに、その長いリストを思いつくことは容易である。リストを作成するのは良しとして、それらには優先順位をつける必要がある。この科目の科目内容を考えるに、あなたの学生がより良い学習を達成するためには、いかなるスキルが最も必要とされるか！　それら2つか3つのスキルが、学生が取り組まなければならないものである。私たちのスキル開発の努力を広範囲に広げすぎることは、いくつかの重要な学習領域をターゲットにして設計された一組の統合的な学習活動によって達成され得る効果的な影響を減少させることになる。多くの大学生のスキル開発不足は、数えれば切りがない。しかし、例え、スキル開発に献身的な熟練の教員によって教えられたとしても、一つの科目において習得されるべきスキルの全てが達成されるというわけではない。

学生をスキル開発のための短い活動に定期的に従事させる

　多くの教員は、スキル開発のために一つのクラス時間をまるごと使えるわけ

ではない。短い活動であってもそれをすることに価値を生じさせる要素の一片としては、定期的に学習スキルの問題に取り組むことが期待を生むことにあろう。学生は、科目内容を学ぶと同時にその学び方を学んでいることを理解し始める。学生は、学習者としての自己意識を育て始める。定期的なリマインダーと短い活動は、孤立した個別の活動よりもはるかに大きく累積的な影響を個々の学習者に与える。

学びの準備が整っている瞬間を上手く利用する

　授業の中で、学びの準備が整っている瞬間というものがある。例えば試験の前後などはおそらく最も顕著な瞬間であろう。理解の誤りを修正する手助けとなる事に加えて、これらの瞬間は勉学への取り組みを探求する機会ともなる。この科目内容にフラッシュカードを使うのは、良い選択であろうか？　クラス内で取ったノートを再度書き写すことによって何が得られのか？　クラスを休んで他の学生からノートを借りなければならない時、誰から借りるのかというのは大事なことであろうか？　それらのノートや自身が取ったノートの記述を理解しているだろうか？　こうした自問の果てに、学生にフラッシュカードを使うのをやめるよう、自分の言葉でノートを取るよう、あるいはクラスに来るようにいちいち告げるのではなく、自分がしている事に対して向き合ったり、応答したりするように学生を促すような質問をしている教員にあなたはなっているのに気づくだろう。

学習センターの専門家と友好関係を築く

　ほぼ全ての単科大学や総合大学において、教員は、学習センターの専門家とパートナーを組むことができる。クラスの学生に対して働きかけていることをサポートしてくれる同僚がそこにいるということは、教員にとって素晴らしいことである。残念ながら、学習センターの存在によって、学生のスキル不足について取り組むことへの責任を回避できるものと信じている教員もいる。学習センターの専門家は、専門家と教員が力を合わせた時に学習スキルは最も効果的に開発されるのであり、多くの研究がこの結論の妥当性を確証しているということを述べている。いかにしてこのパートナーシップが機能するのかを示した例を紹介する。

　学習センターを誰も行きたがらない場所のように思わせることで、そこにい

る者たちの努力を台無しにする教員がいる。そのような教員は、クラスで次のようにアナウンスするだろう。「試験で60点以下の点数を取った者は、学習センターに行って助けを求めなさい。」「非常に多くの文法的な誤りをおかしたなら、この解答用紙を学習センターに持って行って、誤りを直してもらいなさい。」このようなアナウンスは、助けを求める行為を否定的で意気を消沈させるものと見なし、その結果として、多くの学生は助けを求めようとしなくなる。

　確かに、学生は、成長して現実に直面する必要がある。しかし、私たちの多くは、経験の上から、助けが必要な学生というのは、たいてい助けを求めようとしない者であることを知っている。もし私たちが、そのような学生に現実と向き合うことを学ぶよう手助けをしたいと願うなら、助けを求めるということに関する諸問題についてより良く理解しなければならない。私は、長らくKarabenick（1998年発刊、また私の2011年11月11日付けブログに要約されている。ブログのアドレスは、www.facultyfocus.com）の見事な研究を紹介してきた。彼は、助けを求める際の2つの異なる目標を識別している。一方は、自分がやらなくてすむために、数学の宿題の答えを教わろうとするような「直接的な」助けを求める者であり、もう一方は、自分自身でどのように問題を解くのかを学ぼうとする「手段となる」助けを求める者である。

　Karabenickと同僚は、助けを求める行為の過程を研究し、それぞれの段階においての決断に影響を与える諸要因を探ろうとした。その過程は、学生が問題の所在を認知し、助けを求めることがその問題を緩和することを認識するところから始まる。次は、実際に助けを求める際の複雑な意思決定の過程である。私たちは、自分自身で物事を解決することを高く評価する文化の中に生活しており、もし、それができないで助けを求めることは、個人の適性感覚を傷つけることになり、また決まり悪さを引き起こす原因にもなる。助けを求めることに気おくれするならまだしも、助けを求めたがまだ理解することができない、またはやってみせることができないのではないかと怖れる。もしそのような感覚を乗り越え、助けを求めることができたなら、次なる質問は、誰に助けを求めるのかということだ。Karabenickは、学習センターのスタッフやオフィスアワーに教授を訪ねるなどのフォーマル（公式）な助けとなるリソースと、他の学生や家族といったようなインフォーマル（非公式）な助けとなるリソース

の双方について研究をおこなった。そのようなインフォーマルなリソースは、助けを提供するということについては適格ではないだろうが、彼らに助けを求めることははるかに容易なことである。

　助けが必要な際にも助けを求めないという意思決定は、未熟であり、また、無責任である。にもかかわらず、それが多くの学生がなす意思決定である。教員は、その意思決定に影響を与えることができるだろう。助けを求めることについて教員が語ることは、学生を動機付ける場合もあるし、また思い留まらせることもある。もし教員が学習センターを、学生の学びを手助けすることに熱心な者がおり、多くの学生が有益なものとして認識しているリソースとして提示したならば、学生がそこに助けを求める意思決定をはるかに容易なものとすることだろう。

　読者の何人かは、これは学生の弱みにつけこむことだと考えるかもしれない。おそらくそうかもしれないが、例えば、教え方について助けのいる教員にどうやって自発的に助けを求めさせるのか？　そのような教員に対して、「あなたには助けが必要である」伝えるのか？　多くの教員は、学生よりは分別があると思われるので、自ら助けを求めることがあるかもしれないが、教え方を改善させようという肯定的な態度で助けを求めにいくわけではない。また私たちは皆、何年にも亘って言われ続けているのにも関らず、未だに助けを求めなければならない教員を知ってはいないだろうか？　もしそれが、学生の成功に欠かせない学習スキルを学ばせることができることになるのであれば、私は、弱みにつけこむことを厭わない。

学習スキルの開発を支援するために補助教材を使用する

　非常に多くの素晴らしい補助教材が、学生がさらに彼らの学習スキルを発達させるための使用目的として入手可能である。それらをクラス外で使用するための課題を出すことができる。すなわち、クラス内の時間を使わなくて済むということだ。また、補助教材を使うことは、学習スキルの開発への責任を持つように学生を奨励するという付加的な援助の意味がある。これらの補助教材のいくつかは、教員が作成することができる。教員が開発する補助教材の利点は、科目の中で必要とされるスキルをターゲットにすることでき、また特定の課題や活動を支援するように開発することができる点である。付録2は、教員によ

って開発された幾種類ものサンプルを含んでいる。そしてそれらは、様式や項目に関して、（限定的でもあり汎用的でもある）良質の助言を提供している。

　教員が開発する補助教材を利用することが不都合だと考えられる点は、それらを作成するのに時間が必要であるという点である。そのような問題は、専門的に開発された教材においてはありえないし、またこれらの多くは入手可能である。いくつかは市販されており、購入する必要がある。その利点は、これらの教材には実証的な実績があり、また、個人々の学生またクラス全体としてのスキルを基準に従って評価できる点にある。私は、定期的に「学習・勉強スキル目録（LASSI: Learning and Study Skills Inventory）」を推奨している。これは、学生が彼らの学習スキルを包括的にまた建設的に概観することを可能とする。私はまた、「大学についての知覚・期待・感情・知識目録（PEEK: Perceptions, Expectations, Emotions, and Knowledge about College Inventory）」についても推奨している。これは、大学において生じる可能性の高い個人、社会、学問上の変容についての学生の思考、信念、期待を査定することに役立つ。これらは、学生が大学で成功するために何が必要なのかについての的確な予想を得るのに役立つ見事なツールである。学習センターのスタッフは、推薦できるこれらのような調査表や目録のレパートリーを所有している。また時に、学習センターが、管理したり、評定したり、学生とともに結果について話し合ったりすることもある。

　私の『触発された大学での教授』（Weimer, 2010）という本の第4章「学生の学びを向上させる教師のフィードバック」には、他の補助教材のリストを掲載している。その章は、研究プロジェクトでの使用目的に開発された幾種類もの手段に関する詳細や参照を提供している。その本の中で私は、教員がそれらを形成的評価の方法として利用することを勧めている。それは、学生、学び、また双方への教授の影響についての価値のある洞察を提示しているが、その結果は、また学習者としての自己に対する学生自身の気づきを効果的に育むものでもある。例えば、ぐずぐずと先延ばしすることになる課題の特徴を明らかにした研究において使われた調査がある（Ackerman and Gross, 2005）。それらの特徴を探求することは、教師と学生の双方にとって有用な情報となる。

学習スキルを開発する戦略

　ここにおいて様々な例を収集した目的というのは、現在実行されているガイドラインを示すことにある。ほとんどの収集例は、学生がしばしば欠いている基礎的な学習スキルの開発に焦点化されている。学習スキルの明快な教え方に不慣れな教員によってでさえ、たいていのものは、容易に導入が可能である。そしてあなたは、状況に応じて、それらに従事する時間を変えることができる。いくつかのものは、短い時間枠でより機能を発揮する。

読書力を伸ばす

　それは、多くの学生が大学レベルに相当する読書力を有していない入門レベルの科目の最初の日に見られることである。あなたは、読書課題を課し、本を持ってくるのとともに、指示した箇所を読んでくるように言う。次の日、3ページ目を開いて見せるところから始め、最初の段落の2番目の文章に下線が引かれていることを示す。もしあなたのクラスの学生が、他の大多数の学生のようであるならば、決して多くの本は見られない。しかし彼らは耳をそばだてることだろう。「何ページ目だった？」「どのパラグラフ？」たいていの者は、あなたが下線を引いたところをノートに取るだろう。そしてあなたは、クラスが終わった後、その箇所に下線の引かれた本がどっさりとあることだろう。

　その結果は、次のクラスに表れる。そこでは、あなたは、かなりの数の本とマーカーを見て取ることができる。学生たちは、これこそが彼らにとっての理想のクラス―すなわち、教員が本の中のどこに下線を引くのかをまさに教えてくれるクラス―だと考えるだろう。しかし、そうではない。今日、あなたは学生に36ページから39ページを開くように指示し、彼らがどこに下線を引いたかを尋ねる。「君は、36ページの全部に下線を引いたのかい？　それは全ての文が同等に重要ということかい？　じゃあ、ちょっとなぜ君がそこに下線を引くことに決めたのか、数分話そうじゃないか。」

　3回目のクラスは、短い講義である。その講義は次のような質問によって続けられる。「私が今提示した教材は、あなたが昨夜読んだ内容とどのように関連していますか？　その関連性を表せるかちょっと見てみましょう。私が言ったことは、本に書かれていることと相反するものでしょうか、それとも整合性

のつくものでしょうか。私は、本の中に提示されている概念を説明するための例を示しましたか。本に書かれていることをおさらいしましたか。クラスの中で提示した教材と本の中のそれとの間にある関連性を理解することはなぜ重要なのでしょうか。」

　このような3回という短い連続の中では、高尚な読書力は伸ばせないが、もしあなたがこのやり方を導入したなら、また学生が定期的に、どのように読書をして何をそこから引き出すのかということについて向き合ったのなら、気づきというものが涵養され始める。もしあなたが、より多くの時間とエネルギーを駆使して良質で高尚な読書力を構築しようとするなら、推薦のできるいくつもの素晴らしい課題の解説書がある（Howard, 2004; Yamne, 2006; Roberts and Roberts, 2008; Tomasek, 2009; Parrott and Cherry, 2011）。これらの文献には、それらに連関した課題や活動の詳細な記述が含まれている。なお、これらの文献が他の専門分野の教員によって書かれていることを心配する必要はない。私は、そこで紹介されている課題設定は、様々な種類の教科書や他の種類の課題文献と相性が良いことを保障する。中でも最良な事とは、それらは、学生に読書力を伸ばす作業に従事させることができ、また読書を終え議論に参加できる状態でクラスに参加させることができるということである。

　これらのやり方で読書力を伸ばすことは、先に述べたいくつかの学習者中心の教育の側面を表しており、それは再度述べるに価値のあることである。たいていの学生は、教員が言ったからといって、読書をするわけではない。学生は、他の多くの授業でそのように言われているが、例え読書課題をしてこなくても、何も起こらないということをよく理解している。それらのクラスの幾つかでは、学生は読書をしなくても何とかBを取ることができるようやりくりする。しかしながら、もし教員が教室に到着して、特定のページを指定して、そこで述べられている事柄について討議するように読書課題を使ったならば、その行為は、本の重要性を強調するメッセージとなる。それはまた、語りを少なくし、見せる行為を多くすることが、学生がより責任感を持って行動する環境を構築することを表している。学生は、本を持ってクラスに来るだろう。学生は、クラスの中で話し合われた節に下線を引いたり、星印をつけたりする。何人かは実際にクラスの前に読書を終わらせる。このような読書課題は知識とスキル開

発の成功した融合の例である。学生は、学ぶ必要のある科目内容について読書し、学びをより容易にするような読み方を学ぶ。

学習センターとパートナーシップを結ぶ

　私には、自分のクラスに学習センターのスタッフを招く歴史学部の同僚がいる。彼は、学習事項を提示し、学生と学習センターのスタッフの双方にノートを取らせる。学生がノートの複写を学習センターのスタッフに渡すと、次のクラスには、ノートにフィードバックが記述されて戻ってくる。その記述には、学習センタースタッフのノートと学生のノートの中から模範となる箇所、模範に満たない箇所の例示が含まれている。数種のノートを取る際の方法に関する教材が配布され、それらが簡潔に述べられる。プレゼンテーションは、20分ほど掛かる。同僚は、このイベントを学生がノートを取る際の方法を学び、学習センターには学生の学びへの努力をサポートするためのありとあらゆる方法があるということを知ってもらう機会としている。

　このような活動は、試験といった他のクラス内のイベントが起こる周辺時期に導入することもできるだろう。試験を受ける直前に、学生は、おそらくオンライン上で、どのように試験準備に取り組んでいるのかを簡潔に述べることができる。彼らの記述は、集計された試験結果とともに、学習センターのスタッフによって吟味され議論される。その議論の目的は、次のような質問に答えるためである。「このクラスの試験に関してあなたが知っていることから判断するに、次のテストへの準備として最良の方法は何であるか。」または試験へ向けた復習をするクラスの5分間を、試験への不安に対処する秘訣を述べることで終えることができるだろう（コース専用のウェブサイトにあげられている補助教材の中で、さらに十分な説明がされているが）。」

互いに学ぶことを学ぶ

　時折、どのように学ぶのかというメッセージは、それが教員とは異なる誰かから発せられた時のほうが、より効果がある。私がかつて見学した物理学の教員は、先の学期のクラスの試験で良い成績を収めた学生に次のクラスの学生に向けての勉強の仕方の提案集を書かせる。彼は、これらを先の学期の学生のコースの最終成績とともに、試験の一週間前に配布する（もちろん、学生から許可は得ている）。私は、たまたま彼がこの資料を配布する日に、彼のクラスに居

合わせた。学生の反応は、極めて驚くべきものであった。全ての学生が配布物を読んでいるのだ。その配布物は、慎重にノートや鞄の中に保管された。以前の学生は一体どのようなアドバイスをしているのだろか。それは、教員によって定期的に述べられていた方針と同じものであった！「毎晩、宿題の問題を解きなさい。試験日の前日の晩になってから問題に取り組むようなことはやめなさい。」「試験に準備する最良の方法は、練習問題を解くことです。」「このクラスは休んではいけません！　教師が問題を解いているところを見なければなりません。」「クラスで質問しなさい。」「もし理解していないのなら、教師にもっと問題を解くようにさせなさい。」

　ある教員は、前期のクラスから次期のクラスを履修する学生に手紙を書かせる。その手紙は、教員がおこなった重要なフィードバックも含んでおり、それらは、コースを履修し始めた学生にとっては、同様にとても価値のあるものである。引用句を編集したものは、素晴らしい配布物になるので、コースのウェブサイトやまたはシラバスに貼り付けることもできる。私が知る他の教員は、前学期から2、3人の学生を新しいクラスの早い段階に招待する。彼は、学生の顔ぶれを紹介し、それぞれの学生が先のクラスにおいて優秀な成績を残したことを説明し、現在のクラスの学生に対して、彼らにコースに関する質問をするように促す。学生が最も答えを聞きたいであろう質問が担保されるように、彼は教室を去る。クラスの最後の15分間は、このために充てられる。この手法を試そうとした時、自分が不在である状態で、このようなディスカッションが行われることに、少しの勇気がいった。またパネリストの選出には注意が必要である。しかし、このアプローチは、学生間の交流に確かなる信頼性をもたらす。私は、学生がこれをクラスを早退するきっかけにするのではないかと不安に思ったが、私がこの方法を使ったいずれの時も、ディスカッションは、クラスの最後まで続いていた。

学びの質問

　これは、ほとんど時間を取らない別の方法である。それは、定期的になされた場合に効果を発揮する。私は、それを「学びの質問」と名づけている。それは、私が学生に何を学んでいるのかについて思い出させるのではなく、学習者としての自分自身について何を学んでいるのかについての疑問を抱かせるもの

である。私は、ほとんどのクラスで、本時で取り扱うことが終わった後に、学びの質問を聞く。「グループで受ける試験に、他のクラスメートと一緒に取り組むことで何を学びましたか。昨日おこなったどちらかの立場を必ず選択するディベート活動（forced debate）による討論から何を学びましたか。批判的推論試験における結果から、あなたはどのような推論をするのかについて何か学びましたか。」時々、私は黒板に学びの質問を書いて、クラスの始まりにそれを指し示す。そして30秒の沈黙の間、どのように答えるのかの台詞を考えさせる。学生に答えを書き留めさせ、その後用紙を集めたりもする。どのくらいの時間があるのかによって、それらの全てまたは幾つかの答えを読み上げる。次のクラスでは、それらの中から、数種の含蓄のある洞察を共有する。色々なやり方で使うことができる非常に簡単な方法である。もっと多くの手段と時間がそれに使われたなら、次の潜在的なメッセージはもっと効果的なものとなる。「あなたは、自ら発見し、開発することのできる一連の学習スキルを所持した学習者なのである。」

試験結果からの学び

　教師は、学生が教材内容を習得したかを確認するために試験を課すが、試験の経験は、科目内容とより高尚な学習スキルを学ぶための機会でもある。学生にとっては、試験は学びを意欲づけるイベントである。第7章は、復習活動、試験、そして試験返却時の結果報告などを含んだ試験にまつわる学びの潜在性を最大限に活用するための方法を議論している。

　ここで私は、とりわけ試験結果が芳しくない学生が、試験結果から学ぶべきことに対して直面するのを手助けする際に、使用可能な幾つかの方策を強調して述べたい。学生が試験においてあまり良い結果を出せなかった時、例えば問題が巧妙であった、宿題のようではなかった、難しすぎた、予想していたものと違ったなどと試験を責める傾向にある。時折、これらは真実であろう。しかし、往々にして、不十分な成果は、学生がどのような試験準備をしたか（あるいはしなかったか）に関係している。これらは第7章の論議に含まれるのだろうが、ここでも触れることにする。なぜなら、それらは、学生が為した、あるいはなさなかった行動の結果を直視するように促す、短くも単刀直入な活動を解説しているからである。

第 7 章において説明されているように、私は、最も間違いの多かった試験項目を入念に見直したりはしない。学生はそれをするだろう。なぜなら、私ではなく、彼らが間違ったのであるから。私は、学生に間違った項目についての分析をするようにさせる。学生は、間違えた各々の試験問題の番号をリスト化するところから始める。私は、4 つか 5 つの頻繁に間違いのある質問を取り上げ、その内容はどの日時のクラスで扱われたのかを示し、学生にそれらに該当する日のノートを確認させる。まずクラスに来ていたのか？　誰かからノートを借りたのか？　質問に答えるのに必要な事項は、彼らのノート（または誰かのノート）に書かれていたのか？　私は、この活動を学生が往々にして考えるところの、クラスを休んでよい、誰かからノートを借りればよい、といったような考え方に穏やかに挑戦するために、またノートを取る実践の有効性（大抵の場合は無効性）を直視させるために利用している。

　次に、学生は間違えた質問リストに戻る。そして私は、試験から直接引用した試験問題の番号リストを読み上げる。「あなた方は、クラスの中で提示した教材がカバーしている質問と教科書の中でカバーされている質問のどちらをより多く間違えましたか。」たいていの場合、学生は本から出された問題のほうを多く間違えている。私は、本から出た問題の多くを正答した学生に、どのように本を学習したかを共有させる。私は、そのグループ（本の内容を多く誤答したグループ）の中の何人が本を読んでいなかったのかを尋ねる。また、何人が試験の直前の晩になるまで本を読まなかったのかを尋ねる。時々、学生は成績優良を運と関連づけて考える。そこで私は尋ねる。「自分の成績に満足している者のうちの何人が、自分の試験での成功を運がもたらしたものだと思っているのか？　運は、あなたが次の試験で頼りにしたいものなのか？」

　最後に、私は、答えを変更した質問を見るように促し、答えを変更した時、何度正解し、何度間違えたかを確認させる（もし、試験がオンライン上で課されたなら、学生は変更したことの軌跡を確認することはできないかもしれない）。私は、この点に関して、学生と混合研究の結果を交えて話しながら、学生にこの試験の個人評価をするように奨励する―このクラスの次のテストでも、また他のクラスのテストでも。経験豊富な学習者は、答えを知らない時、また解けそうもない時に、答えを変更することが結果として報われるのかどうかを理解してい

る。

　この結果報告（第7章に詳しく述べられている他の活動を含む）の最後には、私は学生にメモを書かせる。

　送信先：自分
　送信元：自分
　タイトル：この試験で学んだことで、次の試験の準備をするにあたって覚えておきたいこと

　たいての学生は、与えられた5分のうちに目標までを含めて書き終え、私は、それらのメモを集める。それらの中から数枚を選び読むかもしれないが、それらに成績をつけることはない。それらを次の試験をおさらいするクラスの冒頭で返却する。クラスの大多数の学生は、かなりの好奇心をもって、自分が書いたことを振り返る。

学びのためのライティング、ライティングのための学び

　私は、学習日誌（learning log）の大ファンである。それらは、幾種類ものコースの目標を達成するのに活用することができる。私たちが、教科横断のライティング指導体制（WAC: Writing-Across-the-Curriculum）から学んだように、学生は、科目内容に関する記述をする際、その内容を学ぶとともに、書く力を向上させるのに役立つ活動に従事している。学習日誌は、とりわけ学習者の自己認識を伸ばすのに効果的である。学生は、クラスの中で起こった活動について書くことができる。例えば、グループ活動の後に、グループが決めたことや生み出したことについての要約を書くことができるし、いかにグループが上手く機能したかについても書くことができる。しかし、最も大事なことは、グループの中で実際、何をしたのかについて疑問をもって眺めることができるということである。彼／彼女は、どのようにグループに貢献したのだろうか？　どのような手助けをグループに施したのか？　その事実の後に、何か違ったようにしていればと思うようなことはなかったか？　このような種の洞察を促進する学習日誌の成功は、プロンプト（入力を促すメッセージ）にかかっている。自覚を促すような一連のプロンプトを着想することは時間を要するし、また繰り

返しの改良が必要である。しかしプロンプトの内容が良質なものである時は、それらは学生の洞察を促す。

　多くの教員は、学習日誌を避ける。何故なら、とりわけ学生が感情や意見や経験を書いた際に、それらを読んだりまた成績をつけたりするのに時間が掛かるからである。他の教員は、主要な活動が問題を解くことにある場合に、学習日誌がコースの中でどのように機能するのかを想像することができない。MaharajとBanta（2000）は、機械工学のコースにおいて開発・使用されている記録日誌課題の素晴らしい例を提供している。

　他の教員は、記録日誌の課題を上手にやりくりする効率的な方法を考え出している。それらは、毎日ではなく、幾日かの指定した日に回収される。記述の頻度や長さは、両方とも統制されている。それらは、リサーチペーパーを読むのと同じように真剣に読んだり成績をつけたりする必要はない。ここそこの日誌の入力事項（log entries）を読み、自らがするコメントの数を制限する。私は、同僚から共有してもらった次のような方法で良い結果を得ている。それは、「コメントを書くな。質問を書け。そして学生には一つまたは全ての質問に答えるよう記入事項に従事させよ」というものである。学習日誌の成績評価については、個別の記入事項にではなくて、入力事項のコレクションを評価するルーブリックを用いることができる。

　最近の2つの文献は、学生は日誌の入力事項のコレクションをおさらいする（これらの事例の双方の場合において、学生は課題文献に関する記述をおこなっている）ことを述べている。そして、その一つの文献においては、いかにして彼らの科目内容に関する考えが変化し、特定の問題に関する理解が拡大したのか、また、彼らが「考える人」としての成長と発展を遂げた形跡について述べている（Hudd, Smart, and Delohery, 2011; Parrott and Cherry, 2011）。その最後の論文は、成績評価に関してのものである。思慮深く設計された日誌の記述は、それぞれのレベルに応じた学びを促進するような、また教員にとっても扱い易い課題となり得る。

導入にまつわる課題

　科目内容がカバーされるものではなく、利用される段階において表出する最も重要で厄介な質問は、「どのくらいの科目内容が十分であるのか」ということである。この章の最初の方である程度の長さを使って書いたのだが、それがどれほど不可避的に問われるべき質問であり、また私たちはどれだけその答えを失っているのか、その重要性についてもう一節使っても書くことができる。その答えの欠如は、学習者中心の教え方が導入され、より少ない科目内容をカバーすることになった際にとりわけ困難なものになろう。新しいアプローチがどれほど良いかたちで学生を引き付けるのかということを考えながら、もっと科目内容を削ろうと願う時、何が残されているのかを心配し、また、罪悪感を感じるべきかについて考えを巡らせる。既に尋ねられた質問を再検討するよりも、それと関連性の高い他の質問を考えてみよう。

私たちは、いかにして科目内容の役割に関する態度を変えるのか
　学習者中心の授業をすでに導入し、その成果を目の当たりにしている私たちにとって、科目内容をカバーすることから利用することへの切り替えは、完全に理に適ったことである。しかし、多くの同僚にとっては、これは理に適った変更というわけではない。高等教育においても学習に関する議論は継続しているが、私自身、学習スキルの習得はカバーする科目内容を減らすことを補って余りあるほど重要であるとの意見を耳にしたことがない。カバーする内容を減らしているのに、どうして学生はこれまで以上に多くのことを学習できるというのか。こうした科目内容に関する定着した考え方をいかにして変えるのか、それが問題である。なぜならば、私たちの考え方が変わらないのに、カバーする科目内容を減らすという決断にはリスクがあるからだ。この指導法に力を入れている私たちでさえも、科目内容を減らすにあたって、そこまで大幅に削減するつもりはない。

　現在普及している内容中心の考え方を変える容易な方法は思いつかないが、だからといって取り組まなくていいことにはならず、できることもいくつかある。第一に、科目内容を使って知識とスキルを育成している私たちのような教

員は、その取り組みによって何が起きたか説明し、文書にまとめることができなければならない。例えば、学生の反応はどうであるか。試験やレポート、あるいはグループやクラスの中で学生のパフォーマンスは変わったか。教室で起きていることを裏付けるような研究文献や学習指導法はあるか。私がここで提案しているのは、同僚の教員にこれがいかに素晴らしい考えであるか、あるいはこれほど素晴らしい考えはこれまでになかった、ということを伝える以上のことである。たとえ教室での体験によって、科目内容やスキル、学習に対する私たちの考え方が著しく変わったとしても、それで他の教員が私たちの体験に完全に納得するということにはならない。私たちは主張に対してそのエビデンスを重んじるという文化の担い手である。この考え方に関しては、教育における抵抗を取り上げた第8章で改めて考察する。エビデンスは抵抗に打ち勝つ何よりも優れた手段である。

　その一方で、私たちは他の教員が、科目内容に欠けると主張して学習者中心の考え方を退けることを許してはならない。私が知る限り、学習者中心教育のどの指導者も、また私がこれまでに読んだこのテーマに関するいずれの文献も、十分な科目内容に欠ける科目を提案していない。全ての領域の科目内容は拡張し続け、私たちは、学生が知るべきことの全てを教えることなどできないだろう。また、テクノロジーによって科目内容の役割は変わってきている。もっとも、現行の教授法がその変化を認めているかどうかは別である。しかし、たとえ合理的な根拠やエビデンスがあったとしても、科目内容の役割が変化しているとの主張がいずれ認められることになるか確信はない。

　私は、いっそうこれらのアプローチのいくつかを同僚に対して勧めることに挑戦し、それが彼らにとって上手くいったのかどうかを見届けることだろう。ここでの鍵は、いとも単純で容易に導入可能な技法で、成功の確率が高いものを提示するすることができることである。これらのことは、第9章においても書かれている。何を勧めるべきかを知ることは、同僚と彼らの教育の状況を知ることにかかっている。最も重要なこととして、他者への勧めは、提案する側が、それらが上手くいったことの経験を有していると、更にそれは成功へと近づくということである。

戦略が自分にとってうまく働くようにする

　この導入にまつわる特定の課題は、学習者中心のいかなる指導法にも関係する。内容が関係する場合、必要な改変の重要性が増すため、その点についてここで考察することは適切といえよう。新しい考え方を取り入れる場合、それを体系的に実施できる教員は少ない。例えば、ある優れた考えを同僚から聞いたり、ワークショップで知ったり、あるいは本で読んだりして、その考えを気に入るとする。授業に利用できそうだと思い、取り入れるのだが、その方法は私がナイキの変革手法と呼ぶものである。とにかくやってみる（"just do it"）のだ。

　ずれの教授法の変更も、体系的で十分に練られた計画に基づいて実施することで成功の度合いが増す。最も重要な点は、やみくもにやってみるのではなく、新しい状況に合わせて変更内容を調整し、その際には少なくとも３つの変数について検討することである。第一に、その新しい戦略は、教員に適応したものでなければならない。それは、個人が自信を持ってできるものである必要があり、彼／彼女が自分自身であること、またどのように教えるのかについて快適に適用できるものでなければならない。たいていは、私たちは、これを直感的な感覚で決める。「ええ、それは良い考えですね。私にもできるでしょう。」こうした一連の選択肢について深く考え、それによって自分が何者でどのように指導するのかが明らかになるのは興味深いことである。

　新しい戦略は、また、私たちが教える科目内容の構造にも適応する必要がある。私たちが教える科目内容はどのように構造化されているのか、いかにして、領域の知識は進歩するのか、何が証拠として重視されるのか。科目内容に関するこれら全ての要素は、私たちの学問分野にとってはユニークなものであり、どのように戦略が練られるのかについての示唆を含んでいる。そして最後に、新しい戦略は、学生の学びの需要に適応したものでなければならない。それは、学生が発達しながらも取り組める準備のできているものでなければならない。それはやりがいのあるものである必要はあるが、実行するのが困難なものであるべきではない。私は、変化の過程を長々と書いてきた。そしてこれは私の『触発された大学の教授』（Weimer, 2010）にある新しいアイデアとも適応する必要がある。そのトピックに興味があるなら、変化を成功裏に導入することを書いた第６章を参照されたい。

学習者中心のアプローチに反対する者は、これらのアプローチは科目内容の役割を変えるので反対するのだろう。学習者中心のアプローチは、教員をより少ない科目内容を扱うようにし、また、学生が知るべきことを唯一の基盤としながら教授の意思決定をするような考えを、徐々になくすようにさせることだろう。学習者中心の教員は、また、学生がどのように学ぶのかを気にかける。彼らは、科目内容のより大きな働きを眺めているのである。そのような教員は、科目内容を強固な知識基盤を形成することだけに使うのではなく、学生が一層の学びへと繋がる理解と学習スキルに依拠した知識を持ってコースを巣立つことができる広範な学習スキルを開発することのためにも科目内容を利用する。それが科目の高潔性を貶めたり、教育水準を落としたり、学生を不十分に準備させることかと想像するのは困難である。

　Nash（2009）は、この章の最後にふさわしい結論を記述している。「少ない科目内容をもって教える時にしばしば、私は、より多くのことを教えていることに気づく。私は、これを『皮肉なミニマリズムの教授』を名づけている。私が、学生が実際に持っている知識を引き出すことに時間をかけたり、意図的に自分の『膨大で限りなく広くて深い知恵と知識』を極力控えたりすると、必ず学生は最大の学習効果を上げるのだ。」

第6章

学習への責任

　学生に対する不満というものは、教育の世界では目新しいものではない。しかしながら、前の章でも述べたが、今日の学生はユニークな理由で「教え難さ」がある。大学での学習に対して、多くの学生が準備不足である。学習スキルの不足はもとより、基礎知識不足も懸念される。さらに、多くの学生が、働きながら大学に通っていたり、家族を持っている。その多くは、大学をより収入の良い職業に就くための通過点としかみていない。つまり、教養を身につけるということにはあまり興味がないのである。また、近年の大学生は学習するということに対して自信がない。学習に消極的であり、意思決定を教員にしてほしいと思っている。良い成績を取ることをとても気にしている一方で、「学ぶ」ことに関しては関心がない。その結果、良い成績が取れないと周りのせいにし、自身を振り返ることをしない。

　大学生に関する否定的なリストはつきないが、解決に向けての教育方法は未だ話し合われていない。学生の学習に対するニーズに、教員としてどのように応えるべきであろうか。どうすれば学生は「学ぶ」のだろうか。不足しているスキルはどのようにすれば補えるのだろうか。成績のためだけでなく、「学ぶ」ことに対してモチベーションを上げることは可能だろうか。どのようにすれば、学生は主体的に学ぼうとするだろうか。これらの疑問は、本章の本質にかかわるものである。「学び」に対して学生が我がこととして責任を持っていない。「学ぶこと」は、自分にしかできないものであることを理解していない。それどころか、学生は「学び」は教員によって誘発されるものだと考えており、「楽しく」「楽」に行えることを望んでいる。

　学生に「学び」の責任を持たせるには、依存する学生はどのような教育実践

や環境で育つのかを教員は認識する必要がある。本章では、責任ある学習者を育てる教育原理と、その原理に基づいた実践をいくつか紹介する。その他、学習者中心の教育を実践するための問題を本章の最後に言及する。

何が変わるべきで、何が変わっていないのか

　前章までを読まれた方はさほど驚かないだろうが、私たちの学生の学習に関する問題への対応は、そのまま次の問題につながっていく。良かれと思って提案したことには間違いないが、本章のはじめに上げたような問題が続けば、授業における学習、大学での学び、さらには社会人として大きな影響が出ることは確実である。この懸念は、指導方針や授業実践についての緩やかで、普段は意識されない再調整を我々に促している。

　まず私は、学習という概念や必要条件をさらに明確にすることで、学習者としての欠点を補うことを試みた。例えば、授業をよい結果で終われない行動を取っている学生がいると、教員は介入してしまう。第4章で述べたことだが、この典型が出席の義務化、提出期限の厳守、授業への参加義務、追試の廃止などにみられる、授業方針と呼ばれるものである。教員は課題を分割し、それぞれの提出期限を定める。これによって、課題にできるだけ早くから取り組んだり、より効率の良い時間管理ができるように改善するきっかけとしている。また、授業中はおしゃべりや携帯メール、飲食、遅刻・早退の禁止を決め、この他、授業の妨げとなるような行為を禁止している。また、課題に対しても詳細に指示を出す。例えば、レポートのページ数、フォントのサイズや余白の設定、また参考文献の冊数やフォーマットの指定がこれに当たる。さらに、不正行為に関する注意事項も詳しく伝える。多くの教員は、学生が「学べる」よう、様々な手を尽くしている。

　しかしながら、授業方針や課題要件では補えないものがある。そのようなものに関しては外的動機づけを使っている。例えば、予習を必要とする小テスト、自発的に探してきた参考文献・資料への加点、課題が全て正解だった場合のボーナスポイント、授業参加へのポイントがあげられる。つまり授業は、好ましい行動に対して報酬を与えるというトークン・エコノミー法を用いて運営され

ていることになる。良い行動に対しては報酬を受け、好ましくない行動に対しては差し引かれる。課題、授業内活動、詳細に示された行動規範によって点数がつけられ、その結果、成績がつけられる。例えば、私が履修した化学の授業では、1つの実験レポートは全体600点中、10点しかもらえなかった。しかしながら、それぞれの点数は10分の1で換算され、最終的には実験レポートとしての合計点は100点となった。結果、1つ1つの実験レポートの0.2または0.3点について議論してくる学生はいなかった。

Pike（2011）はこのような得点システムについて、「学生は誤ったことに学習意欲の基準を置くことになる」（p. 4）と述べている。学生の学習意欲は点数を獲得することに留まり、重要な情報を学ぶ貴重な機会として課題をとらえない。つまり、このシステムでは「学生が本来、学習意欲の基準にすべきことから外れてしまっている」（p. 4）。Pikeは、成績が学生の学習意欲を促すという考え方は過去のものとなっていることを指摘している。

受動的で依存心の強い学習者にとって、上述のような教育は合っているのだろうか。規則に縛られ、威嚇的な方法で学習意欲を促している学習環境の中で、学生は本当に学んでいるのだろうか。この問いに対する答えは、「そうとも言える」となるだろう。小テストがあると思えば、学生は事前学習をする。出席が必然で、それに対して点数が分配されていれば、授業への参加は多くなる。しかしながら、このような短期的な目的は究極の学習目標を達成できるだろうか。4年生のゼミで担当する学生は、どのような学生が多いだろうか。学生たちは知的活動に対して成熟しているだろうか。要件や方針がなくても、やるべきことをやれる責任感のある学習者だろうか。自分で学習過程を組み立て、やらなければならないことを達成できるだろうか。生涯学んでいこうという志を持ち、好奇心と想像力を持ち合わせた学習者であろうか。

［話は変わるが、］私たちはなぜ無礼で授業の妨げになるような行動をとる学生も含めて、問題の尽きない学級経営に関して触れないのか疑問である。さらには、ミレニアム世代と呼ばれる学生に対して、評価を傷つけるような特徴をよく耳にする。これは、外的な学習意欲要因に基づいた教育方法が、有効でない証拠であろう。授業運営・管理について語り合いたいという教員とよく出会うことがある。ルールや約束事をどれだけ作ればいいのか、どの方法がより効

果的なのか、授業中の携帯メールによるおしゃべりをどうすれば辞めさせられるか、なぜ授業前に手洗いなど用を済ませておかないのか、様々な質問が飛び交う。設定する方針を少なくしたり、方針そのものに内在する問題などを語り合うのではない。それどころか、話し合いは、さらなる方針の設定やより効果的な方針の模索に留まる。しかし本来は、我々のとっている授業運営・管理のアプローチに問題があるのではないかという話し合いになるべきではないのだろうか。

［学びの］妨げになる行為の防止、予習への動機づけ、あるいは［学ぶ者としての］品格を教え込むことを目指すにしても、さらなる管理・統制は解決策にはならない。そのような行為は、教員にとっても学生にとっても悪循環になる。いくつかの例をあげてみる。環境を規則によって整えれば整えるほど、さらなる構造化が必要となってくる。こちらが決定を下すほど、学生は自己決定しなくなる。外的な学習意欲に依存すれば、内的な意義づけがされなくなる。課題を与えれば与えるほど、主体的に学ぼうとしない。こちらがコントロールすればするほど、相手は従属的になる。その結果、学習に対して参加意欲の少ない学生が育ち、整えられた学習環境でなければ学べなくなる。

しかしながら、方針や規則、外的な学習意欲要因を直ちに廃止すればよいというものではない。規則や要件は結果ももたらすが、同時に教員・学生に多大な損失ももたらすという、別の考え方が必要ということである。規則や要件はできるだけ用いず、賢明に使うべきである。深い恒久的な学びを育む環境を作る代替案を考えるべきである。「興味があり学習者にとって意味のある課題、適時なフィードバック、学生と教員の関わり、学生同士の関わり、効率的な時間の使い方。これらの要因が学びに対する意欲を引き上げる」(Pike, 2011, p. 6)。学習者中心の教え方とは、学生が自らと他者の学びに責任を持つ、成熟した学習者へと成長できる教育環境を整えることをいう。

学生に責任ある学びを促す授業環境

この教育環境の変化の本質は、「学びの風土」とは何かを探求していくことから始まる。その理解に基づいた次の質問は、学びに対する責任をもたせ、自

立した学習者を育てる環境（風土）をつくり、維持し、促進するために教員は何ができるかということである。クラスの風土とは魅力的な比喩である。この比喩は、自律的な学習を促進する私たちのクラス状況を理解する上で、足枷にも助けにもなるものである。

教室の風土：定義と説明

　教室の風土の定義を教員と考えるとき、比喩を使うと共通理解がいかに困難になるかという話から始める。教室の風土、学習「環境」、学部内の「雰囲気」、大学機関としての「雰囲気」について、教員同士で定期的に話し合うが、現象を比喩で言い表しているわけではない。しかし、比喩が使われた場合、比喩の使用を指摘し、その比喩が何を指しているのかを質問すると、しばらく沈黙が続く。それから短い言葉で「心地よい」「安全な場所」「尊重」「信頼」という答えがかえってくる。これらの答えは、風土としての特徴を言い表しているが、それが「何」なのかには言及していない。

　とはいっても、教室の風土という概念は、幸運にも初等・中等教育から始まり、今では高等教育においても経験に基づいて研究されている分野である。近年の研究は欠いているが、Fraser のすばらしい研究を私は参考にしている。教室の風土は、教員と学習者・学習者同士の個人および集団としての複雑な心理的関係から成り立つ、という前提に立っている。Fraser, Treagust と Dennis (1986) は、大学における教室の環境の調査票 (College and University Classroom Environment Inventory: CUCEI) を開発し、その正当性を立証した。この調査票は、より好ましいクラス環境の状況を判定し、実際のクラス環境と比較するものである。以下の7つの尺度（49 の質問項目）があり、それぞれ7段階のスケールで測定される。この質問は「それが何であるか？」ということを考えさせるようになっている。Winston ら（1994）も、これに類似した調査票を開発している。

1. 個人としての認識：教員・学生間の交流機会が増え、教員は学生のことを気にかけるようになる
2. 授業に対する積極性：学生が授業での活動に積極的に参加する度合い

3. 学生同士の繋がり：学生が互いに知り合おうとする態度
4. 満足度：学生の授業への満足度
5. 課題への姿勢：授業における活動・課題内容がわかりやすく組み立てられ、明確に設定されているか
6. 斬新性：教員がどれほど授業における活動内容や教授方法・課題に新しいものを取り入れているか
7. 個別：学生が個人に合った判断が下せ、学習のニーズに合わせて異なる活動ができる

　Fraser の開発した調査票では、学生は彼らの理想とする学習環境の特徴を聞き、その上で、特定の授業における現在の学習環境についてフィードバックを求めている。教員主導の規則や要件によって方向づけされた、良く使われる学習環境を学生は評価するわけではない。Fraser は、教員が見る授業評価も測定し、その結果を学生のものと比較している。結果は、「教員は学生よりも授業環境を肯定的にとらえている」という少々おもわしくないものとなった。(Fraser, Treagust, and Dennis, 1986, p. 45)。
　教室の風土の研究によると、このような精神的な関係性は学習成果に大きな影響を与えるということが明らかになっている。Fraser は「学生の授業環境のとらえ方を見ることは、授業環境の性質と学生の経験的知識・感情の関係性を構築することになる」(1986, p. 45) と述べている。学生の好む学習環境で勉強した方が、より能力が発揮できることがわかった。
　「天候」の比喩が上記した意味を的確に表すだろう。天候は、私たちの行動に直接的な影響を与える。外が寒ければ、セーターやジャケットを着用し、靴下も履く。それくらい、私たちの反応は無意識といえる。10月にペンシルバニア州を訪れるのであれば、サンダルは持ってはいかない。特定の教室の風土は、それくらい直接的な影響を学生の行動に与える。[特定の風土下では] 課題を後回しにしたり、単に答えを探したり、初めに見つけた答えで満足することはない。誰か他の人がやった課題をコピペするなどの行動をとることはない。学生が知っておくべき何かは明らかであり、学生は学ぶ準備ができている。このように言うと、理想郷のように聞こえてくるであろう。実際の学生の学習熱

は、毎回ここまで高いとはいえないとしても。

　教室の風土が「寒い日には我々は厚着をする」という程度の無意識的な行動しか促さない「天候」の比喩は、教室の風土そのものが、深い学びを導くのではないことを示している。さらに言うと、私たち教員に、何かの手を打たなければならないことを示している。コートを着、手袋をはめ、帽子をかぶる。その上で、学生が学習行動を自らとるような状況を我々教員が作り出す必要がある。つまり、学生が学びたいという意欲がわくようなクラスの状況を作ることが目標である。

　比喩は教室の風土の定義付けを複雑なものにしてしまうが、深い洞察を与えてくれる。実際の授業にしてもオンラインのものであっても、学習に対する風土は言葉によって作られるものではなく、行動によって作られるものである。したがって、自分の授業でこのような学習を促す風土を作り上げたいからといって、単にシラバスに「学習を促す風土を作る」と記述するだけでは現実のものにはならない。実際に行動（時には相互作用）によってその風土は作り出される。さらに、自分自身がこのような環境を作る努力をし、環境が整ったら維持をする努力を続ける。さらにいうと、社会における環境づくりと同様に、風土を作り出すのは教員と学生の協同作業になる。教員はリーダーシップをとることはできるが、教室の風土は学生とともに作られる。教員として働き始めたころ、ある教員が学生に対してこのように話していた。「このクラスは私のクラスではありません。あなたたちのクラスでもありません。私たちのクラスです。クラス内で起こること・起こらないことは、我々の協同責任になります。」

自分の学びに責任をもつ意欲を持つ学生を育てる教室の風土

　目標は明確である。学生には学ぶことに責任を持つ学生になってほしい。学生には自身で学びを求め、目標に向かって学習していく、自立的かつ自律した学習者になってほしい。Zimmerman（1990）は自己調整できる学習者を次のように定義している。「彼らは、学習に対して自信があり、勤勉で、資力に富んでいる。自身の知識・スキルを持っていることとそうでないことを明確に判断できる。また、必要であれば進んで情報を求め、身につけようと努力する。

さらに、現況が上手くいっていない、先生の言っていることがわからない、教科書が難しい場合は、どうにかして助けを求める」(p. 4)。最近では、MacaskillとTaylor (2010) が「自律した学習者は、自身の学びに責任を持ち、学習意欲があり、学びから喜びを感じ、外からの指摘に柔軟であり、時間管理ができており、計画性があって、締め切りを厳守し、個人で作業をすることに違和感を持たない。また、困難なことがあっても忍耐強く、やらなければならないことを後回しにしない」(p. 357) と定義している。このような説明で問題になるのが、この自律した学習者の概念に当てはまる学生があまりいないことである。MacaskillとTaylorの論文では、自律した学習者についての（心理測定学的には確かな）簡易調査を紹介している。この簡易調査は、学生の自律性を測るとともに、学生には自律した学習ならばどのような行動をとるのか、教員には担当する学生が自律した学習者の特徴を持っているか否かの情報を与えるものになっている。

　もし教室の風土は教員と学生・学生同士の関係性から作られているのであれば、どのような関係性が前述したような特徴を持つ学生を育てるのだろうか。これから学びに責任を持てる学生が育ち、学習に良い環境づくりに役立つ、5つの関係性の特徴を示していく。

理に適った結末

　自身の意思決定が招いた学習に現れる結果を、学生に体験させることが必要である。授業に準備をせずに出席する学生を見たことがあるだろうか。課題を読んでこなかったり、解いてくるべき課題を終わらせてこなかったりする学生である。シラバスに、授業には必ず事前準備をして望むように示してあるだろうか。さらに、口頭でも事前準備の大切さを学期の始めに伝えただろうか。それでもなお、学生は事前準備をせずに授業に出席し、何の悪気も覚えない学生がいるのはなぜだろうか。

　学生が忙しいということは十分承知している。さらにいうと、勉強をしない学生がいることもわかっている。家族がいたり、仕事を持つ学生もいるだろう。しかし、これらのことが、学習に対して責任を持たない本当の理由ではないと考える。多くの教員が事前準備をして授業に出席するようには伝えるが、準備せずに出席しても何も起こらないからである。教員に見つからないように、静

かに座っているだけである。ほとんどの場合、指摘されることもない。もし、質問されたとしても、わからない顔をしたり、発言するのが怖いふりをすれば、教員は他の学生に聞く。「行動は言葉よりも雄弁に語る」ということわざにもあるように、我々がどのような行動をとるかによって、学生は行動をとる。我々が「何を言うか」はあまり関係ない。私たち教員が何もしないため、学生は学習しなくても困らない。

　学生の学習・意欲不足に対して、教員がいかに免除してしまっているかの例は多種多様である。例えば、学生が常に遅刻してくる授業を挙げる。授業開始5〜10分たっても、学生は平然とぶらぶら歩いている。このような態度に対して、教員は授業開始直後、何も重要なことをしないという行動をとる。学生は即座に察知し、遅刻しても問題はないと判断する。教員は学生が学習者として取るべき行動をとっていないことを、無意識のうちに容認および助長している。Coffman（2003）は、別の例を挙げ、「試験に、学生のために予備の鉛筆を用意しておくことは、学生に対して学習者としての責任を免除していることになる」（p.3）と述べている。

　上記の例とは正反対に、以前見学をした数学の授業を紹介する。授業開始5分前に私は教室に入った。驚くことに、履修者のほぼ全員が既に教室におり、教員も入室していた。［さらに、］課題はすでにプロジェクターで前方に映し出されていた。課題の中には、教科書には載っていない課題も含まれていた。授業開始後からしばらくは、課題は映し出されたままだったが、その後は消され、再び触れられることはなかった。この授業に遅刻するということは、次の授業までの課題も理解できないことを意味していた。遅刻した場合は、自分の責任で他の学生から写させてもらうことになっていた。

　学生はある行動を優先する［判断する］ことにより、その責任は自分で負わなければならないはずであるが、今の状況は、教員が学生にその責任を果たす機会を奪っている。納得のいく理由なしに、学生に責任を果たさせることを、教員は躊躇している。誰も学生を傷つけたくはないし、自己防衛的な行動もとらせたくない。さらにいうと、大学の授業に対する意欲・意識も下げたくない。学生が自分の取った行動に対して、どのような責任を果たすことになるのかは、慎重に吟味されなければならない。学生が授業に遅刻してきた時、公の場では

ずかしめられることは正当とみなされるだろうか。教員と学生のやりとりは授業の雰囲気にどれほどの影響を与えるだろうか。授業のルールを守らなかった学生に対し、何か処罰を与えれば、他の学生は必ず何が起こっているのか見聞きしているものである。このような状況は、学生が初年次であるか最終年次であるかによって違いがあるだろうか。また、クラスサイズによって違いがあるだろうか。私たちと面識のある学生か否かは影響するだろうか。初めて遅刻した場合と5回目の遅刻とでは、対応に何か違いを持たせるべきだろうか。どのように責任を取らせるか，という問題はどのような状況においても難しいものであるが、いずれにせよ教員は学生に自身の行動に責任を持たせるべきである。

　準備不足の学生が、平然と授業に参加ができる状態は避けるべきである。課題になっていた資料について私が質問しても、誰も答えないことがある。このようなときは，いつも課題をしてくるであろう学生に目配せをしながら、答えを促している。もしそれでも沈黙が続けば，黒板に質問を書き、学生にノートに書き留めるよう促す。その上で，質問の重要性を説明する。同時に、テストにおいてもこのような質問をすることをヒントとして与える。それでもまだ沈黙が続く場合は、答えが出ないままにし、「次回の授業はこの質問に対する答えを確認することから始める。したがって、次の授業は学生の予習にかかっている」ことを説明する。このような学生の状況に、私は肯定的であり我慢強くつき合うが、無慈悲であると言える。学生に尋ねた質問に、自分で答えを与えることはほとんどない。学生の立場に立って考えれば簡単である。自分が答えないことによって責任をとらなければならないものは何か。通常、何も無い。それどころか沈黙を続ければ、かえって報われることもある。みなさんもお分かりのように、教員が「正解」を示すということだ。

一貫性

　行動する・しないに結果が付きまとう教員と学生の関係は、責任のある学習者を育てることになる。一貫性によって特徴付けられた関係性も同様である。教員の発言が教員の行動によって強固なものになるということは非常に重要なことである。例えば、シラバスに、「遅れて宿題を出すことは受け付けない」という記述があったとする。あなたは、クラスの中で、「これはいかなる状況下においても（当てはまる）」と強調する。数日後、クラスがまさに始まろうと

する頃、一人の学生があなたのもとに近づいてくる。彼は、執拗に言い訳を述べるのだが彼の言葉は、「先生のフィードバックがどうしても欲しいので、何とかこの宿題を受け取って頂けることを願います」という請願に集約される。あたなは、この一回だけだと、彼の言い分に折れる。しかし、あなたが取ったこの行動は、この学生とそれを見ていた学生に対し、遅れて出された宿題を受け付けたということを大声でまた取り消せないように言っているのに等しい。たった一つの行動が、今までに積み重ねてきた全ての声明を台無しにする。「行動は言葉よりも雄弁に語る」という格言は、コミュニケーション分野における研究において確証されている（Knapp and Hall, 1992）。それは、送り手の言語メッセージが非言語の行動と相反するものである時、受け手は非言語のメッセージを信じるということである。

　私たちが言うこととなすことの間の一貫性は、多くの教室の文脈において関連性が見られる。もし、私たちが学生の参加を望み、どんな質問も受け付け、授業の中断も厭わないと言いながらも、競馬レースのようなスピードで講義し、息つく暇もなく、教室をざっと見回しながら、学生に何か質問はないかと呼びかけるだけで授業を終えるようであれば、当初述べたメッセージではない別のメッセージを伝達することになる。それは、学生からの質問、学生による中断、学生のコメントは、短い時間であってこそ価値があるということを極めて明白にしたものだ。そして私たちは、質問を受け付けながらも、何らの質問もなかったことを「良し」と言っては、そのメッセージを締めくくる。

　一貫性はまた、学生が、教師がどのように彼らと関ろうとしているかについて当てにすることができることを意味する。彼女の言動は、予測がつき、全ての学生に同じ基準が適用されている。彼らは、誰が質問をするかに関らず、どのような答えが返ってくるのかが分かる。学生（また教師）に対する期待は、明白なものであり、妥協されることはない。それは、教師が親切で寛容である以外の何者でもないということを意味しているのではない。教師は、それぞれの学生が必要と考えるであろうことや既定の原理は自分たちには当てはまらないと信じる理由を覆すような目標を据えることによって、自らの行動を鼓舞するのである。教師は、個々の学生そしてクラス全体と、信頼できるものとして、また予想どおりに関わる。彼女の一貫性は成熟した責任のある学習者として彼

女が学生に期待することの表れである。

高い基準

　学習者中心の教育に反対意見を述べる者らは、しばしば基準に関する懸念を持ち出す。彼らは、学習者中心の教育を、学生を甘やかすことや学生らの成績に対する要望への迎合としてや、あるいは学生を成果に対して金銭を支払う顧客とみなしているかのようなことと同一視している。真に学生に学習者としての責任を受け入れるように動機付ける環境は、(彼らの言い分とは)全く正反対である。学習者中心の教室では、教師は高い基準を掲げており、彼らは、学生がそれらの基準に到達できることを信じているし、また学生がそれを達成できるような手助けを提供している。

　学生は、教師がクラスを楽なものにしてくれることを望んでいるようにもみえる。彼らは、クラスが休講になった時は、両手を叩いて喜ぶ。論述の課題に引用文献リストを含まなくてよい、試験が延期された、あるいは課題図書の一章がシラバスから削除された、などのことを知ると微笑む。学生は、どの教師がそうした"楽"な科目を教えているのかを討議する。[翻って、]私たち教員は、それほど違っているだろうか？　私たちは、委員会の会合が休止となった際、あるいは、別の調査委員会に任命されないということを知った際、ほっとした溜息をつく。これは単に、ある意味で尊ぶべき古来の「苦痛対快楽」の原理ではないのか？　時折、学生らは、私たちが与える単位以上に値する。彼らは、低い要求水準を持った楽な科目や教師は、教育経験の価値を損なうことを確かに分かっている。それは、学生がどちらを望んでいるかということのようにも見えるが、しかし、研究は、学生はその違いを理解していると述べている。

　学生評価に関しての実験的な著述から、私たちは、高い評価は、(多くの教師が未だそのように思っているとしても)楽な科目の教師には行かないことを学んだ。一般的に言って、楽な科目は、厳格で基準の定められた科目ほど高い評価を得ていない。これらの調査結果は、学習者中心の実践の導入について述べられている文献によって確証されている。また、クラスの規範が確立しているか、課題の提出期限が定められているか、小試験の質問項目が生成されているかといったことによって、学生は、進んで物事に取り組む。学生は、状況に乗じようとしたり、安直な代替手段を選択したりすることはない。教師の基準や

期待は、とりわけ、第3章で述べられているように、教師が学生の学びの努力を助長した際に、学生をより良い学習へと向かわせる。

　多くの教員は、基準に関する方策について途方に暮れているように見受けられる。彼らは、基準を設定し、学生の努力をそこに到達させるように世話をするというよりは、基準をただ維持することに集中する。学生がどのような基準を支持しているかは必ずしも明快ではないが、しかし、それらの基準は、高いものであり、決して変わることはなく、今日の多くの学生は、それらを達成することができないでいるでいる。しかし、それらの基準は、教師が到達できるものと懐かしく記憶しているところの基準であり、それらの目標に到達することができる少数の学生がいることは確かではあるが、今日、それらの基準は、嘆かわしいほどに評判の落ちた大学生の知的能力を示しているに過ぎない。

　基準は高くすることができるが、達成不可能なものであってはならない。不可能なほど高いレベルの目標は、学生の努力を意欲付けることはない。到達可能な高い目標であってこそ学生の努力を意欲付けるのである。学習を促す環境においては、基準は不変の法則ではない。それらは、科目内容が変われば進化し、また卒業に必要とされる知識や技能によっても変化する。最も重要なことは、現実的で挑戦的な目標を設定した後に、教師は、基準とではなく、学生と関係性を構築しなければならないということである。学習者中心の教師は、高い基準を掲げることを支持するが、また学生が達成できることに対する高い信念も併せ持つ。教師が彼らの側に寄り添い、彼らの成功に専心する時、それは、学生の努力を意欲付けまた啓発する。教師が学生を信じる時、彼らは、自分自身を信じ始め、私たちがなってほしいと望むような学習者として行動する。

気づかい

　教員は、学生を思いやる必要があり、様々な研究が何故それが必要なのかを明示している。Meyers（2009）による優れた文献は、その研究を要約・統合している。そこで参照されている一つの例としては、教員の学生に対する好意的な態度（すなわち、教員が学生のことを心配し、成功してほしいと願う態度）についての学生の認識は、学生の意欲付けの中の分散の58％を占めている。Benson, Cohen, と Buskist（2005）は、教員と学生との間の信頼関係が上がると、学生はクラスをより楽しむようになり、出席率が改善されるとする。また、同

じ分野内のクラスを追加で取るようになる。Meyers は、これらまた他の研究を次のように要約している。「学生は、教員が彼らに思いやりを持って接しているかについて敏感に認知しているということにかかわらず、教員は必ずしも学生と同様には、この教育の一つの側面を優先的に考えてはいない」。驚くほど多くの教員が、学生が思いやりのない指標として受け取っているメッセージを発信している。Hawk と Lyons（2008）は、300 名以上の MBA の学生に、かつて教員が自分たちや科目における自分たちの学びについて見限ったと感じたかどうかを聞き取りしたところ、44％の学生がそのような経験があると答えた。

　何人かの教員は、学生を思いやることの必要性を困難に感じている。彼らの仕事は教えることであって、学生を思いやることでない。学生は、教員が彼らを思いやるかどうかにかかわらず、学べるようになるべきだ、と。他の教員は、私たちは学生に思いやりを持って接していると主張する。彼らは、常に準備を万端にしてクラスに臨んだり、定期的にコースの教材を更新したり、学生に折よいフィードバックを与えたりするなどして、思いやりを示してはいるが、学生は、これらの努力を有難くは思っておらず、またそれらを教員の学生に対する思いやりとしてはみなしていない。また、未だにある教員は、思いやりは、自らが学生の個人的な生活に関わるということであり、それは、職業上の境界を越えるものであり、また、学問的な規範やコースの厳格さを損ねるものであるとして懸念している。Meyers（2008）や Hawk と Lyons（2008）の文献は、思いやりに関連する様々な行動を特定する研究にハイライトを当てている。それらの文献は、個人的な例を挙げたり、ユーモアを取り入れたり、学生を名前で呼んだり、クラスの前後で学生と気軽に会話をしたり、教室内を動き回ったりということを含んでいる。これらの行動が、どうすれば一体、コースの学問的な高潔性を汚し、職業専門的な境界を逸脱し、あるいは教員の能力の限界を超越しているといった議論になるのか想像するにさえ難しい。教育に多くの側面があるように、学生への思いやりは、様々な方法で表すことができる。それらは、とりわけ養育的で支援的ではない教育スタイルを持つ者への選択肢でさえある。それらは、折に触れた優しいコメント、研究室の学生用の椅子の側に置かれた飴の入ったお碗、あるいは E メールによる質問への誠実な対応といったことのように容易なことになり得る。思いやりを表すことは、心からの行

為である必要がある。それらは人によって変容しても差し支えないが、あなたの教師としての外的人格に馴染むようなものでなければならない。

　Meyers（2009, p. 9）は、特筆すべき最後の要点を指摘している。それは、「学生は、教員から受けた気づかいに対し、目的意識を新たにしたり、彼ら自身の生活に重要な方法で違いを生んでくれているのだという感覚を教員にもたらすことによって、報いる。そのようにしてしばしばサイクルが生成される」という点である。もっと分かりやすく言うと、思いやりが表された時、学生だけが唯一、益を蒙るのではないということである。

学びへの献身

　教員が、学びに献身し、それらの献身を目に見えるかたちで表す時、それは学生を意欲付けることに繋がり、また学生が自らを学びへと方向付ける仕方に変化を及ぼす。学びへの献身は、第5章でなされている提案に始まるように、多くの方法で可視化される。例えば、定期的にまた繰り返し、学びに関する質問がなされる。「あなたはなぜ学んでいるのか？」、このクラスで、他の授業で、友人から、職場で、家庭で、読書をしている際やオンライン上にいる際に。

　多くの教員にとって、科目内容を学びへの献身として使用することは容易である。私たちは、教材に対する愛情が学生に強い影響を与えることを忘れているようだ。私たちの何人が、その科目内容を猛烈に愛していた教師に出会ったから、この分野へと進んだことか？　私たちは、この感情的な愛着を表すのに少し躊躇いがちであるのかもしれない。私たちは、他人にはかなり難解な知識領域であるように見えることを勉強しながら数年を過ごした（何人かにとっては、多くの年月）。私たちが、これらの専門的な領域を他者に説明しようと試みる時、彼らは理解せず、理解しようともせず、また、これがいかに誰かにとっての興味となり得るのかといことを分かろうとしないといったことがたちまち判然とする。学生は、時に彼らの反応は軽蔑を伴っているようにも見受けられるが、同じような困惑の反応を示す。私は至るところで、ペンシルバニア州立大学の同僚で水中に生息する甲冑虫にその生涯を捧げる者のことについて書いてきた。私は、彼のクラスを履修した学生にインタビューをして次のようなコメントを得た。「彼に生活を取り戻すように忠告したほうがいいですよ。しかし、それはできないでしょうね。なぜなら、明らかに甲冑虫こそが彼の生活そのも

のなのですから。」

　私たちが学んでいることの奇抜性にかかわらず、教材への情熱も学生を意欲付ける。それは、多くの方法で表すことが可能である。それは、熱意、芝居がかった喚起や、荒削りな身振り手振りといった華やかな表示形式である必要はない。私はかつて、教員が通常の授業でおこなうようなこと、例えば、問題を解きながら授業を進めたり、解法のステップを説明したり、また、解答に至る前に二手に分かれた黒板の双方を埋め尽くしたりするようなこと、がまさにおこなわれている数学のクラスを見学した。彼は、チョークで汚れた手をズボンで啜りながら、部屋の片隅に移動し、気乗りのしない様子ではみ出たシャツをズボンに戻そうと試みていた。彼は、問題を数秒眺めた後、クラスに向かってこう言った。「この調和が見て取れるか？　とても美しいじゃないか。だから、私は数学が好きなのだ」と。私は、彼の言う調和を見て取ることはできなかったが、何人かの学生は確かにそれを見て取ったのだろう。そして、私たちは皆、メッセージを受け取った。シンプルであるが偽りのない真正さを持って、この精力的というよりはだらしのない教員は、彼を魅了する科目内容について共有したのである。

　学生はまた、教員の学びへの献身を見ることによって益するところがある。もし教員が、現在、彼が習得しようとしていることについて語った際、または、彼女が明白な学習スキルの獲得の仕方を提供したなら、それが批判的思考、課題解決、証拠の精査、知識の伝達といったことにかかわらず、学生は、その学びは重要であると見なし始める。学生は、より学習者としての自己を意識するようになる。学生は、どのように勉学が学業成績においてだけではなく、もっと広い意味においても違いを生むのかということを理解し始める。学生が大学時代に獲得する学習スキルは有用なものであり、その後、価値のあるものとなる。もちろんこれは、すぐにそうなるわけではなく、また全ての学生に等しく起こるということでもない。しかし、教員の学生への関わり、また学生との関わり合いの中に、学びへの非常に目立った献身が見て取れる時、それは、多くの学生に影響を及ぼすことであろう。

　あなた方の何人かは、これらの関係性に見られる特徴の各々は、教師に関する記述であることに気づくであろう。この章の始まりの節の内容は、教室風土

は、教師一人が生み出すものではないことを明らかにしているし、これらの教師の特徴は、その指摘と相反するものではない。むしろ、それらは、Hilsen (2002) の「肯定的な教室風土を構築するための提案」という広範囲に及ぶリストが提示しているように、学びを促進する教室風土を創出し、維持するという双方にあって、学習者中心の教師が取るべきリーダーとしての役割を例示している。学生は、学期を通して、教師のリーダーとしての資質を観察している。学生は、教師が彼らとの関係性を明確にしようとするやり方にも感化される。この章の要点は、それらの関係性は、学生に学びへの責任を果たすことを促すように構築することができるということである。それらは、自律的で、自己調整的な学習者の育成を促進する関係性であり、またそのような教室においては、「warm weather（温暖な気候）」は、全ての者を生産的にする。

教室風土における学生の関与

学生を学びに資する教室風土の創出、維持、強化に関与させるような学習活動は、学びを促進する教師と学生の関係性を超えるものである。教員同様に、学生は、教室風土をはっきりとしたものであるというよりは、直感的なものとして理解している。コースの早い時期での活動は、学生の意識を喚起し、肯定的な関与へと動機付ける。学生からの定期的になされるアイデアの提供は、学びへの献身を高めるような状況要因を維持し、更には、それを強化することができる。以下の活動は、これらの目標のそれぞれを達成するにあたって学生をどのように参画させることができるのかを記述している。幾つかの活動においては、目標の一つ以上の事柄が達成される。また全ての活動は、相補的なものである。教員がより多くの時間、学生を教室風土の問題に関与させるように配慮すると、学生はクラスをより自分ごととして感じるようになり、より学びのための良い環境を作ることへの責任を果たそうとする。

教室風土の創出における学生の関与

教室風土という考えを学生に紹介する活動で私が気に入っているのは、大体15分以内ですむような簡単なものだ。黒板の一角に大きな文字で「私が履修

した中で最高のクラスは……」と書き、その隣の一角には「私が履修した中で最悪のクラスは……」と書く（実際のところは、公立機関で働き始めてよりは、私はそれをしばしば「地獄からのクラス」と書いてきた）。それぞれの項目の下に、「教員がしたこと」と「学生がしたこと」の２つを書く。学生には、私は黒板のほうを向くので、聞こえてきたことを書くと伝える。また、特定のクラスや教員の名前については一切聞きたくないことも伝える。学生は、たいていの場合、教員が教室の中でおこなったことの例から語り始める。沈黙があれば、私が受け持った最高また最低のクラスで、学生がおこなったことを素早く黒板に書きだす。たった数分で、黒板には、２つの大きく異なる描写が表示される。私は、最高のクラスの箇所に進み、これこそが、私が教員になった理由であることを述べ、この活動を終わりにする。「私は、このクラスを最高のクラスの一つにしたい。しかし、お分かりのように、あなた方の協力なしでは、それは達成しえない。このクラスを、多くのことが学べ、また楽しみながら学べるような場にするためにお互い協力し合えますか？」

　私は、この活動を教室風土に影響を与える関連性の問題を学生が意識化できるという点で好んでいる。学生が挙げた最悪のクラスについては、学生は思いやりのない教員のことについて多くを語っていた。そのような教員は、教室を学生らが出席や関わりを厭うような場所にするようだ。一方、最高のクラスでは、学生は、いかに教員が彼らの学びを助け、またいかに彼らが懸命に努力するように意欲付けられ、喜んでクラスに出席をしていたかが描かれていた。その活動は、学生の行動がクラスの中で起こることに影響を与えることも明らかにしている。それは、学生に、教員と学生が教室内の環境に対して責任を共有するという考えを紹介する活動でもある。時間が許すならば、私たちはこの考えについても討議を続ける。

　Goza（1993）は、彼女が呼ぶところの「Graffiti Needs Assessment（落書きニーズ評価）」という活動を提案している。彼女は、模造紙の上部に10の例文の始まりの文を書く（1枚の模造紙につき1つの例文）。クラスの最初の数分間、学生は教室をただ歩き回り、それぞれの例文を見ながら、文を完成させるように言葉を書き足す。彼女は、学生の目標に対する情報を引き出したり、バックグラウンドにある知識レベルの確認をしたり、科目目標への関心を起こし始

たりするのにその活動を利用する。そのような目的のためにこの活動を使うこともできるし、教室風土や学びへの状態についての議論を生むために改変することもできる。また、それら両方を一度にするために使うこともできる。以下は、教室風土に関連する話題を議論するのに考えられる文の数々である。「過去に履修した中で最高のクラスでは、学生は〜」、「過去に履修した中で最高のクラスでは、教員は〜」、「〜である時、私は最も学ぶ」、「〜である時、私は学習者としてもっとも自信にあふれている」、「〜のようなクラスでは、私はよく学べない」、「クラスメイトが〜である時、私は勇気付けられる」。

Appleby (1990) による研究は、多様な教室風土を形成する活動を構造化するのに活用することができる。Applebyの研究成果は、少し時代遅れのようではあるが、そこに潜在する考え自体は、決して時代遅れのものではない。彼は、学生らに、彼らを最もいらいらさせる教員の行動とは何であるかを問うた。また、教員らにも、彼らを最もいらいらさせる学生の行動とは何であるかを問うた。次のような行動は依然として迷惑なものである―私語をしたり、居眠りをしたり、遅刻をしたり、定期的にクラスを休んだり、また明らかに退屈しているように見える学生、あるいはクラスの時間を勝手に延長したり、学生を子どものように扱ったり、いつも自分が正しいと主張するような教員。

学生を数グループに分けて、これらの行動を例として使いながら、それぞれのグループに、学生をいらいらさせる、または学びの邪魔になるような5つの教師の行動について尋ねる。それぞれのグループからの結果は、トップ5の行動リストとして統合できる。それらは、教員グループが言うところの彼らをいらいらさせ、教えることを困難にする5つの学生の行動のリストとともに掲示し、共有することができる。この活動の目的は、学生にそのような行動を取らせないようにすることともに、その見返りは、教員も学生をいらいらさせたり、彼らの学びを損ねたりするような行動を取らないようにすることにある。依然としてルールに反する行動はあるだろうが、教員と学生の双方が責任と義務を果たす過程を通して、それらは明らかになってくる。

私たちは、Fraserら (1986) の研究から、教室風土は教員と学生の関係だけでなく、学生同士の関係にも影響を受けることを学んだ。そして、それらは、とりわけ学生同士がお互いを知らないような環境においては、なおさら奨励さ

れるべきである。多くの教員は、アイスブレイクゲームのような活動を使う。優良な活動は、Barkleyの『学生を参画させる技法』（2010）の中に見出すことができる。私は、科目内容に関連したアイスブレイクゲームを好む。Eifler（2008）の「素早く仲良くなる活動（Speed-dating activity）」は、学生を2列にして座らせ、お互いに顔を見合わせる。学生は、コースのシラバスを手にしている。Eiflerは、2つの質問を投げかける。一つは、シラバスの中に記載されていることであり、もう一つは個人的なことである。学生は、一方の列にいる学生が隣の座席に移動する前に、素早く両方の質問に答えなければならない。新しいパートナーは、異なる質問群に返答する。このような活動は、学生を互いに相互交流させるだけではなく、教員にとっては、シラバスの説明を繰り返さなくて済む方法となる。

　本書の他の章では、学びへの献身を高める教室風土を構築するのに役立つ活動を重点的に紹介している。第4章に書かれているように、学生に1つか複数かクラス内の方針を策定させてみたり、あるいは、学生にシラバスを作成するにあたっての役割を与えてみたりすることは、クラスの中で起こることへの責任の共有を効果的に確立することとなる。

教室風土の維持における学生の関与

　今述べたような活動は、良い教室風土を創出するのに役立つが、気候のように、教室風土というのは、変化するものだ。時に急速に。教室の前方に座っている学生と激論を交わすだけで、気候の変化を感じ取るができる。教室風土は、時には徐々に変化する——季節の移り変わりのように。さらに、学生と教員は、風土の景観を違ったふうに経験する。ある者は、冷たい風土により敏感であり、ある者は、変化に適応する。風土を維持するために、教員は、それを一定の状態に保つための活動を繰り返し行う必要がある。教室の中で起こっていることに対する教員と学生の認識が同じであると仮定するのは危険なことである。

　私は、この章の冒頭で議論した「大学における教室風土指標」を活用することを教員に推奨したい。そのスコアを換算する指標と手順は、研究文献の中に含まれている。教室の実際の風土に対するフィードバックを提供することに加えて、それは、何が教室風土を構成するのかについての学生の気付きを促す。

先に示されたように、研究者は、学生にそれぞれの質問に2度答えさせる。一つは、彼らの理想とする教室風土であり、もう一つは、特定のクラスにおけるそれである。それらは、効果的な比較である。このフィードバックの効用は、教員が指標を完成させた際に高まる。あなたは、学生がするのと同じように、理想の教室風土とあなたが教えているクラスの風土についての経験を述べるすることで、指標を完成させることができる。あなたの結果とクラスで集計された結果を比較することは、興味深く、教育的な討論を喚起することになる。また、あなたがこの活動にクラスの時間を割くことを望ましく思わないなら、オンライン上でもおこなうことができる。もし、あなたがどのくらい正確に、学生が教室風土を評価しているのかを知りたいのなら、それが集計される前に、クラスの返答を予測した指標を完成することもできる。また、もし学生が一度以上に亘って指標を完成させたなら、時期をまたいだ教室風土の軌跡を確認することができる。

　私は、GarnerとEmery（1993）によって提案された評価手法を応用して教室風土へのフィードバックを収集してきた。まずは学生に8.5×11インチサイズの紙に3つの縦列の区切りを作るように指示する。その縦列には、「始める」・「止める」・「続ける」という項目を加える。「始める」の項の下には、現在の教室風土にはないが、もしあるのなら、学びを深めるであろう項目をリストにする。「止める」の項には、学習経験を損なうような教室風土の要因についてのリストを作成する。そして、「続ける」の箇所には、私たちが現在おこなっていることで肯定的な結果をもたらしており、維持されるべき事柄をリストとして表示する。

　何らかの教室風土を計る目録を使うか、あるいは他の形成的評価の手法を使うかにかかわらず、結果は、学生とともに共有されることが必須である。これは、単に教員にとって有用なフィードバックではない。教室風土が良い、悪い、または、その中間にあるといったことに限らず、学生は、そのように状態に寄与しているのだ。そうした情報を共有することは、学生に各々の貢献を熟考させる上での見事な機会となる。いかにして、ある行動が皆の学びへの努力を妨げ、またある行動が教室をより良い学びの環境にするのかということである。

教室風土の強化における学生の関与

　教室において学びのための風土を創出し、またそれが維持されるように行動することに止まらず絶え間なくより良い学びに資するよう学びのための風土を途切れることなく構築することも可能である。気候の比喩にもう一度立ち戻ると、教室環境が"暑く"なればなるほど、学生は意欲付けられ、またさらなる学びが生み出される。

　グループワークは、特定の例を提供してくれる。コースが進むにつれて、学生は、グループで作業する経験を得ながら、グループ内で起こることに対する責任を取るように促される。私は、学生が将来、職業上の文脈において他者と働くときのことを考えさせる。その時には、彼らの側に教員はいないということとともに。グループ活動に参加せず、何の準備もなく会議に集い、上司が大学出の専門家に期待するに足る質の高い仕事のできないメンバーがグループにいるからといって、その者の不平を言うために上司のオフィスに駆け込むのか？

　このような種類のグループ力学に関わるような問題に対処するために、どのようにグループをエンパワーすることができるであろうか？　それは、まずグループのメンバーが個人としての責務を負っていることを理解することから始まる。また、グループ全体としての集団の責務も同時に負っているということも。個人はグループからどのようなことを期待する権利があるのか、またグループは、個人からどのようなことを期待する権利を有するのかは、付録2にある「グループメンバーの権利と責任に関する条項」に明記されている。この付録は、グループメンバーが初めて顔を合わす時に、配布することができよう。それについて討議したり、見直したり、また承認したりするように求めることもできるだろう。あるいはグループは、独自の権利と義務に関する条項をつくることもできる。このような文書の存在は、権利と責任に則って、グループメンバーが個人としてまたは集合体として行動することを保障するものではないが、そのようにする機会は向上されるし、それらがなされていない時は、問題をより容易く解決させることができる。

　グループ活動が長期間になり、また複雑なものになる上級コースでは、私の同僚は、それぞれのグループに連絡係を配置する。連絡係は、教員のもとに数

週間に一度、一堂に会する。その連絡係グループは、義務を果たさないようなメンバーに関して、異なる結論に達したために困難を抱えているグループに関して、また一人で全てをやろうとするメンバーがいること、先延ばしにしようとするグループのことなどについて、教員の手助けを借りながら、解決策についてブレインストーミングする。そこでは、これらの問題を解決するにあたって、どのような代替案があるだろうかということが話し合われる。連絡係は、(そこで話し合われたことを) それぞれのグループに戻しながら、問題点と解決策を話し合う。彼らの挑戦は、グループを問題に向き合わせることにある。グループが機能すれば、学びへの環境は高まり、独自にグループ活動を効果的におこなえるようになる。

　教室内の学びへの風土は、個々の学習者が、各自の責任を所有する時にも強化される。最良の例は、学生が、自らの成績不振に対して、教員や試験を責めることを自らやめることであろう。学生に自らがその成績不振に至る意思決定を下したのだということを理解させるのは、容易なことではない。しかし、次のようなアイデアがある。クラスの大きささえ許せば、悪い成績を取った学生には、オフィスアワーの時間に会いに来るよう招待してみなさい。この招待については、クラス内で告知し会いにくるように伝えるのではなく、Eメールや試験中に個人的にメモを配布するなどして伝えるべきである。もし、より強行的な手段を用いたいのであれば、その学生があなたのもとに会いにくるまで、成績を保留にするなどの措置を講じなさい。悪い成績だけでなく、最良または平均的な成績についても保留する必要があるかもしれません。さもなければ、学生は、それは決められた手順であると考え、あなたのオフィスに来る事に用心深くなることだろう。オフィスに来る事は、成績への責任を履行する過程の始まりである。全ての学生が来るわけではないだろう。教師は、現実的であらねばならない。私たちは、助けを必要としない学生を手助けすることはできないのである。

　あなたが持ちたくないであろう会話とは、教員が学生に何をすべきかを伝えるというものだ。教員は、次のような現実の問題に直結するような質問を投げ掛ける必要がある。あなたは、どのように勉強したのか？　何を勉強したのか？　なぜ、あなたの取った方法は、上手くいかなかったのか？　何か他の人

よりも良くできたと思うような事柄はあるか？　会話は、併せて将来のことについても触れる必要がある。次回の試験に向けて、より良い準備をするためには、何をすべきか？　それは、学習センターに行って、どのような支援を受けることができるのかを知ることも含まれているのか？　望ましい成果とは、学生が取り得る具体的な行動が含まれている行動計画を描くことである。教師は、代替案を提示し、助言を提供したとしても、その行動計画を策定するのは学生であるべきである。

　このようなモデルを利用して、McBrayer（2001）は、学生と547回の協議を敢行し、彼が担当する心理学入門における学生らの試験点数は、平均して10点も上がったことを報告している。教員への相談をスケジュールする必要があったにかかわらず、そのようにしなかった学生は、次の試験において何らの改善も見られなかった。もし、教員がこうしたデータを収集し、この機会を利用した学生の点数が平均して上昇していることを彼らに報告していたなら、より多くの学生が、試験後に教員と会話を持つ事に意欲的になったことだろう。

　本章の節が明示しているように、建設的な教室風土を創出し、維持し、強化させるための活動の選択肢は、多様である。今のところ、どのくらいの活動と、それらの活動のどのような組み合わせが、学生が学びへの責任を受け入れるような風土を生成するのに必要であるのかといった情報については、すぐには入手できない。教員は、自分自身のためにもこれらの活動の有用性を探求する必要があるだろう。非常に建設的な方法で教室風土を変化させたという多くの報告がある。自らの学びと他者の学びにより責任を持とうとするよう学生を奨励する活動がある。

導入にまつわる問題

　学生が学びに対してより責任感を持つように促す場へと教室を変容させる際に起こり得るいくつかの質問について考えてみたい。その質問は、哲学的であり実用的でもある関連問題を伴う。悔やまれるが、私は、この本が初めて刊行されたときよりも答えに近づいているか、ということに関しては定かではない。

私の経験では、最初に起こる質問は、長らく学生の学習経験と教育に対する私のアプローチの一部であり続けたルール、方策、外因性の動機付け要因への強い依存から、学生や私自身を断ち切るプロセスをを含んでいる。一度に全ての規則を捨てることはできないだろう。私は、成熟した、だがしばしば無責任な学生に、学びへの責任を受け入れる準備をさせるような教育的な活動や課題、方針、方策を見つけ出すことと格闘してきた。私はまた、自分に都合の良い規則の扱いについても格闘してきた。あるケースでは、一度は方針を捨てながらも、結局、次の学期には元に戻すだけの結果となった。具体的には、次のような質問が挙げられる。いくつかの規則を廃止し、その他を残す格闘は、結果として、より少ない規則に落ち着くだけの問題なのか？　もしそうならどのようにして、どの規則を残し、どの規則を捨て去るべきなのか？　学生により多くの自由を保障すると同時に、学生により責任を持たせるように規則を改めるべきなのだろうか？　それは、［単に規則や方針の］削除、保持、改変の組み合わせであるのか？　私たちの多くは、試行錯誤を通して、私たち自身のためにそれらの質問に答え、また実行するのである。

　２番目にくる類の質問は、学びについてなす意思決定の合理的な結果を学生に経験させることに関係するものである。どのくらいの結果を学生（とりわけ初年度の学生）は経験するべきであり、また、どのような結果が適切であるのか？　例えば、もし出席が（一般的な心象ではなく、確固たる証拠に基づいて）彼らの成績に重大な影響を及ぼすことを分かっているのなら、出席するかどうかの決定を彼らに委ねることは、倫理的に責任のある行為であろうか？　私たちの多くは、余りにも多くの学生が誤った意思決定のもと、出席は重要ではないという決断を下すことを見てきた。私たちは、学生に大学を卒業するのに５年掛かるような、あるいは彼らの学業の将来を危険に晒すような決断を新米の学生にさせても良いのか？　その答えを否定し、クラスにより多くの学生を参加させるために厳しい出席方針を設けることは、心をそそられる。しかし、学生は、厳しい出席方針から大きな教訓を学ぶであろうか？　クラスにいることが違いを生むことを学ぶであろうか？　出席方針があるかないかにかかわらず、学生は、クラスに参加し始めるであろうか？　これが目標である。それは、結果を伴う十分な経験をさせよということである。そうすれば、取り返しのつか

ない結果を招くようなお粗末な意思決定をする前に、彼らは、教訓を学ぶことだろう。

　最後に、多くの実用的な示唆を含む哲学的な質問である。学習者中心の教育の最終的な目標が、個々の学習者が自らの学びを独自に管理できるようにすることであるなら、クラスという単位のもとに機能している個人の集団は、いかにして個々人の学習者の学びの傾向を制限したり、凌いだり、あるいは、そうでなければ、影響を及ぼしたりできるのか。例えば、ある学生は、提出期限に対しては上手くやりくりしているが、他の学生は、期日によって負わされるプレッシャーがなくても最高の結果を招くことができるのだとすれば、教師は、ある者には、期日を課し、ある者には課さないのか？　全ての学生を公平で平等に扱うという観念に、それはどう適するのか。その質問は、私たちが、いかに個の学習者の権利が集団の学びの環境の中で位置付けられのかを理解しようと探究するにつれ哲学的であり、また私たちが同じ科目を履修している学生に対する異なる規則の実行可能性について取り組むにつれ実用的である。

　本章は、未熟で、やる気がなく、目標も定まっておらず、あるいは準備不足な大学生に対する典型的な教員の応答に挑戦するところから始まった。この章は、ルール、要求、方針、禁止条項また多くの外在的な動機付けというものが学生をより教員へ依存させることになることを述べている。こうした制限は、問題の構成要素となっても、実現可能な解決策とはならない。もしその目的が、学生を学びに対してより責任を持つようにさせることであるならば、教員は、学生の態度や行動に影響を与えるような条件を創出に向けて取り組まなければならない。教室は、学びにとって有益な条件を伴った風土である必要がある。こうした教室における学びは、強制されるものではない。それは、学生が成長や学びを促進する条件に応答するにつれ、自然と起こるのである。

　教室風土は、教員と学生の、また学生間の関係性の中から生じる。そうした関係性は、教員と学生の行動によって規定される。この章は、その両方を論じたが、その内容の多くは、教員が教室を学びが起こりそうな結果を伴う場所にするために取り得る行動について述べている。RamseyとFitzgibbons（2005, p. 335）の優れた文献は、「学習者中心の教育に関する記述の多くは、その焦点を

依然として教員に据えている」と指摘している。私は、それは、この本とこの章の記述に当たる批評であると考えながら読んだことを覚えている。「私たちの考えでは、そのような焦点化は、学生を客体化して捉え、教員を遠ざけ、教室における最も重要な要素である『学び』を最小に見積もることになる」(p. 335)。

　新版のために本章を改訂しながら、それについてより多く思索を重ねたが、それより他の方法があるとは思わない。それは、共同の試みであるが、問題は、誰がそれを牽引し、初めの行動を起こし、教員と学生の関りを変革するような関係性を提案できるのかということである。学生は、学習者中心の教室を創出する立場にはいない。学生は、指導力という点で教員に注意を向けている。その目的が学びのための風土を創出することであるならば、その責務は教員にあるものと信じている。私たちには、教室を学びの努力が報われるような場にする責任がある。学びのための風土は、教員がこの章において強調したような行動を取るときに、実現可能なものとなる。

第 7 章

評価の目的とプロセス

　評価をより学習者中心のものにするならば、目的とプロセスを変える必要がある。目的においては、学生の成果物に対して成績を付けるのには2つの理由がある。そしてそのバランスをとらなければならない。［第1の理由として］教員は教えるプロとして学生の習熟のレベルを見極める責任がある。この場合、学生も教員も、学習経験を評価するという考え方に支配される。しかし、教員は第2の理由でも学生が学習することを評価する。それは、学生が課題をやりきることで学習を促進するという側面である。課題のデザインは、学生が何を学ぶのか、どの程度学ぶのか、課題を遂行する過程でどのようなスキルが学生につくのか、ということに影響を与える。これらは、本章の要点となる。学生が学ぶ可能性を実現するために、［教員は］授業内外の課題をデザインすることができる。しかしながら、残念なことに学生にとっても教員にとっても成績のためであることが主要になっており、学習経験を考えている人は少ない。学習者中心の教育は、授業内外の課題と学習に重きを置いた、より効果的で意図的な評価方法とのバランスをとろうと試みている。

　評価の目的を考えると、学生を［評価活動に］関わらせなければならない。だからといって、教員が成績を付けることの責任を学生に委ねるわけではない。学習者中心の教室であっても、成績をつけるのは教員である。［それではどのように学生が関わるのかというと、］自己評価や、学生同士の評価（相互評価）をするためのスキルを身に付ける活動に、学生が関わるということである。この過程に学生を関わらせないということは、大学時代に培える大切なスキルを身に付ける経験ができないということになる。自己評価や相互評価の方法を身に付けるには、どのように評価するのかを学び実践することが一番である。

評価の目的と過程への変化について、今までの章で既に理解されている構造で、本章において説明する。まず、何が変わる必要があり、なぜ変わっていないのかを含んだ問題から始める。その上で、どのような変化が必要かを詳細に述べ、例を挙げる。最後に、実践する上での留意点を述べていく。

何が変わる必要があり、変わっていないのか

　否定する余地なく、成績は大切なものである。その役割は、高等教育において合否の基準となっている。競争率の高い大学であればあるほど、入学時に必要なGPAは高くなる。多くの高等教育機関では、定員を設けており、その合否の大きな部分をGPAが担っている。結果、大学におけるGPAは高等教育におけるさまざまな機会を活かせるか否かに関わってくる。例えば、大学院、医学部〔(アメリカにおいて医学部は、学部卒業後に進学する)〕、法科大学院、その他の専門プログラムへの進学可能性を左右するものとなっている。〔さらに、〕多くの企業がインタビューに呼ぶか否かをGPAによって決めている場合がある。〔このように〕成績は重要であり、その重要さを否定するのは世間知らずの教員だ。しかし、長期的に見れば、学ぶことはさらに重要なことである。私たちがGPAを最後に聞かれたのはいつだったか覚えているだろうか。

　言うまでもなく、成績は重要である。しかし、成績におく重要性の比重を適切に説明することは難しく、その理由はいくつか考えられる。〔まず〕成績は全ての学びを平等に測るものではない。学んだことを、ある特定の時期に覚えているかを正確に測れるものではあるが、授業終了後これらのことを覚えているか、また実際に使えるかを測ることはできない。批判的思考、問題解決、論理的理由付け、情報の統合と評価力については測ることはできる。しかしながら、テスト問題には含まれない高次の思考能力を測ることはできない (Momsen, Long, Wyse, and Ebert-May, 2010)。学生がいかに他者と協力しながら働くことができるか、高い倫理観に基づいて行動しているか、また社会市民としての責任を果たすことにどれほど価値を置いているか、成績は示すことができない。

　成績というものは、〔その〕学生がいかに成績を取ることに長けているかを示すものである。PollioとHumphreysが1988年に述べていたことは現在にお

いても変わっていない。[その内容とは]「対外試合をする体育会系クラブに所属する学生、学内の学生チーム同士で試合を行うスポーツチームに所属している学生[の状況]を越えるほど、成績は大学において最も競われている『試合』である。シーズンを通して、全学生が特定のポジションを争っている。」(p. 85)。不相応な成績をとることは、成績評価の信憑性を揺るがすことになる。さらに、働き過ぎの教員が疲れている場合、成績評価の客観性が影響を受ける、教員の学生に対する感情が影響を与える、レポートにどのようなことを書くべきかという教員の個人的意見が影響する、悪い成績評価に対する学生の反応を教員が気にするか否かで、成績に影響を及ぼすことがある。

[以上述べてきたことは、]成績が重要なものではないという理由である。だからといって、成績に置かれた重要性が減るものでもない。学習者中心の教員が成績にそれほど重きを置かないように変えようとしても、[その意識変革]が実際に起こることは少ない。しかし、成績が学びに与える3つの負の影響に対して抵抗したり、抑制することは可能である。

まず第一に、教員なら誰でも知っているが、成績に重きを置いた場合、学生は成績のために勉強する。これは、学び、言い換えれば深い学び、長期的な理解に結びつく学びとはならない。教員はこの誤ったモチベーションを助長するような言動を自身が発していることに気いていない場合がある。Church, Elliot と Gable（2001）の研究によると、学生は（成績のために勉強することに代表される）パフォーマンスを基準とした目標を設定しやすく、（深い学びに代表されるような）熟達を目標とすることは難しいとされている。特に、教員が成績の重要性を訴え、良い成績をとることが困難と理解された場合はなおさらである。

教員はより巧妙に成績の重要さを強調する。私が見学したいくつかの授業では、教員が学生に過去の授業で扱った内容について質問していた。「以前Xについて話したけど、覚えている？」学生は困惑した表情をし、返答するのに時間がかかっていた。そこで、この教員は「これは、第1回目のテストの前に話した内容です。」とヒントを与えた。学生の記憶を[呼び起こすために]、この授業で扱ったほかの内容と[Xを]関連づけたのでなければ、大きな枠組みの中で捉えようとしたものでもなく、テストとの関わりの中でヒントが与えられ

た。この状況はそれほど深刻な状況ではないが、テストという評価されるイベントの重要性を浸透させるのには十分な状況である。我々教員は、授業内容をテストというものと関連付けて提示する傾向がある。

第6章でも触れたように、我々［教員］は、学生が取り組む課題（またはやらない課題）に対して綿密な成績評価システムを作り上げている。このようなシステムを作るのは、［何をしたらよいのか］をはっきりさせることを目的としているが、同時にできるだけ良い成績をつけるための点数稼ぎにならないようにしなければならない。［教員は］点数のためなら学生に何でもさせることができる。私は、どのクラスにおいても3点分の特別課題を出すことで知られている。「だれかやってみたい人はいますか？」［と聞くと、］大勢の手がこぞって挙がる。次の日に、2点分の特別課題を出すと、再び大勢の手が挙がる。結局、0.5点となるまでこの特別課題を出し続けると、ある学生が私に、点数のため、または、部分点のためだったら学生は何でもやるということを解らせたいために、こんなことをしているのかという質問をするようになる。以前は、学生に冗談でこれらの［特別課題で］1-2点でも点数を「買う」ことを薦めていた。しかし、ある日20ドルと3点を加点してほしいとの嘆願が入った封筒が私の元に届いた。

言うまでもなく、学生は成績偏重になっている。多く［の教員］が、彼らの人間としての価値が成績によって決まると感じているところや、成績と人格を切り離すことができないでいることに気づいている。我々は、学生が健全な成績観を持てるよう、手助けをする必要がある。しかしながら、ある研究は、学生は教員も成績偏重であると感じていると示唆している。このような研究結果としてPollioとBeck（2000, p. 98）は「現在の状況は学生も教員も同じ変化を求めている。［それは、］成績ではなく、学びを大切にしたいということである。両者とも、理想の状況から遠いのは、相手に現状の責任があると感じている。」悲しいことに、成績の重要性が高まるほど、授業が学びを促進する役割は少なくなる。結果、学生によっては授業終了後、成績のほかには何も残らないということになる。

成績に対して異常なまでの執着があると、学習を妨げる結果となる。成績というものは、多くの学生がいつも感じていることの正しさを示すものになって

いる。それは、成績は能力（時には能力の欠如）を示しており、努力や良い学習習慣、懸命さは関係ないということである。数学を学び能力があるかないかということである。［また、］文章力があるかないかである。（第1章で言及した）帰属理論がこの考え方の説明になり、研究によると学生の能力と成績はある程度相関がある。CovingtonとOmelich（1984）は、学生に先期履修した授業内容の理解と自身の能力を評価してもらい、さらに授業課題にどれだけ取り組んだかの概算と実際の成績を教えてもらった。自身の能力に対する評価は50%の割合で成績と内容理解に関係し、課題に対する努力に対する評価を大きく離す結果となった。PerryとMagnusson（1987）も、学生がどうしようもできない、生まれ持った能力によって学業成績が決定してしまうと強く信じていると、優れた教員の存在があってもどうすることもできないと結論付けている。

　成績を相対評価で付ける授業は特に、学生の自分の能力に対するイメージと彼らの学習意欲に悪い影響が出る。A評価が制限されている場合、自分には能力が無いと信じている学生は、早い段階で諦め、その結果その期待に沿う形の成績をとりさらにそのイメージを信じ込んでいく。加えて、競争の環境にいることで、協同して学習することに対して行動抑制となる。学生は互いから学ぶことをしなくなる。学びは孤独で個人的な活動となり、他との活動をとおして学ぶ［ことを優位とする］学生にとっては不利な状況となる。授業方針、実践、活動、課題は、努力は報われること、学びはほとんどの場合大変な労力を必要とすること、そして学生が学ぶことは成績をとることより［将来にも］影響することであることを見せなければならない。

　最後に、成績［のみ］を求めることは、学生が不正を働くことへの誘惑にもなる。教員が学術的な不正をさせないように働きかけても、起こってしまう。このような［原因で］学術的な不正が起きるとした研究は挙げ尽くすことができない。多くの研究によると、40～60%の学生が不正をしたことがあるとしている。［回答した学生によると］彼らの友人は彼らよりも不正をしていると報告している。Allen, Fuller, とLuckett（1998）は、自己申告制による不正の傾向性の割合は、実数よりも少なく、不正をはたらく学生の割合も低くなるとしている。

　本書の初版から［比べると］、インターネットを使うことで情報へのアクセ

スも手軽になり、不正件数も増えた。「研究によれば、学生は、ウェブ上の資料［に対する所有物の概念と］出版物に対する所有権という概念とは異なる感覚を持っている」(McGowan and Lightbody, 2008, p. 237)。学生のグループインタビューや個別インタビューによって収集されたデータによると、不正は教員が好まない行為であることを学生は理解しているが、実際に不正行為はどのようなもので、どうすれば回避できるのかを知らないと Power (2009) は報告している。「切り貼り」の機能を使うほうが、他者の考えを苦労して自分の言葉で言い換えるよりも容易である。

　Genereux と McLeod (1995) は、出来心の不正行動と計画的な不正行動において、最も影響を与えている環境要因を研究した。どちらの場合においても、奨学金や助成金の授与に成績が影響していることや、長期的な目標を達成するに当たっての成績の影響は、環境要因の上位5位に入っている。経済状況が厳しい中、この影響の大きさを想像するのはたやすいことであろう。2004年の経営・商学部の学生を対象に行った不正行動に関する研究結果によると、「学生は不正行動とは何かを理解しており、かつ道徳的に見てその行動は誤っているということも理解している。しかし、不正行動をやめることをしない。それは、潜在的な損失よりも利益の方が上回っていると信じているからである。しかも、不正行為は『一般的な行動』だと学生は信じている」(Chapman, Davis, Tory, and Wright, p. 246)。インタビューをしたある1人の学生は「不正行動は悪いことだという認識を、学生は持っていない。みんなが時々してしまうことだから、車のスピード違反のようなものだ。みんな法律違反だと知っているが、みんな違反している」(p. 236)。

　学生は教育の尊厳を損なうものだという理解をしていないばかりか、不正行為は彼ら自身にも損害を与えることを知らない。学習すべきことを学習していない、ということである。［さらに］身に付けておくべきスキル（技能）を身に付けられない。自分が何を知っていて何ができるのかを、自分自身や他人に対して欺いている。そればかりか、学習するべきことを修得したり、技能を身につけ実践できることから得られる自信を付ける機会を失っている。成績のためであれば、不正行為をしてもよいという考え方は改めなければならない。そして、このような誤った仮説や悪影響を与える一般常識を打ち破り、学びが奨励

される授業環境を作らなければならない。

　成績と学びの程よいバランスを作り出すとともに、［教員］は学生に評価過程において役割を与える必要がある。今まで、学生は評価の過程において、あまり、もしくは、全く関わってこなかった。ほとんどの授業において、学生は自身の学習成果物［(例えばレポート、プレゼンテーション、授業ノート)］を評価したり、学生どうしで成果物を評価するといったことはしていない。［また、］教員によっては、正当な理由でこのような活動に反対するものもいる。［今まで述べてきたような］成績に対してこれほど比重を置き、そのためには不正行為もしかたがないとする状況の中で、教員はどうして学生にこのような責任の重い役割を威厳と客観性をもって行えると期待できるだろうか。さらに、評価というものは、その分野の知識を習得した教員の役割ではない。この質問に対する答えは「yes」であるが、教員が成績評価の威厳を保ちつつ、その過程の中で学生に自己評価、他者評価のスキルを培わせる機会はないか、ということである。

　自己評価に関する研究が、いくつかの答えを与えてくれている。学生は自己評価の機会を時折与えられているが、自己評価に関する研究はあまり行われていないことを、ここで示しておく。初期の研究をまとめた、Falchikovと Bound（1989）のメタ認知の研究は、今でも頻繁に参考文献として使われている。48の研究をまとめたこの文献には、いくつかの期待される結果が示されている。学生が自己評価で示す成績と、教員が評価した成績とでは、授業が初級レベルで必修である場合、その関係性はない。しかしながら、授業が上級レベルおよび専門科目の場合、教員の評価と自分の評価をどこかの時点で比較する機会があれば、評価を特定の基準に照らし合わせながら行うと、学生の自己評価と教員の評価は合致してくる。

　また最近の研究においても、特定の状況が整えば学生の自己評価は現状に近いものになることが確認されている。Kardash（2000）は、学部レベルの研究経験から培われるであろう14の研究スキルの調査を行った。学生はこれら14のスキルについて、研究活動をする前後で自己評価を行った。担当教員もまた、彼らのスキルを評価した。［その結果、］Kardash（2000, p. 196）は教員の評価と学生の自己評価には「著しい類似性がある」ことを報告している。Krohn,

Foster, McCleary, Aspiranti, Nalls, Quillivan, Taylor, と Williams（2011）は、特別に作られたカードを用いて授業における自らの発言を授業評価の一環として行うシステムを調査した。学生は、教室内に自分たち以外にも彼らの発言を記録しているものがいることを知らなかった。「学生と観察者間における発言に関するコメントを比較しても重なる面が多かった。［このことから、］授業評価に関わるからといって、学生が自分たちの発言に関して過剰評価をしているということは見受けられなかった」（p. 43）。Edward（2007）は学生が宿題と試験を自己評価するシステムを開発した。彼が学生の自己評価を確認したところ、「学生は宿題を私が評価するのと同様または、ほぼ同様に評価していた」（p. 73）と報告している。試験に関しても同様であった。「大部分の点数は、私の確認後も訂正されなかった」（p. 73）［としている］。学生は Edward の自己評価システムに好意的な反応を示し、多くの学生が、自分の間違えを訂正することにより多くを学べたとコメントしている。Edwards が学生にこのクラスで不正行為はどれくらい行われていると思うか尋ねたところ、88％の学生が「全く無い」または「心配するに値しない」と答えている。これらのような報告や他の報告からも、特定の状況や環境では、学生は正直に自己評価を行うことがわかっている。どのような場合でも、学生が自分に都合よく自己評価をするわけではないということである。

　評価をするという活動に学生が関わる可能性があることを前提に、彼らが評価活動に関わるべき理由を確認しておく必要がある。自身および他者を正確に評価する力は、大学時代は勿論のこと、卒業後の社会においても使える能力である。初版を書いた当時よりも、学習者中心の目標を立てるべきという考えを持つ者は、［正確に評価する］力を養うことに力を注ぐべきである。Nicol と Macfarlane-Dick（2006）は以下のようなことを述べている。多くの教員は、［教育というものを］教えることから学ぶことへ概念的にシフトをしてきたが、「知識を形成するための評価やフィードバックを与えることに対するシフトは、まだまだ遅れている。高等教育において、知識を形成するための評価やフィードバックはまだ教員が主導すべきであり、責任であると考えている。同時に、フィードバックというものは、一般的に知識の伝達という形として捉えられている。もし知識を形成するための評価が教員に与えられた特許であるとしたら、

学生はどのようにして能力を向上させ、大学以外また人生を通して学ぶために必要である自己調整スキルをどのように培うことができるだろうか」(p.200)。

評価の目的とプロセスがどのように変わるのか

　現状の2つの問題点を指摘してきた。[まず、] 外的要因に後押しされ、授業に関するポリシーと実践が成績偏重になっており、学習成果という面においてさまざまな弊害がでてきている。2点目に、学生を評価という活動から除外しているため、自己・他者評価のための重要なスキルを育成することができていない。本節では、学習者中心の教育を実践している教員が行っているいくつかの方法を、この2つの問題点をふまえて紹介する。

成績と学びのほどよいバランス
　成績から始める。成績の重要性は現在においても確かであり、その成績をつけるのは教員というのも現状である。授業で課されたことをすれば、成績はついてくる。しかし [それだけではなく]、学ぶ機会でもある。難しいのは、成績の重要性も認めつつ、経験から学ぶことを維持することにある。このような難しさと取り組むには、成績と学びのほどよいバランス・関係性を明確にする指針を工夫することが必要となる。指針を基準として設定し、よりバランスの取れた [授業内の] 活動や課題を決定・作成する枠組みとして使うこともできる。

成績の持つ力を利用し、学生の意欲をあげる
　教員は、成績が学生の学習意欲をわかせることは存知である。学ぶという理由ではなく、成績という理由で努力する。[あまり好ましいことではないが、] 成績は学生の意欲をかきたてるものである。確かに、学生は点数を稼ぐために課題をこなす。しかしながら、点数稼ぎとはいえ課題に取り組むのだから、それを利用して教員はより意味のある成果になるよう方向修正をしていくべきではないか。私が考える学生の成績をとることに対する意欲の現状を変えるために教員がやらなければならないことは、受刑者を釈放するわけではないが、刑務所に行って受刑者に罪を償うこと、[許しを請うことを] 教えることと同様だと考えている。これは成績を取らなければならない学生に、成績以上のことが学

びにはあるというメッセージを伝え、学生を解き放つことを意味している。このような指針がどうすれば実現できるのか、次節から例を挙げる。［いずれにせよ、］成績に対する学生の意欲を肯定的に受け取ることが必要になる。この意欲を学びに転換していくのである。

評価経験のストレスを軽減する

　評価をすることに伴うストレスによって、評価経験に潜在している学びの可能性が弱められてしまうことがある。SarrosとDensten（1989）は34のストレス要因と思われるものについて、学生を対象に調査を行った。上位10個のうち9個は課題の数、試験、低い成績などの評価に関連するものであった。恐怖心に駆られ、不安で、ストレスを感じている学生は、学習目標に集中することはできない。ここでの目的はストレスを完全になくすことではない。なぜなら、ほどよいストレスは最高の能力を発揮する上で必要なものだからである。問題は、学生が極度のストレスを感じ、建設的に対処できなくなる場合である。以下に紹介する多くの例は、評価とストレスの関係性を以下に軽減しつつ、学生の能力が試され、評価の厳格さを失わない方法を示している。

評価は学びを測定するためだけに使う

　一部の教員は、評価活動を公表していない目的のために使うことがある。教員になりたてのころ、それほど真剣に授業内容に取り組んでいない授業を担当していた。その授業はスピーチのクラスだった。ある学生が「私は3歳から話しているので、この授業は必要ない」と言いにきた。学生たちは、授業内容は濃く、厳密であることを理解する必要があった、そこで私はとても難しい試験を行うことにした。その目的は、学生がどの程度理解しているのかを見るものではなく、授業内容が思っているような容易なものではないことを知らしめるためのものだった。残念なことに、このような試験は学びを促進するようなものではない。

　必要以上に難しい試験は、授業の厳格さを確立するための理由で使われるべきではない。教員ができる限りの努力をして内容を説明した後で、全体の75％の学生が不可または［理解しているとはいえないほどの］低い点数をとったとしたら、教員の説明不足か、試験の作成に問題があったか、学びの促進以外の理由で試験を使っているかが考えられる。75％の学生が勉強をしなかった、

という状況も考えられなくもないが、教員の隠された目的があることが多い。最もひどい使い方としては、ある主観的な基準によって、物理・工学・数学・看護・その他の分野が「できない」学生を「除外」するために、教員や学部が試験を使うことが挙げられる。学生は試験を受けることによって、他の興味や異なる才能があることに気づくことがある。しかし、授業や試験が［他の興味や異なる才能に「気づかせる」理由のために］作られるべきではない。

　この他の隠された理由から起こる問題としては、教員が評価活動を使って、学生が授業内容をどれだけ深められるかを試すことがあげられる。これらは、新しい問題を含んでいる。授業で学んだ知識を使い、学生は問題を解くことができるべきである。しかし、見たことも無いような問題を解けるわけがない。もし、授業の学習目標として、学生が学んだことを使い、新しい問題を解決する応用力をつけることがあるとすれば、その能力を測定するべきである。しかし、その場合は、新しい問題を解決するために必要な知識やスキルを学び、使う練習をした上での話しである。授業内で問題解決を課題として行ったり、宿題として取り組ませることが必要で、それらの活動をとおして学生の取り組みに対するフィードバックを与えることが必要となる。学びを促す評価活動として、その目的に合った活動を作成する必要がある。他の目標を達成するために使うことは、学びの過程としての威厳を危ういものにし、学生のストレスを高め、学びよりも成績をより重視させる危険性がある。

形成的評価を与える

　［教員であれば］誰でも経験があるだろう。時間をかけてコメントを入れたレポートを返却した後、学生はレポートの成績のみを確認し、直ぐにかばんの中に入れる。コメントは後で読むのかもしれないが、推敲してよりよいレポートを書くための役に立てるだろうか。このようなことは、教員が望むほど起こらない。その理由についても考えたこともある。しかし、ここで紹介したいのは、いままで考えていたような理由とは異なるものである。

　形成的評価を与えるとは、コメントを多く入れることでも、フィードバックの量を増やすことでもない。［授業の］構成や、学生が成績ではなくフィードバックにより目が行くような活動を入れたりすることである。このアプローチの仕方は単純に考えればよい。例えば、フィードバックと成績を別々に考える。

成績をつける前にコメントをし、コメントを活かして課題をやり直したり、それによって成績を上げる機会を与える。また、成績をつけずに［フィードバック］を渡し、その［フィードバック］に対して学生がコメントをする。その上で、成績をつける。［または、］フィードバックの形式を変える。［例えば、］学生に手紙でフィードバックをしたり、面談によってフィードバックをする。

　形成的評価を与えるということは、［取り組んでいる］課題のみに対するコメントだけではなく、問題を大きく捉える必要がある。本書の初版のころから比べても、クラスサイズが小さくなったわけでもなく、担当科目の数が減ったわけでもない。多くの教員にとっては、1対1の面談を設けている時間はない。もし、時間が無いのだとしたら、罪悪感に駆られる必要は無い。なぜなら、それは我々のコントロールの及ばないことだからである。しかしながら、我々は学生への個人的なかかわりが及ぼす影響力を過小評価してはならない。場合によっては、成績よりも影響力が大きい。大学内で会ったときに声をかけたり、eメールを使い、ちょっとした褒め言葉や、励まし、学生が何かを達成したことを［言葉にして］表現する。これらもフィードバックである。これらのことは成績とは関係なく、点数や成績以外で授業から得ることがあるかもしれないことを効果的に伝えることができる。

　これらの指針は、シンプルに以下のようにまとめることができる。学生は、我々が成績をつける課題をこなしていく。それは、その活動によって、授業内容に出会い、学ぶことができるからである。学習者中心の教員は、成績に関係する課題や活動から、その成績の重要性を軽視せず、学びの可能性を見出していく。

評価を自己／他者評価をする力を促す機会とする

　本書の2002年度版から、教員が学生に与えるフィードバックは、その後のパフォーマンスにそれほど影響を与えないことが、［読者の間では］浸透してきている。ある研究によると（Crisp, 2007）、社会福祉学部の学生のグループが［レポート］課題に対して、教員から細かいフィードバックをもらった。6週間後に、同じような課題が出たが、前回にもらったフィードバックにもかかわらず、66.7％の学生が前回比較4％程度しか成績が違わなかった。「この研究から

わかることは、フィードバックを活用できるか否かは、受けた側の受け止め方によるものである」(p. 571)。我々教員は、次の課題に役立つと信じて、レポート、プロジェクト、プレゼンテーション、試験、エッセイなどに良い点と、改善点を指摘している。この前提に何の誤りがあるのだろうか。成績がモチベーションになっている学生は、より成績を良くするためにフィードバックを活かすことをなぜしないのだろう。

　熟考され、よく参考にされている論文のなかで、「明確で客観的にできるだけ開示を十分にしようとする教員の最善の努力にもかかわらず、多くの学生たちは正しく理解することができない。それは、彼らが開示された内容をきちんと理解できないためである」(p. 539) と Sadler (2010) は述べている。彼は、教員はフィードバックを書くことに時間をかけすぎており、学生が理解できるようにフィードバックの説明をしていないと言及している。どうすれば解決できるだろうか。学生にフィードバックがどういう意味なのか時間をかけて説明する必要が、教員にあるのだろうか。

　教えることは学習者中心の方法とは異なる。Sadler は、あからさまに次のようなことを述べている。「簡単に言えば、学生の成長を促進する方法として、教えることに依存しているということは、その評価のほとんどを情報伝達型という考え方に頼っている」(p. 548)。[この授業方法] の成功例が少ないことは研究においても証明されており、この教授法に続く課題にしても、学生が遂行できないという例からもわかるように、同じような過ちが繰り返されている。教員が教えることよりも、自分の学習成果を自己評価したり、学生同士で他者評価をする経験を積んでいく機会が、学生には必要なのである。学生は、何が良くできた課題で、どのような課題のできの時やり直すべきで、どのように修正をするとよいのかを自分自身で見分けることを学ばなければならない。それでは、どのようにすればこれらのスキルを培うことができるのか。練習のみである。

　WAC（Writing-Across-the-Curriculum カリキュラムを横断した文章能力を育成するプログラム）の取り組みの結果、より多くの教員が、学生同士による他者評価を多く用いながら文章を書く機会を学生に与えた。提出する前に、学生同士が互いのレポートを読みあい、相互にフィードバックをしあうことで、よりよ

いレポートを仕上げる［ことを試みた］。［しかしながら］この手法を用いた教員は、何も指示をしなければ、学生同士で有効なフィードバックをしあうことは不可能だということを、取り組み間もない時点で学んだ。学生は、否定的なコメントをすることに対して、嫌悪感を持っていた。その結果、「よいレポートです。何も直すところはありません」といったコメントや、句読点などのちょっとしたことのみを指摘することで、［他者評価］を切り抜けていた。このような経験から、教員は学生の態度や、学生同士の低レベルの評価活動に否定的に受け止め、このような活動を用いることをやめてしまった。

　実際に、ここで実践されたことは、Sadlear（2010）による論文で指摘されたことであった。学生に欠如していたのは、いわゆる「評価する知識・技術」であった。［一方］教員にはその知識・技術はある。レポートや実践、プロジェクト、プレゼンテーションなど数えきれないほどの経験を教員は持っている。これらの経験をとおして、［評価する］知識・技術は育まれていく。我々は、読めばどのようなレポートがA評価か、その理由を述べることができる。評価をする経験がない学生が、自分の成果物であれ他者のものであれ、評価をすることに長けていないことはそれほど驚くことではない。もし、教員が学生に［より良い］評価やフィードバックを与えることを求めるのであれば、それらの活動が可能となるような技術を磨く活動を［授業内］で取り入れていかなければならない。教員は、評価基準を学生に示し、どのように使うのかを説明し、学生が実際に使う機会を与える必要がある。このような評価活動を行うには、学生は建設的なフィードバックの与え方を学ぶ必要がある。［それで初めて、］改善を促す意味のあるコメントをすることができる。このようなスキルを身につけることは不可能なことではない。1から教えなければならないわけではないからである。

　自己評価能力を自立した学習者の特徴と［定義する］NicolとNacfarland-Dick（2006）は、学生は既にある程度の自己評価を行っていると指摘している。例えば、レポートを作成する際に、［字数またはページ数］は足りているか、参考文献は充分か、文章は意味をなしているか、教員が求めている内容を含んでいるかなど、学生は判断している。これらは、詳細でもなく、評価基準にそったものではないが、ある基準にそって課題を観ているものであることから、自

己評価とよべるものである。教員は、ここから出発することができる。このような自己評価から始まり、どのようにして自己評価力を伸ばしていけるのかを示すことによって、評価力を上げることがこれからの学びをより良いものにし、成績も上がることを示す。評価力をつけることにより、［自分のみならず］学生同士でも互いにフィードバックをすることによりよい成果物を作っていくことができる。一度、意味のあるフィードバックをし合う経験をすると、［協力し合いながら］課題に取り組むモチベーションが著しく増す。

　まとめると、前述した成績に関する話題を考えると、教員は学生に自由に成績をつけさせるということはさせられない。教育内容を専門としている教員としての責任を考えれば、そのようなことはできない。しかしながら、だからといって自己評価・他者評価の知識・技術を伸ばす機会を与えなくてもよいのだろうか。次節では、これらのスキルを身に付けさせるさまざまな方法、アプローチの仕方、アイディア、課題を紹介する。成績評価過程の価値を保てるか否かをふまえ、これらが学生を関わらせる方法として適切であるかの判断は読者に任せる。

学びを深めるための試験、課題、活動

　本節で紹介するのは、学生の成果物を評価する際、そこに内在する学びの可能性を最大限に生かすための様々なアイディアだ。ここに登場する数々の事例は、前節で打ち出された原理が諸活動を通じていかに実現されるか、また、伝統的な課題の形式や構造が、いかにして学びに重点を置いた内容に変えられるかを示している。はじめに、あらゆる評価活動のなかで、おそらくもっとも普遍的に使われている「試験」から見てみよう。

試験がもつ学びの可能性を最大限に生かす
　試験をやることによって学習は自然に生じると、私たちは長いあいだ考えてきた。事実、終了した試験は、学生が何をどれだけよく学習したかを十分に示しているではないか。教員はというと、まるで、学習は完全に学生の肩にかかっており、自分たちには授業の設計者として、諸々の学習体験を形成する力が

あることを忘れているかのようである。しかし、教員が手を加えることで、その学習体験の性質を形作ることができるのだ。次に、試験がより学びに特化した体験となるための方法を紹介する。

復習の時間

　教員のなかには、1コマ分の学習内容を満たさないという理由で、授業中に復習の時間を設けない人もいる。問題は、学生にとって、追加分の教材にさらされることと、試験のために学ばなければならない内容を整理し、要約し、抜き出し、まとめる機会を持つことと、どちらがより有益かということだ。学生は勉強中、独力で、要約やまとめに取り組むべきだろうか。多分取り組むべきであろう。では、学習内容がどう構成されているか熟知している専門家に指導されれば、学生は独学でより上手に要約やまとめができるようになるだろうか。その確実性は高い。Favero（2011）は、復習の時間に関する自分の考えがどう変わったか、次のように述べている。「多くの教師がそうであるように、私も『学習内容』や授業時間を、復習のためにまるまる1コマ分引き換えることに反対していました。しかし、やがて次のような結論に達したのです。もし自分の学生に、問題を解決できる人に成長してほしいのであれば、まさにそのために間違いや失敗が許されるような機会と時間を用意しなければならないと」(p. 248)。

　復習というものの典型的な構造も、教員の取り組みを遠ざけている一因である。教員は、重要かつ難易度の高い内容を詳細に繰り返す。一方の学生はというと、表向きは理解していないような内容について質問をすることになっている。しかしながら、たいていの場合、学生はその復習時間を使って、試験に何が出るかを嗅ぎとろうとしている。たとえば、「試験のために、費用対効果分析について知る必要がありますか？」とか、もう少し抜け目なく、「費用対効果分析について、どれくらい詳しく知っておけばいいですか？」と尋ねてくる。

　これ以外の方法で、復習の時間を組み立てることは可能である。教員はすでに内容を知っているのだから、それをもう一度繰り返す必要はない。繰り返す必要があるのは、学生のほうだ。そのコマ時間は、学生が、教員の指導を受けながら勉強するよう設計すればよい。個人あるいはグループになって、学生が問題を解決し、すでにやった試験問題をもう一度解き、出題されそうな問題を

つくり、課題を読んで大事な概念について考える、といったことをすべきである。Favero（2011）が実践したひとつの方法は、学生に試験範囲の中からもっとも重要な事実、理論、概念を5つ書き出させるというものだった。学生はお互いに自分の書いたリストについて話し合い、Favero はリストに挙がった項目をざっと集計する。必要であれば、彼らが見落とした概念も追加して、全員で項目に優先順位をつける。この活動のねらいは、学生が最も重要なテーマや概念に的をしぼって学習できるようにすることである。

　同じ調子で、学習の手引きや復習教材を準備させることも、学生にとって有益となる。教員は、このような教材の作り方はすでに知っているのだから、先と同様、教員があえて教材を作る必要はない。私は、授業で取り上げない教材内容には学生が責任を持つと考えている。まっさらなテキストから、自分たちが何を知らなければならないかを決めなければならないという考えは、学生にとってはかなりの驚きである。彼らの作業を助け、その不安を和らげるために、学生たちにグループになってもらい、グループごとに担当する内容を割り振り、他のクラスメートのために復習教材を作るという課題を与える。各グループが作成した復習教材は試験前に配布され、それを使って勉強する学生は、評価とコメントをつけることになっている。配点は少なく設定する。

　復習に関しては他にも、学生が個人あるいはグループで試験の予想問題をつくり、復習の時間に持ってくるという方法がある。これを実施する前、私は、学生がどれほど答えに偏重しているか認識していなかった。彼らは一覧表や細部を丸暗記するだけで、その内容がなんの質問に答えているか、さっぱり理解していないときさえある。しかし、学生が試験の予想問題を作ることには2つの利点がある。一つは、作ることで、試験に何が出るか自ら判断せざるを得なくなる。もう一つは、試験に出る問題がどのようなものだと考えているか、自分で自分の考えをはっきりさせられることだ。私の授業で、新しい分野を学習したばかりの学生は、内容の細部に関する問題と、ただ一つしか正しい答えのない問題を作成する。彼らの作った問題と私の問題サンプルを並べてみると、両者の違いが明確になり、学生は真剣に試験の準備に取り組むようになる。「先生の問題は私たちが考えていたより、ずっと難しい」というわけだ。教員のなかには（Green, 1997）、学生の試験問題作成力をさらに伸ばし、内容の単

元ごとに問題を作成させ、データベースにしてクラス全体に公開し、そのなかの多くを実際の試験問題として使う人もいる。しかし、ここで一つ警告をしたい。これまで試験問題を作ったことのない学生に、初めから良い問題が作れると期待してはいけない。これは、学生が指導と練習の機会を得てはじめて、もっともよく伸びる力の一つなのだ。

試験

　試験問題は、学生に考えさせようとしない性質のものである限り、深い学びを促すことはない。試験問題が、現実に望まれているほどに学びを促していないことを示す証拠がある。ある研究では（Momsen, Long, Wyse, and Ebert-May, 2010）、研究者が、77の異なる入門クラスを教えている生物学の教員50人から試験を集め分析したところ、驚くべき結果が明らかになった。「この研究のために提出された9713の評価項目のうち……、93％はブルームの分類学のうち1〜2のレベル──知識と理解であった。残りの項目のうち、6.7％はレベル3であり、レベル4以上は1パーセントに満たなかった」（p. 437）。このように知識の定着と理解度を測る問題は、学生に細部を暗記させ、内容はすぐに忘れてしまうような浅い理解しかもたらさない。

　質の低い問題が試験の大部分を占めている背景には、単純な理由がある。学生に思考するよう求める問題は、作成するのがより難しいからである。教科書の出版会社が提供する出題リストの多くに、そのような種類の問題が少ない理由もここにある。だが、多肢選択式の問題が本質的に思考を促すことが少ない、ということではない。実際、SATやACTの問題は多肢選択型であるが、その多くが複雑で一筋縄ではいかないものだ。試験は学生に返却されると、また新しいクラス用に新たな試験問題を作成しなければならないが、良い試験問題は取っておくことができる。（試験返却後、また先生の研究室に戻されるといったやり方で）学生が試験問題にアクセスする手段はありながらも、ずっと手元に置いておくことができないようにする。このようにして、良い試験問題は使い続けられ、年を経るごとに問題数も増し、改訂を重ねて何度も使うことができる。

　試験の環境は非常に固定されている。学生は時間の制約のなかで一人、資料や専門的知識もないまま、監督されながら試験を解く。彼らがカンニングできないようにするためだ。一度立ち止まって、このことに思いを致してみれば、

学生が学んだことを試験する私たちのやり方には、なにか不自然さがある。あなた自身、自らの職業人生において、手元になんの情報もなく周りに尋ねる人もいない環境で、50分以内で自分の知識を証明しなければならない状況に置かれることがあるだろうか。教員のなかには、学生の不安を少なくし、試験環境をもう少し現実的なものにするために、試験中に使える持ち込み資料を用意させる人もいる。学生は一定サイズの用紙に、試験に必要と思われる情報を書き入れてよい。たとえば、事実、公式、グラフ、引用、定義といった類だ。このような情報を整理するなかで、学生は何を知っておく必要があるか自ら選択せざるをえなくなり、それが自身の理解度をはかる助けにもなる。「よいカンニングペーパーを作ることは、それと対立する勉強に似ている」とは、Janick (1990, p. 2) の皮肉のきいたコメントだ。ある教員は、試験と一緒に提出させた持ち込み資料を用いて、学生個人やクラス全体に対し、持ち込み資料には書かれていたが、実際の試験でそれを活かせていないことを証明している。この方法は、学生が次の試験に向けてまた持ち込み資料を作る場合、フィードバックとして役に立つだろう。

　第3章で、私はグループ試験の方法について説明した。これは、試験という経験が生み出すエネルギーを学習成果の方向に向け直すための効果的な方法である。他の学生たちと内容について相談し合えば、理解も深まる。詳細部分も明確になり、質問も生まれ、彼らはより真剣に、内容に向かい合うようになるのだ。学生からの報告には毎回、グループ試験の方法が、試験の不安を減じてくれるというコメントがある。

　Sunderが私に話してくれた試験の方法は、学生に数学の期末試験を作る選択を与えるというものだ (Weimer, 1989)。学生が作る期末試験は、次の項目について成績がつけられる。すなわち、問題の作成（授業到達目標に合わせて評価される）、その解法（部分点まで含めて考えられていること）、問題の配点（他の授業内容との関連でその重要度が決められる）といったことだ。この方法に最も説得力を与えているのは、期末試験のために勉強する時よりも、それを作る時のほうが、ずっと多くの時間がかかったと報告する学生の数である。

　ほかにも興味深い方法を紹介しているものとして、自己評価を組み込んだ試験作成についてのEllery (2008) の記事を参照するとよい。彼女の方法は、2

年生の学生が書いた記述試験の質の低さがきっかけで編み出された。50 パーセントの学生が落第した試験のあと、彼女はクラス全体に対して、試験解答へのフィードバックを与えた（個人の試験に対して、成績をつけたのではない）。そして、解答がきちんとした構成になっていないこと、関係のない内容が含まれていること、関連する内容が見落とされていること、書き方の問題で解答の質を落としてしまっていることを述べ、つづけて模範の記述解答を与えた。次に、学生に2回目の記述試験——内容は違うが、難易度は同等の分析と応用の問題——をさせた。学生は1回目と2回目両方の試験を提出したが、どちらを採点してほしいかを選んだ。そのうち、76%の学生が2回目の試験を選んだ。学生の多くは、選ぶのが難しく、不安にも感じたが、全体で81%の学生が2回の試験のうち良くできたほうを選んでいた。以上の例が示しているように、従来の伝統的な試験のやり方に代わる方法はいくつもある。試験に内在する学習の可能性を最大化することが目的であるならば、これらの方法は一考の価値があるだろう。

検討会

　教員は典型的に、学生がもっとも間違った問題を復習し、説明や解説を与える。しかし、このやり方は、試験が終わったあとも存在している学びの可能性を潰してしまっている。教員が答えを直す必要はない——学生が直す。正しい答えを見つけ、自分の間違いを直す機会は、学生がグループでも個人でも与えることができる。このような機会はおそらく、検討会や、次の授業までに自宅で課題を終わらせるときに行うことになる。成績は、自分で間違いを訂正するまでは記録されず、もし全て直されていれば、加点がもらえるという可能性もあり得る。

　このことは、試験と関連して、加点のチャンスという問題につながる。加点に関する研究は多くはないが、多くの教員が学生に加点の選択を与えることに反対しているという資料はある（Norcross, Horrocks, and Stevenson, 1989; Norcross, Dooley, and Stevenson, 1993）。私自身、教材を学ぶ2回目の機会として加点する方法を提案したときには、反対者のほうが多かった（www.facultyfocus.com, 2011年7月20日）。理由は加点の機会を選択できるようになると、学生は、加点をもらうのは簡単だと考えがちになり、あてにしてあまり勉強しなくなる

からである。私は現在でも、よく設計された意味のある加点の選択を与えることは、良い学習機会となると考えている。事実、次に登場する教員たちは、成績へのモチベーションを豊かな学習成果につなげている。彼らの事例とその能力をよく観察していただければと思う。

　Deeter（2003）が実施する試験には、白紙が添付されている。学生はその白紙に、答えられなかった試験項目や、自信のない答えを書きつけておく。この用紙は各自で持ち帰り、答えを完成させ、次の授業で提出する。Deeterはその用紙を、試験とともに返却する。彼女はすべての答えを採点し、この用紙に書きつけられた答えが正しければ、それにも部分点を与える。別の教員はブログのやり取りの中で、ほかの方法を概説している。まず、学生が各自で小テストに答える。次に、自分の学習チームメンバーと、小テストの問題について一定の時間話し合いをもつ。この間、彼らは答えを変更したり、内容を書き足してもよいが、その際には教員から渡された赤ペンで修正をいれる。こういった諸事例を通して学生から毎回寄せられるコメントは、教員が正解を説明するのをただ聞いているよりも、自分で間違いを直さなければならないためより深く学んでいる。

　話し合いの時間は、学生に試験準備に向けた決意を促す場として設定することもできる。授業の出席は重要だ——こう口で言うことはできるが、実際に証拠を見せれば、そのメッセージはさらに説得力をもって学生の胸に迫るだろう。たとえば、上位5番までの試験点数を取り上げ、その5人の授業欠席数を横に並べる。今度は、最下位5番までの試験点数を取り上げ、それぞれの授業欠席数を並べる。事実をして語らしめるのだ。また、多くの学生は授業中、十分にノートを取っていない。それを口で言ってもいいだろうし、実際に証明してみせてもいい。多くの人が間違えた問題を取り上げ、その内容が扱われた日付を特定し、全員にその日の自分たちのノートを確認してもらおう。その問題に答えるのに必要な事柄が、そこに書いてあるだろうか。その日は欠席していて、誰か他の人からノートを借りたのだろうか。そのノートをきちんと理解していただろうか。こういったことを、話し合い、最終的には「今回の試験から学んだ、次の試験のために覚えておきたいこと」をメモにまとめてもよい。それは前章で説明したとおりだ。

自己評価と他者評価のスキルを伸ばすために

　授業内で行われるどのような課題や活動も、複数の学習到達目標を達成することができる。試験は、学生が教材内容を理解するうえで助けとなるし、種々の学習スキルを伸ばすのにも使える。前出の諸例が示しているように、自己評価と他者評価を部分的に取り入れることも可能だ。同じことは、自己評価と他者評価の力を伸ばすという学習到達目標においてもいえる。活動は、このような分野の力を伸ばすように設計することができるし、そのような活動はまた同時に、他の学習到達目標も達成できるのだ。その具体的な展開は、次に登場する多くの事例が示している。

　ここに挙げられた選択肢をよく検討してみるよう、私は引き続きお勧めしたい。この章の鍵となる問いかけを思い出していただけるだろうか。すなわち、学生を自己評価と他者評価の活動に参加させる方法は、成績をつける上で健全だろうか。評価活動は、教材内容の習熟度を確認し、成績をつける教員の倫理的責任を汚すことなく、学生が重要な力を一通り身につけるための方法といえるだろうか――ということだ。

自己評価：自分は何を、どれだけできるかを発見する

　他者の成果物、とりわけ自分の知らない人の成果物を見たことがあれば、自分自身の成果物を批判的に見ることも容易になる。もしも学生がレポート形式の答案をうまく書けないのなら、彼らに同じような答案を（仮の名でも無記名でも）いくつか採点させてみるとわかる。おそらく、彼らははじめ個人で採点をつけ、次に、自分の採点と他者の採点を比較するだろう。私の観察によれば、学生はレベルの異なる3つの答案を与えられると、その違いを見てとり、良い答案とそうでない答案を正しく見分けることができる。模範となる答案を用いて、あるエッセイを優れたもの、別のエッセイを改善が必要なものとして判断する特定の見分け方をみにつける。さらにそこから、教員の助けを借り、良いエッセイ答案のための判定基準を作り出すことができるようになる。たいていの学生にとって、それはいくつもの点で目の覚めるような体験といえよう。彼らは、教員がエッセイ答案のなかで何を「欲している」のか、より明確に理解

できるようになる。自分が様々な解答に正確かつ質的な判断をすることができるようになっているのが分かる。そして今や、一般的な解答について学んだことを、自分自身の解答づくりに応用し始める。

学生は、自己評価の力を伸ばすことで、学習者としての自覚を深めると同時に、学習に対する自己決定に、より責任を持つようになる。日誌や課題図書の要約・感想、（Parrott and Cherry（2010）が述べており、また本著の第5章で論じられているように）などの成果物は、次のような方法で最大限に活かすことができる。学生はこれまで書いてきたものを慎重に読み返し、自分の考えがどう変わり、自分の力がどう成長してきたかを振り返るレポートを書く。自分の力の成長においては、さらにどのような力を伸ばす必要があるか、学生に自己評価をさせる。このような課題を通じて、「点数」は、学生が自分は「たくさん」学習したと主張することで与えられるものではなく、主張を実例で示し支えるような証拠を並べる洞察力と能力に応じて与えられる、ということを学生に理解させる必要がある。

このような振り返りを書く作業は、実技（パフォーマンス）、プレゼンテーション、その他の活動の後でも実践可能である。たとえば、学生が成績評価の対象となる作品を制作する数週間のグループ・プロジェクトに加わっている場合、次のような項目について検討してもらうのもよい——このグループはどれくらい上手く機能していたか、自分はどのようにグループに貢献できたか、そして、このグループをさらに助けるために、自分は他にどんな貢献ができただろうか——といった類についてだ。私自身は自分の授業の課題に、面接を用いている。そのやり方はこうだ。学生は、各グループが宣伝する色々な「仕事」に応募する。グループはさまざまな応募者と面接をし、その中から一人を選出する。面接を受けた人は、一枚の紙に、面接で聞かれた色々な質問に対する自分の実際の答えを書いて評価する。この課題のもっとも重要なねらいは、もしまた同じ質問をされるようなことがあったら、自分の答えをどう改善するかということだ。

ここに、学生を実際に成績評価のプロセスに参加させる際に必要となる、多種多様な設計の詳細を説明した一つの例がある。私は4章で、コミュニケーション入門クラスの学生が、自身の授業参加を評価するための参加方針を作るこ

とを述べた。この参加方針を使って、学生は自分たちが具体的にどう授業に参加したかを明らかにする。彼らはこの自己評価を用いて、具体的な（測定し、観察することができる）授業参加の目標を設定する。この目標は、クラスで作った参加方針に一致し、且つその方針を実現するような内容でなければならない。

　この目標を練り上げると私はすぐに、この課題に取り組んでいる学生にパートナーをつける（前に書いたように、私の学生は、自分で課題を選んでいる）。パートナーはお互いに文書で、自分の立てた授業参加の目標を交換する。その後2週間、互いに観察し合い、相手の授業参加の様子について気づいた点があれば記録をつける。私は毎回、仲間の存在がどれほど効果的に態度の変化を引き起こすか驚かされる。授業で一度も発言したことのない学生が、パートナーに観察される当の初日に発言する。学生の反応はより意識的に、授業参加の目標に定められた行動に向けられていく。授業のどの時間よりも、この2週間には密度の濃い相互作用があるのだ。

　この観察期間の終わりに、パートナーはお互いに宛てて手紙を書き、自分が観察した内容について相手にフィードバックを与える。その際には、具体的な例を挙げて書かなければならない——ありきたりのほめ言葉や批判はなしだ。その手紙は一様にポジティブで、建設的で、相手が設定した授業参加の目標を達成していない場合には、励ましの言葉が書かれている。もし学生が目標達成の道をしっかり歩んでいるのであれば、私はさらに挑戦しがいのある目標を考え出すよう、彼らに促している。そして、より難しい目標を選択した学生には、高得点を得られる課題の選択を与えている。

　この授業の終盤、学生は最終となる自己評価のメモを準備する。いま一度繰り返すが、そこに含まれる証拠は具体的で、日付や、やった内容についての詳細な記述がないといけない。メモの結びには、自分でどれだけの点を得ることができたと思うか書いておく。私自身はこのメモを読む前に、学生が何点とったか、自分であらかじめ決めておく。毎回の授業後、5分から10分、授業のなかで誰が何をしたかを記録にとっているのだ。学生のつけたポイントと私のつけたポイントの差が3点以内である場合に限り、私は自分のポイントを公開する。より点の高い分は記録につけておく。はじめ私は、この方法がうまくい

くか心もとなかった。しかし、多くの学期を通じて継続的に（通常85パーセント程度は）、学生も私も、ポイント差は3点以内でおさまっている。そうでない場合は、過大評価よりも、過小評価のほうが問題である。実際、それは往々にして、自分の貢献度を実際よりも低く見積もる女子学生にみられる。

　この課題が以上のような内容に到達するまでには、実に多くの様々な内容を繰り返してきたという事実を認めなければ、私は不正直な人間となるだろう。このような課題を最初から見事にやってのけるのは大変なことである。しかし、最終的には、多くの様々な目標を達成できたと自負できる課題に成長した。この課題を通じて学生は、実質的な自己評価の体験を積み、自らの授業参加に意識的に向き合うことができた。そしてたいていの場合、より積極的な授業への関わりという新しいスキル——彼らが誇らしい思いで自身の内に見出し、報告してくれた力——を伸ばしていったのである。なかでも一番素晴らしいのは、おそらく、この課題が教室のなかに、より質の高い相互作用をより多くもたらしてくれたことだといえよう。

相互評価：有益なフィードバックをやり取りできることを発見する
　これまで多くの教員が、学生がお互いに自分の書いたものを批評しあうピア・レビューのフィードバックの質に、残念な思いを抱いてきた。しかしこれは、活動をより良いものに設計することで、また、普通の学生は大学の授業にのぞむとき、有益なフィードバックを与える力を身につけていないという認識をもつことで、改善できると思う。Shellyの「20分のルール」（ジョージ・メイソン大学で英語を教えるE.Shelly Reidによって考案された）というものを聞いて以来、私はその支持者なのだが、これは「物事にクリティカルに取り組む大学生のレベルにあって、あなたが学生に独力でやってほしいと心から思っていること、しかも学生がそれまで一度もやったことがないことは、何であれ、あなたが一緒にやらなければならない——授業のなかで——少なくとも一度——20分間かけて」というものだ。Reidは、学生がお互いに自分の書いたものを批評しあう他者評価の準備をさせるには、次のことを実践するように勧めている。すなわち、評価のための判定基準を作り出し、それについての話し合いから始める。次に、「モデル」となるテキストを用意し、それについて話し合う。

そして、学生がこのテキストで練習し、適切なコメントとはどのようなものか、お互いの考えを共有する話し合いの時間を設ける。適切なコメントについての良いディスカッション方法は、教員がこれまで彼らのレポートにつけたコメントで有益だったもの（またはたいして助けにならなかったもの）について、お互いに話し合ってもらうことだ。

仲間のレポートを批評する方法を学んでいる学生に対して、Nilson（2003）は次のことを提案している。相手の判断を直接問うようなコメントはしないこと、その学問のルールを知っていようがいまいが、どんな学生でも答えることのできる助言をすること、そして、レポートの細部に慎重なまなざしを向けさせる助言をすること、である。ここに、彼女の論文に掲載されているリストの中から、幾つかの例を挙げておいた。「この論文のタイトルを表現するのに（「短い」「長い」「良い」「悪い」を除いて）あなたならどのような形容詞を選びますか？　1、2個挙げてください」、「この論文のなかで、あなたが主題文だと思う文に☆で印をつけてください」「読者が何を言っているのか理解するのに2回以上読まなくてはならない段落があれば、色ペンで目立つように印をつけてください」「特に説得力があって効果的だと思う文章があれば、カッコでくくってください」等々。

書く力をつけるカリキュラム横断型のプログラム（WAC）が現時点では安定した活動であり、他者評価が当初より推薦されてきた活動のひとつであることを思えば、広範囲にわたる事例や有益なアドバイスを盛り込んだ優れた資料がふんだんにあるのは当然のことである。その最良のものの一つが、Beanの『魅力的なアイディア』（*Engaging Ideas*, 2011年出版、第2版）だ。

次に追加した事例では、グループワークでの他者評価が使われている。グループワークでの他者評価は、グループメンバーの無賃乗車に対する矯正方法として決まって提案されてきたものだが、すべての人がこの方法やグループ採点を使うことを勧めているわけではない。たとえば、協同学習を支持する人たちの一部は、グループワークは個人の説明責任が保たれるように計画されるべきだと考えている。言い換えれば、成績は各個人の成果物のためにあるのであって、全員が平等に作業したとは必ずしもいえないグループメンバーすべてに共有されるべきものではないということだ。この立場についての、簡潔にまとま

っている要約については、Kagan（1995）をご覧いただきたい。

　どちらの立場の意見も興味深いので、あなたがグループ採点や他者評価を用いるかどうか決める前に一度見ておく価値はある。両者を折衷した方法もあり、私はそのやり方をとっている。まず、成績は幾つかに分けられる。そのうちのひとつはグループの提出物に基づいており、グループ全員が同じ評価となる。もうひとつは、その大部分が他者評価に基づいており、各個人に別々の評価が与えられる。

　当初、学生たちは、個人の貢献度についてメンバー同士で評価し合うことには少しも乗り気ではなかった。「このグループは全員が同じように貢献していた。みんな頑張っていた」といった、慣れ合いで良いことしか言わないコメントが多くみられた。ここでひとつ簡単な解決策がある。学生に、グループ内の他のメンバーたちの貢献度を評価し、順位づけしてもらうことだ。評価は、「素晴らしい」から「悪い」までの尺度に基づいている。そして、好きなだけ「素晴らしい」の評価を与えてもいいが、同時に「1」から「5」までの尺度に基づいて、メンバーの貢献度を順位づけしなければならない。しかも、「1」「2」「3」等々はそれぞれ一人にしか与えられない。

　この単純な解決策は、誰が活動し、誰が活動しなかったかという問題を取り除こうとするものだが、他者評価の力を伸ばしたり、学生がお互いにフィードバックし合うといった体験はない。他者評価の力を伸ばすには、学生に一揃いの判定基準を使わせて、仲間の貢献度を測定することから始めるのが一番効果的である。Baker（2008）は、関連文献を包括的に批評したうえで、個人のグループへの貢献と、グループ内での貢献を評価するのに、次の8つの態度がもっとも共通して使われていることを明らかにした。

1. ミーティングに参加していた
2. 信頼でき、締切も守っていた
3. 質の高い仕事をしていた
4. 自分の担当する仕事、ときにはそれ以上の仕事に取り組み、努力していた
5. メンバーと協力し、上手にコミュニケーションをとっていた

6. グループ内の衝突や対立を上手におさめていた
7. (物事を見分け、本質を理解し、正しく判断する) 認識的な貢献をしていた
8. グループの目標を設定し、仕事を見つけて割り振るのを手伝っていた

Baker は以上の判定基準を用いた他者評価を、詳細な評価と簡潔な評価でそろえており、彼女の論文はひとつの優れた資料といえる。

グループが機能していくのにメンバーが実際どれくらい貢献したかを明らかにすることは同時に、各個人が互いにフィードバックを与え合うことを可能にする。このフィードバックは、それを受け取る相手にとっては、自分の態度を変える時間が残されているとき最も役に立つ。プロジェクトが終わったあとでフィードバックをもらうことも、何もないよりはましである。しかし、グループワークが始動し出してから形成的フィードバックを得られれば、問題が深刻化するのを避けることができ、グループ全体の機能を向上させることができる。もし学生が他者評価の活動自体はじめてだった場合は、教員が最初のフィードバックの交換を手伝うと良い。私のやり方では、学生に、自分以外のすべてのメンバーの貢献度を評価してもらう。グループの全体的な機能についても幾つか自由記述で答えてもらう。次に、評価の点数を一覧にし、学生たちにメールで配信する。そして、各グループとの面談をする。まず、彼らの自由記述の回答について、私の意見を述べる。次に、受け取ったフィードバックの中で、彼らがグループに取り組んでほしいと思うものがあれば、それについて質問を受ける。そして通常、この面談の最後に、グループで自分たちのやり方や活動状況の良し悪しについて定期的に話し合いをもつことにはどんな価値があるかを語り合う。

より経験を積んだ学生には、互いの貢献度を測定する評価基準の開発に取り組んでもらうことも可能だ。グループに与えられたプロジェクトの内容をきちんと理解して、それを成功させるために、各メンバーにはどんな貢献が求められるかを見究めてもらうのだ。この方法を試したことのある我々教師たちは、学生がここでも同様、この機会を巧みに利用していることが分かっていなかった。彼らが作成する評価基準はたいてい、実行しやすい。もしあなたが心配なら、教師からのチェックと承認を受けるため、学生に彼らの評価基準を提出さ

せてもよい。学生が自分たちの作成した評価基準を用いて相互評価をする場合、この課題を最大限に生かすには、その評価基準の適切性について学生がよく検討することだ。

実施上のさまざまな問題

すでに本章のあちこちで挙がっているが、実施上の問題については2つ、再検討の価値がある。ひとつは、成績の重要性と、良い成績を取ろうとする学生のモチベーション──意義ある学びがその成績に伴っていようといまいと──に関するものだ。どちらの力も非常に強く、学生を学びに集中させようとする諸々の努力も、しばしば無駄なことにさえ感じられる。教師が常々、学習の大切さを語っても、学生は必ずしもそのことを理解しているというわけではないし、実際なんの変化も起きていないように思える。しかし、石を穿つには根気よく続ける以外にない。私たちの真意を理解してもらうには忍耐と継続だ。学習者中心の教師は、このメッセージがもつ価値を信じている。クラスの中には、あきらめることのない彼らの忍耐と継続に報いてくれる学生もいる。成績と学習に対して、より良い見方をするようになる学生もいるのだ。

実施上の問題のふたつめは、評価のプロセスにおいて学生が重要な役割をもつ場合に必要となる、慎重かつ創造的な設計に関するものだ。これが必要なのは、成績が強調されることによって、学生の客観性が損なわれるためである。それでも挑戦する価値があるのは、彼らの自己評価と他者評価が重要ならば、学生はこれらの活動をずっと真剣に捉えるからである。学生の評価に重要性を持たせることは、彼らの成績へのモチベーションを利用し、さらに生産的な方向に導いていく、ひとつの優れた事例といえる。本章で幾つかの事例が示しているように、学生を巻き込むには様々な方法がある。しかし、その活動は、慎重かつ思慮深く計画されなければならない。もしも学生が、課題や活動を自分の都合の良いように操作できるなら、成績をつけるプロセスの誠実性は損なわれてしまい、問題となるからだ。

以上をまとめれば、この章では、教育をより学習者中心にしていくために必要な、最後の改善点を探究してきた。評価の目的とプロセスは変わる必要があ

る。教員は学生に、2つの理由で成績をつける。ひとつは、学生の教材の習得レベルを認定するためであり、もうひとつは、成績をつけられる学習をやり遂げることで、学びを深めるためである。成績は学生にとって（何人かの教員にとっても）、学習よりも大事なものになっている。学習者中心の教員は、成績と学習、つまり評価のための2つの目的を、より上手く調和させるために動く。評価のプロセスもまた変わる必要がある。学生が自己評価と他者評価の力を伸ばせるように使われるべきだ。本章で提示した多くの事例は、教員がいかにして学生を学びに集中させるか、また、学生がどのように評価活動に参加し、自分の力を構築していくかを教えてくれる。このような活動は、成績づけのプロセスの誠実性に傷をつけないか。――教授と学習の非常に重要な部分における学生の役割を考えるとき、すべての教師は自らにこの質問を問うことを忘れてはならない。

　変わる必要のあるものは存在するが――多くの教員にとって、本章で提案したものは沢山あるように思われるかもしれない――それにもかかわらず、非常に基本的なところはなんら変わっていない。教員には、学生が受け取る成績は彼らが自分でとった成績なのだと保証することについて、いまだ変わらぬ責任がある。本章でお見せしてきたのは、この責任を果たすと同時に学習に焦点をあて、学生の自己評価と他者評価の力を伸ばす機会を設けている教員たちの方法である。

第Ⅲ部

学習者中心のアプローチの導入

第8章
抵抗への対応

　大学教員のなかには、学習者中心の授業の論拠をとても説得力があると考える人もいる。そういう教員は非常に熱心に学習課題を新しく作成し、授業活動を開発し、そして授業方針を調整しはじめる。この教員は授業の流れの計画を仕上げると、まったく新しく感じられる授業をはじめることについて、率直にうれしく思う。授業初日に教員は新しい授業の特徴について説明をして、学生に自分の信念を伝える。すなわちそれは、新しい授業という変化は授業をもっとよりよいものにしてくれるはずだ、との信念のことである。このような状況のなかで何が起こるのだろうか。学生には教員と同じような熱心な反応はなく、むしろ実際には他の授業に出ているようにやりたいとはっきりと述べてくる。教員は落胆して教室を離れる。それは学生の反応が自分に対する侮辱に思えてくるからである。

　学習者中心のアプローチに反対するのは学生ばかりではない。先輩や長く経験を積んだ教員を含め、同僚たちは眉をひそめ、首を横に振り、さらには心配の数々を挙げはじめる。この教え方は、頭がよくなり上級の学生にはもしかしたら上手くいくかもしれないが、いったい誰が、頭もよくなければ学年も下の学生に、しかも必修の一般教養科目の授業で、このやり方を思い切って試すのか、こういうアクティブ・ラーニングは時間がかかりすぎるので、授業内容をカバーできるのか、について疑問が残る。このような懸念がわく。また、成績の基準についての疑問が出されたり、成績インフレに関する懸念が繰り返されたりもする。また学生をコントロールできなくなるとか、彼らが授業を乗っ取ってしまうのではないかという仮想のシナリオが挙げられたりもする。同僚たちの懸念は学習者中心の授業を初めてやってみようとする人々に対して、学

生の熱意の明白な欠如に結びついて、この教え方についての深刻な疑いを引き起こす。この懸念からこの教え方に一度は深く感じ入り、熱心にやってみようと思ったことに異義を持つようになってしまう。

　学生と同僚からの抵抗に関しては、それを予期していなかった場合には、それに対応するのが難しくなる。この章の目的は読者をこの抵抗を予期できるように準備することにある。学習者中心のアプローチを試みる教員も、学生や学部教員による学習者中心の授業に対する抵抗が何度も起こることを前もって知っておくべきである。それは、よくある典型的な反応であって、もっぱら読者がかかわる学生や同僚によって表現された悲劇的な例外というわけではないし、あるいはそれは読者の授業の不完全さによる結果でもない。

　本章のもう1つの目的は、あなたが学生と同僚の抵抗に対処できるように支援することにある。彼らによる抵抗は、この章の別々の節で論じられるが、それでも使われる分析は両方にとって共通する3つの課題を探究している。1つには、抵抗について理解できると、これにより容易に対応できるということである。どうして学生や同僚は抵抗をするのだろうか。何が彼らの反対をあおり立て、生み出しているのか。2つ目の課題は、どのように抵抗は表現されるのかということである。それはどのようにあらわれてくるのだろうか。彼らは、抵抗していることを示すために、何を言い、何をするのであろうか。そして教員は抵抗に対してどのように対応すべきか、ということが3つ目の課題である。教員は何をすべきで、そして何を言うべきなのだろうか。

　学生に関しては良い方法はある。熱意の不足や伝統的な授業方法のえり好みに対応する方法があるし、この方法は上手くいくからである。一度でも学生が学習者中心のアプローチを経験し、教員が自分たちに［学生たちに］やるように求めることの背後にある、教育の理論的な根拠を理解すれば、彼らは抵抗するのを止めて、多くの学生がこうした授業や学習のやり方を支持しはじめる。同僚については、結果はいっそう複雑なものとなる。この本の初版が刊行されて以降、多くの教員がこのアプローチを試みてきた。このことが容易にしてくれたのは、学習者中心のアプローチを支援してくれる同僚を見つけ出すことだった。しかし、この初版のなかでも記述した証拠が指摘しているように、ほとんどの授業はまだ特別に学習者中心というわけでもなく、このアプローチを試

してこなかった教員は相変わらずこのやり方に疑いを持ったままである。学生を納得させるのは比較的容易だと私たちのほとんどは考えるだろうとは思う。しかし、学生と同僚の両方が抵抗するとしたら、そうした反応を認識し理解することは大切だし、この反応に対処することについて考えを持っておくことは、さらに重要なことであろう。

どうして学生は抵抗するのか

　学生の抵抗は研究されてきているし、実際にそれを経験した教員によってまとめられている。多くの研究があるにもかかわらず、この問題について筆者が選ぶ論文はいつも同じものである。それはFelderとBrentによる研究で、適切にも「学生中心の授業への困難な道のりを歩む」というタイトルである。筆者のファイルにはこのコピーがある。それとは別にもう一部コピーをしているが、それはページの端が折れていて、文章のほとんどに線が引かれている。これはセメスターの最初の授業に使う書類挟みに入っている。筆者は授業を準備するときには、この論文をいつも読むようにしている。この論文のなかでは、多くの重要なポイントが挙げられているが、その内の一つは次のようなものである。「学生中心の授業は、適切に行われるならば、上手く行かないなどと言うことはない。文献も個人的な経験もしっかりと実証しているように、上手く行くのである。問題は、約束された利点が実際にあるにもかかわらず、それが直接に得られるわけでも自動的に起こるわけでもない、ということにある。今まで教員は学生に小学生の頃から知る必要があるとされることすべてを教えてきた。これに慣れてしまった学生は必ずしも、今までと同じサポートがなくなることを有り難く思うわけではないのだ」(p.43)。

　学習者中心のアプローチに対する学生からの抵抗は、広くさまざまな文献のなかで報告されてきた。それらは本書の初版以前でもそれ以降でも刊行され続けている。その報告のなかでは、重要かつ今も続く学生の反対理由が説明されているが、これは少しばかり驚かされる中身ではあるし、興味深く読める内容でもある。これらの論考の執筆者によって報告された抵抗の事例は典型的なものではない。Noelの事例（2004）では、その見るところによると、あまりに多

くの学習者中心のアプローチがきわめて性急に実施された、とされる。Albers (2009) は、学生がいっそう主体的になるよう期待した優秀者向けの授業プログラムを再計画した。学生は抵抗したが、これは彼女には驚くべきことだった。なぜなら、彼女が持っていた考えは、優秀な学生は自らを指導できてきた学習経験に開かれている、というものだったからである。これらの両方の論文のなかで執筆者たちは、彼らが試みてきた学習者中心のアプローチがどうして学生の不平を助長するのかを分析している。これら教員による学習者中心の試み——それは大して上手く行かなかったわけだが——が記述された論文を刊行することは勇気がいることである。さらに、これらの論文は、私たちは過ちからどれほど学ぶことができるかについて、表現豊かに私たちに思い起こさせてくれる。私が願うのは、多く教員が計画の通りにはいかない授業の変化について書いてくれることにある。上記の2つの素晴らしい論考については、学生の成長にかかわる問題を含めて、第9章のなかでより詳細に紹介することになる。

　学習者中心のアプローチに対する学生の典型的な反応には、4つの理由に基づいた抵抗が含まれている。それらの理由は相互に関係していて、その働きに関しては累積的でもあり得る。それゆえ、学習者中心のアプローチが学生による抵抗を引き起こすと知られている授業の唯一のやり方ではない、ということに注意することが大切である。授業の別のやり方に対する反抗もこれらの理由から生まれてくるからである。

学習者中心のアプローチは多くの活動を要求する

　学習者中心のアプローチでは教師にはいっそう多くの仕事が求められる。特に授業を計画する場面での仕事が多くなる。しかし、学生が抵抗するのは、学習者中心のアプローチによって彼等にはいっそうやることが多くなると考えられるからである。学生がはじめてこのアプローチに直面すると、彼等は、本当であれば教員がやるべきはずのことを自分たちがするように求められていると感じる。ある理論の実践への応用を説明する5つの具体例を挙げることを学生に求めるとしよう。これらの具体例を学ぶために学生にとってもっとも容易かつ能率的なやり方は、教員にその例をプリントに記載させ、それをダウンロードすることである。学生にとって逆にもっと難しいのは、学生同士で集まって

具体例を作り出すことである。それらの例が正しい例なのかどうか、あるいはその一つひとつがテストに出されるのかどうかは、誰も分からない。これが、学習が大変になることに対する学生からの抵抗［の理由］である。

　教員の観点からは、仕事が増えるという抵抗の理由は学習が充実している意味でもっともな理由である（私が期待するのは、いつの日かこの理由が、学生の観点からも言われることである）。それは、学習者中心のアプローチが学生を巻き込んで、学習課題に取り組ませている証拠である。すでに第3章で述べたように、学生が具体例を作り出す場合には、それ自体が学生による授業内容の学習を支援するプロセスであり、また具体例の挙げ方を学生に教えるプロセスである。教員によるフィードバックとガイダンスによって、学生は上手な例の一つを挙げることを学ぶことができるのである。

学習者中心のアプローチは学生に考えを変えることを迫る

　学生も学習者中心のアプローチに抵抗するが、その理由は彼らがこれを怖がっているからである。ほとんどの授業で行われていること——さらに言えば、学生が受けてきた教育の全体を通して行われてきたことは、同じこと、つまり教員が生徒にやることを指示することであった。それは標準的な型どおりのやり方であり、新学期がはじまるとき、学生が期待していることでもある。学生は学習者中心の授業に参加する。そして彼らが知っていることや居心地がよいと考えていたことが、この授業では何か新しいものと置き換えられている、ということに気がついてくる。この教員はパンドラの箱を開けたのである。あらゆる種類の新しい方針、実践、課題、そして可能性がそのなかからはじけ飛んだ。この授業では学生は何をすることになっているのか。いま誰が何に対して責任を負っているのか。新しい世界のなかで、この教員は何を求めているのか。

　これらの変化はさまざまな性格を持つ学生を驚かせる。実際に優秀な学生は、別の学習パラダイムで非常によい成果を上げてきた。彼らは、この［かつての］パラダイムがどのように働くのか、そしてよい成績を取るためには何をする必要があるのかを分かっている。学習者中心の授業では、ルールが異なっているから、ほとんどの学生は失望し怒りを覚える。彼らは新しいゲームの仕方を見つけ出す必要を求めないからである。自信過剰な学生も学習者中心の授業

では驚かされる。Keeley、Shemberg、Cowell、と Zinnbauer（1995）は、批判的思考力の技能を教えられることに対する抵抗を記述し、同じような抵抗が他の学習者中心のアプローチでも起こりがちであることに言及している。この研究の著者らはこの説明を精神療法の文献から描いている。「批判的思考の教師も心理療法士も、往々にして自己信頼が欠けている学生や患者に個人の責任や主体性を要求する。学生や患者はまだ上手くはできないことを試みなければならない。専門家に頼るよりも自分自身に頼るということは怖いことである。優れた批判的な思考者になることも、よき学生になることも、それらが意味するのは、リスクを冒すことであり、失敗や未知のことについての恐怖と闘うことである」(p. 141)。

学生が反抗する理由が彼らにある恐れのせいであるならば、その反抗は学習者としての彼ら自身が持つ信念から生じている。こうしたことは、課題、方針、そして新しい期待それ自体に対して抗議をする学生の事例とは異なる。問題なのは、学生が自分たちに求められていることをすることができない、と思ってしまう恐れである。

学習者中心のアプローチには失うことがある

Kloss（1994）は知的な成長に対する学生からの抵抗を図表にしている。彼が観察したのは、理解におけるある一つのレベルから別のレベルに移動するときは、失われる何かがあると同様に残される何かがある、ということだった。「私たちが教師として思い起こさなければならないのは、成長が学生のなかに喪失の感覚を生み出すことである。それは凝り固まったものを脱していくことであり、それが学生を支えていたもので、複雑性や混乱が増大する世界のなかでは避難所であったものである」(p. 155)。

私たちの多くは、成熟の途上にあったとき、次のような場面があったことを思い起こすことができる。すなわち、私たち自身に責任が帰せられたことを実際に行った、という場面、私たちが自分自身のために決定を下さなければならなかった、という場面である。私はかつて自分の父親に対して、とりわけ重要な決定であるが、それゆえに難しい決定に思われたことについて話したことを思い出す。私は父にどうすべきかを聞いてみた。父はアドバイスをしたいとも思

うし、意見を言う気持ちもあるが、私自身が決定しなければならないと言った。電話を切ったあとに泣いたことを覚えている。父が何をすべきかを言ってくれた方が、もっと楽だったが［でもそれではダメなのだ］。

　学習者中心のアプローチは、新しいレベルの責任を学生に負わせる。することとしないことについての所有権は、これまでよりも明らかに学生自身にある。私のところの学生の一人は、学習の振り返りのなかで次のように書いている。「この授業では私の運命は私自身の手中にある。何をしたいのか、あるいは何をしたくないのかを考え続けている。私に対して他人がこうせよと決定して、その決定を受け入れることを懐かしく思っている。」ほとんどの決定を教師が下す教室は、いっそう確実でかつ容易な場所である。［学習者中心という］新しいアプローチが個人の成長を促すが、［そこで生み出される］喪失の感情は情緒的な成長でもある。学生はこのことを頭で分かっているのかもしれない。しかしこの情緒的なものが時おり抵抗としてあらわれてくるのである。

学習者中心のアプローチにまだ準備ができていない学生もいる

　第9章では、責任と自律の高まりへとどのように学生を準備し促すのかを含めて、学生の成長に関する複雑な問題を考える。多くの学生がそうなのだが、私たちはほとんどゼロ地点からスタートしている。この学生たちは、まったくもって自立した学生ではない。活動、課題、そして方針のほとんどは、本書のいたるところで、学生がまったく所有していないような知的成熟のレベルを要求している。赤ちゃんがまだ食べられる力がないのであれば、私たちは固形食を与えはしないだろう。もしやってしまったなら、私たちは後悔する場合がほとんどである。それは学習者中心の授業に不慣れな学生にとっても同じである。学生は、私たちが求めていることをできないと言って、抵抗してくる。たくさんの勉強をしなくてはならないのが嫌で、かつての安住の喪失を恐れているがゆえに、学生は抵抗してくるのか、あるいは学生にはまだ学習者中心の授業に取り組めるだけの準備がないことに対して正当に反対しているのか。これらを見分ける賢明さが教員には求められる。第9章では学習者中心のアプローチに関する発展的な問題が究明され、学生が知的に成熟した学習者ではない場合に、スタートするにふさわしい活動が示唆される。

抵抗を識別する

　学生からの反対は見逃しようがないほど明白な場合が多い。それでも抵抗は、見かけの上では必ずしも学習者中心のアプローチに反対しているわけではない、という仕方で表現されることもある。たとえば、私の授業を受けた学生は、個別の課題に異議を唱えるとは言わない。その代わりに彼らは細かなことに注意を向ける。学生たちは、矢継ぎ早に質問を繰り返し、簡単な質問もしてくる。ばかげたと思われるようなものもあった。その質問には、以前はこのようなことは求められることはなかった、というコメントも添えられることもあった。

　KearneyとPlaxは抵抗のさまざまなタイプを同定し、授業の多くの側面に対する学生からの抵抗が広範であることを示している（1992年の文献を参照してほしい。彼らの研究のいくつかが要約されている）。これらの研究は学習者中心のアプローチに対する抵抗だけを扱っているわけではない。しかし、それらが同定した3つの種類の抵抗は、学習者中心のアプローチに対する抵抗が主にどのようなものであるかを描き出してくれている。

消極的で非言語的な抵抗

　この抵抗のタイプは、通常の場合は、この章の最初の方で記述したような熱心さの圧倒的な欠如としてあらわれてくる。たとえば、私は短めのグループ活動を取り入れようと考え、学生にそれについて説明する。学生みんなが何をする必要があるのかについて理解したあとで、「さあやってみましょう。グループをつくりましょう。3人から4人の人たちが一緒になって、グループになりましょう」と声をかける。私はかつてこうした声かけを、目に見える反応がまったくない授業クラスで試みたことがある。学生がただ座っていて、私を見て、時計を覗き、窓の外を眺める。「私には、あなたたちがグループをつくってもらう必要があるのです。椅子を輪にして、グループのみんながお互い知り合いになれるようにしてください。お願いします」と呼びかけた。彼らはこの指示をしぶしぶ受け取って、最小限の振る舞いしかしなかった。何人かの学生はいくぶんお互いを気にしはじめ、「グループになりたい？」とためらい気味で無言の合図を送っていた。それでも誰も机や椅子を動かそうともしない。私はそ

の時点で思い切って学生のなかに入って行った。情熱的な反応というわけではないが、元気よく微笑みながら、見た目としては気づかない風をして、怯むことなく言った。「そこのみなさん、君たちはグループですか。グループなら椅子を並べましょうよ。それとも私がアレンジしたらいいですか。」

　彼らのメッセージはまったくもって明確である。彼らが言いたいのは、「私たちはグループにはなりたくない」ということだった。しかし、この抵抗を言葉で表現する学生は誰もいなかった。このメッセージが態度として伝えられる場合には、リスクはほとんどない。教員が直接的に学生に対して「フレッド、何が問題なの？」と尋ねるならば、「大丈夫です。ここにいるみんなとグループになりますよ」というように言葉で表現される。[ここではようやく問題が顕在化してくる]。[しかし]消極的な抵抗は、抵抗の責任を負うことなく、彼らが異議を表現する方法である。このことは教員に特別な要求をしている。なぜなら、学生は抵抗していない、[つまり何も言っていないですよ]と主張することができるからである。

　熱意が欠けていることの他に、さらに受身の抵抗はちがった形で示される。たとえば、それは言い訳という形である。学生は教員が求めたことをやらないわけであるが、しかしそれは彼らがどのように[教師の要求に対して]感じたかを述べるというよりは、次のような言い訳をするのである。「2つテストがあって、その勉強をしなければならない。」「私は残業をしなければならなかった。」学生は教員からの要求を受け入れる振りをしながら、実際のところこれに応じないかもしれない。彼らはグループになり、友好的にあらゆることについておしゃべりをするが、しかし課題については議論しない。あるいはまた、学生は話し合いへの参加を拒否することによって、受身になって抵抗をするかもしれない。学生たちは十分に授業に参加する用意はあるが、しかし質問したり質問に答えたりすることを拒否する。彼らは教員と目を合わせようとは思っていない。受身の抵抗によって、反対や異議は振る舞いとしてはっきり示される。言葉で表現されるのとは異なって、こうした振る舞いは、学生が直接的にその振る舞いについて質問される場合には、否定されるか、あるいは[思っていることとは]ちがう説明がされる。

部分的な承諾

　教員が学生の受身の抵抗を無視し、あたかも彼らのメッセージを受け取っていないかのように学生から思われてしまう。そうすると、学生はよりいっそう抵抗して、いい加減に課題に取り組み、それを熱心にやることなく、異常に早く終えようとする。学生が早く教室を出たいと考えるときには、特にそうである。学生がなぜそのようなことをするのかについて彼ら自身がどのように考えているかは、私にはたしかではないけれども、彼らの考えは次のようなものであると思う。すなわち「私たちはこんな本当にくだらない課題をやっても、そこで先生が求めることをほとんどやらなかったのなら、きっと先生は、これは上手く行かないし、二度とやろうともしないと考え出すだろう」ということである。この種の抵抗については、グループで活動する経験があまりない学生や優れたグループ活動のスキルがない学生が、それゆえ課題をどう上手くやれるか分からないことからくる反応なのか、あるいは抵抗の一つの形式なのかどうか判断は簡単ではない。私はこの両方が組み合わさっているものと考えている。

　部分的な承諾もさまざまな仕方で示される。学生は［課題の］準備をして授業にやってくるが、彼らは自分たちが何を分かっているかを公にしたくはない。学生たちは興味深いオープン・エンドの問いへの反応のなかで、「知らないよ」とぶつぶつと言うだろう。学生たちは宿題の一部はやってくるけれども、全部を終えてくることはないだろう。ある学生はとても利口で力もある。しかしもっぱら最低限しか努力しないことで抵抗してくる。時に部分的な承諾は、学生たちが詳細な手続きばかりに気を取られていることからも示される。「あなた［つまり教員］が何を私たち［つまり学生］にしてほしいと思っているのか」についての質問ばかりとなり、別のやり方、あるいは［求められていることがどういうことなのか］の解釈についての質問が際限なく繰り返される。学生は議論に終始することによってしぶしぶ承諾していく。学生たちはウンザリするほど議論することによって抵抗しているのである。しかしながら、課題に関する終わりのない議論が抵抗の一つのあり方なのか、あるいは課題が学生を混乱させるほど不明確なのかどうかについて考えることは大切である。分別のある教員は憶測で判断しない。分別ある教員は学生からより多くのフォードバックを得ようと努力する。

あからさまな抵抗

　あからさまな抵抗が発するよい知らせは、あなたはそれが抵抗なのか抵抗ではないのかを考える必要がない、ということにある。そのメッセージは分かりやすく、感情がともなわれている。時にはそれが強すぎる場合も見られる。そのもっともよいシナリオは、不満を持つ学生がオフィス・アワーでの話し合いを終えると、［すっきりして］異議申し立てを止めるようになる、という事例である。しかし、この最良のシナリオは頻繁に起こることはない。これがあからさまな抵抗についてのあまりよくない知らせでもある。異議が授業のなかで申し立てられ、意面を突いて表現される。しかも不器用に伝えられる。「他の先生はこんなことを私たちに要求したりはしません」「なぜ私たちが答えを見つけなければならないのですか。先生は答えを知っているでしょ。なぜそれを言ってはくれないのですか」などである。授業料を自分で払っている大人の学生は、18歳年齢の学生とのグループ活動を求められると、特に頑なになる。ある大人の学生が、他の学生の前で、私にこう言ったことがあった。「私はこのことについて多くを分かっていない。でも分かっているのは、子どもの集まりと一緒にここに座っている時間など私にはないということだ。この子どもたちは私よりそのことについて知らないのだから。」ある同僚は次のようなことを言われている。「なぜ先生が私たちにグループ活動をさせるのかを知っていますよ。そういう日は、授業を準備する時間がなかったのでしょう。」また別の同僚には次のようなメールが送られてきている。「ほとんどの学生は教師が講義するときにもっとも学習することをあなたは理解しなければなりません。私たちの授業も例外ではありません。」

　これらの異議に対してよい返答の仕方があるにちがいない。怒っている学生が異議を申し立てる。その異議の内容は、教員がすべきだと学生が信じていることを教員がやっていない、ということを示唆している。しかし瞬時によい返答の仕方が私たちに浮かんでくるとは限らない。このような状況においては、もちろん守勢になってしまうのは普通のことだが、たとえ攻撃が個人的な思いからのものに見えたとしても、実際にはそれは個人の問題というわけではない。抵抗［の理由］は、前の節で確証されたように、教員とはほとんど関係がない。抵抗の理由とその表現の両方を理解することは、こちら側からの応答を考える

準備となる。学生が自分たちの抵抗に関係する手助けなるような答え方を、私たちは見つけているところである。

抵抗を克服する

抵抗に対応する最良の方法は、コミュニケーション、つまり授業に参加する人々の間の自由かつ開かれたやり取りにある。私は必要とされるコミュニケーションを4つの方法で特徴づける。そして抵抗には、教師がそれらのコミュニケーション方略のすべてを使用するときに、もっともうまく対応できるということを提案する。抵抗の克服は、教員が学生のためにすることではなく、教師が学生を支援して、学生が自分たちのために成し遂げることである。重要なのはこのことを思い起こすことである。

学習者中心のアプローチのための理論的根拠に関して、頻繁かつはっきりとコミュニケーションせよ

学習者中心の教員は、自分たちが学生に取り組むように要求していることの背後にある教育の理論的な根拠を説明する。こうした教員は、課題や活動の理由あるいはメリットが学生に明白であるとは考えていない。私たちのほとんどは、学生がそうしたことを理解できていないことを苦い経験を通して学んできた。典型的には、学生は授業の活動、課題、あるいは方針の背後にある理論的な根拠について考えるために、たとえやったとしても、それに時間を十分にかけることはない。学生は成績や他の不安に考えを集中させる傾向がある。たとえば、この教員が欲していることを理解しようと試みるが、その教員がなぜそれを求めているかを理解しようとはしない。

しかしながら教員は、自分たちが学生にやるように要求していること、そして学生が学習者中心の教室のなかでやらなければならないことによってびっくりさせられたこと、これらの背後にある理論的な根拠を定期的に説明することはない。新しい課題、馴染みのない活動、そして異なる方針は、教員がたいていの場合にやるような合理的で客観的な方法によって説明されるばかりでなく、それらは説得力をもって提示されなければならない。教員は学生に新しい考え

を「売り込む」ということを試みなければならない。あるいは少なくとも、そのような課題、活動、そして方針に関するしっかりとしていて説得力のある理由を提示する必要がある。

　この説得する努力とともに、学習者中心のアプローチを正当化する積極的な試みもある。「私たちはお互いに同じことを求めている。それは価値ある授業コースであり、あなたたちはそれにお金を払った分だけの価値ある授業のことです。私のねらいは、学習を助成すること、多くの学習、深い学習、理解という意味の学習を助成する授業を提供することです。そして私はあなたたちが洗練された学習者になることを望んでいます。」「たしかにあなたたちは間違ったことは言っていません。私が求めていることは、学生にとってはいっそう労力が必要だからです。私がすぐにあなたたちに事例を与えれば、あなたたちにとってはきっと簡単なのでしょう。しかし、私がここにおらず、あなたたちが事例を必要とするときのことを考えたらどうでしょうか。私が答えを与えるやり方は、そうした将来に、あなたたちを準備させることになるのでしょうか。」

　これに関連しながら、このアプローチを弁明するメッセージは冷静かつ穏やかに伝えられる。「私は、みんながこの授業コース、課題、そして活動を好きかどうかにはまったく興味はありません。この授業コースや私がしてほしいと要求することが、どのようにあなたたちの学習する努力に影響を与えるかについて関心を持っています。みなさんは［そういう意味を理解して］この教材を学んでいますか。」「私はみんなが自分たちの気の合うグループをつくらせようとはしていません。ほとんどの職業上の文脈では、私たちは一緒に働く人々を選んだりはしません。私たちはチーム、グループ、委員会に割り当てられ、知らない人とまた場合によっては好きでもない人とともに生産的に働くことを期待されます。」それが説得であるにせよ、正当化であるにせよ、そしてまた弁明であるにせよ、これらのメッセージは結局のところ理由を明確にするかどうかがすべてである。

　しかし悲しいことではあるが、おそらくあなたは、私が説明という教え方の別の事例を言っているだけに過ぎないと思ったかもしれない。私が学生に理論的な根拠を理解させることをはじめて試みる場合には、たしかに学生には直接に説明する。私はこのことを自覚はしている。ただ後に、私は説明するという

よりは、問いはじめるようにしている。学生の反応は私が期待していたよりも洞察に富むものではなかったが。「学生が自分自身の参加を評価するように教員は求めるわけですが、なぜそうするのだと考えますか」「私たちが悪い評価の責任を教員のせいにすることを、先生は望んでいないからだ」「教員はたくさんの成績をつけなければならないので、助けを必要としているからだ」「先生は学生のことが好きで、私たちにコントロールの一部を委ねたいと思っているからだ」「参加して［学習］することは、とても面白いことだから」などである。私は理由を説明するやり方に逆戻りすべきか、と悩んでしまう。しかし多くの場合は、私はそうした後戻りはしない。後戻りしない代わりに、私はあまり気は進まないのだが、理論的な根拠を考え出した学生にボーナス・ポイントを少し出すようにした。私が学生に取り組ませることの背後にある理論的な根拠は、学生がその根拠を探究し解明するように要求しなければ、不可解なこととしてそのまま残っていく。

励まし、積極的に強化するメッセージを伝えるようにせよ

　経験則からすると、学習者中心のアプローチがいっそう多くの活動を要求するという事実に起因する抵抗は、学生にとってはもっとも克服が容易なものである。学生が立ち止まって、学習者中心のアプローチについて考えるならば、彼らはそこに道理があると捉えることができる。すなわち、［資料を］読むなかで何が重要なのか、試験に何が出題されそうなのか、どのような事例が理論を説明するのか、なぜそうした事例は問題を解決するために必要なのかを考え出すことができる、という道理である。教師が学生の繰り返される不平に促されて、学生が知る必要のあることを彼等に説明してしまう。このようなことが起こらなければ、学生は比較的早く［学習者中心のアプローチに］納得していく。もっと執拗な抵抗の理由は不安や恐れ、そして新しいことと古いことを別々のやり方で求められる不愉快にある。

　学習のファシリテーターとして、教員は学生の側に立って、喜んで励ましとサポートを提供することができる。「これはあなたたちに強要していることは分かっています。でもあなたたちがこの課題を扱えると思わないのであれば、私は要求などしません。あなたたちは考え出すことができるのです。」「フラス

トレーションを感じたりミスを犯したりすることは、学習プロセスの重要な部分です。そうしたことから何が学べるかを見ていきましょう。」

こうした励ましのメッセージとともに、必要なときには、［学習者中心のアプローチを実践する］あなたは積極的な強化を与えなければならない。称賛には値しない行動、活動、あるいは寄与を不誠実にほめることは、相応しい［価値ある］ことではない。うまく運び、正しく展開し、あるいは高いスタンダードを満たしたことが全体のプロジェクトの小さな一部であるときにこそ、それ［つまり積極的な強化を与えること］が必要である。実際に、［学生からの］フィードバックのほとんどが否定的に違いない状況下では、それ［積極的な強化を与えること］はいっそう必要とされる。

学生を納得させ、そして彼らが感じている抵抗を自分たち自身で克服する手助けをするためには、教員による励ましは、学生が学習し、物事を発見し、そして成熟した自律的な学習者に成長する、という断固としたかつ絶対的な確信に基づく必要がある。なるほど、すべての学生がすべてこうした課題を満たそうとするわけではない。学習者中心の授業クラスでは、学生はいまだ間違いを起こすし、失敗するし、場合によっては私たちを落胆させる。この現実によって、私たちがこのアプローチを使うならば、ほとんどの学生がよく学習できる力はあるのだ、ということについての信頼がぐらつくことがあってはならない。あなたが実際にまた心から、学習者中心のアプローチは学生がよりよい学習者に成長する手助けをできると信じるならば、学生が必要とするこうした励ましや援助を送ることは、いっそう容易なことである。

学生の学習経験についてのフィードバックを定期的に強く求めよ

抵抗が乗り越えられるのは、学生に抵抗それ自体について語る機会を与えるときである。新たな課題が与えられたとき、学生に質問を促し、そして気になっていることを語らせなさい。そして、それらの質問に穏やかに、かつ徹底的に答えなさい。プロジェクトの活動が進行中の場合には、どのようにそれが展開しているのかについて、webオンラインであろうと、あるいは授業内であろうと、学生同士で話し合うことを求めるようにしなさい。学生がガス抜きをする必要があるのであれば、そうさせることである。その後、これらのフラスト

レーションについてどうすべきかに議論を再焦点化してゆく。プロジェクトをよりいっそう有益な学習経験にしていくような変化はつくり出せるのだろうか。提案のいくつかは実施不可能かもしれないが、考えるに値するものではあるかもしれない。

　プロジェクト、活動、あるいは課題が終わった後に、振り返りの議論を設けなさい。これらは学生にとっても教師にとってもためになる。私は、授業の終わりまで待つというよりは、活動が一区切りしたときに、こうした議論が適切に行われるようにすることを勧めている。それぞれの心のなかに［活動した］経験がまだ新鮮だし、後になって話すよりは、この時点で話す動機を学生は強く持っている。フィードバックが記述式なのであれば、オープン・エンドの質問の方が、学生に活動の経験を数値で評価するよう求める質問よりも、いっそう多くのことを明らかにしてくれる。それはたとえば、何がうまく行っているのだろうか、変化には何が必要なのか、という質問である。

　私は授業におけるこの種の報告の議論がいいのではないかと思う。こうした議論は学生にとっては、［自分で自分の学習を振り返る］評価フィードバックの練習の機会になる（私はこれを第7章のなかで長々と主張しておいた）。またこうした議論は、授業で行われていることについての当事者感覚を構築する一部となる。クラスの誰もが経験をシェアして、このシェアしたことが内容を学習する努力にどのように影響を及ぼしたのかに関して、そして学習者中心の学習の仕方に取り組むことで学習プロセスについて何を学習したのかに関して話し合う。議論が実り豊かになるように、あなたは学生グループにプロジェクトを評価する課題を与えることもできるだろう。学生は調査を考え実行したり、クラスメイトにインタヴューをしたりするだろう。そうした結果のプレゼンテーションは、クラス全体の議論の出発点となる。プロジェクトにおける経験について話し合うことは、その後に続く課題や活動に対する抵抗を減らしてくれる。

　このような話し合いは学生の利益になるばかりでなく、同じように教員にも価値がある。この話し合いが困難になるのは、あなたがほとんど完璧に近い学習経験を意図して話し合うような場合である。どの学習者中心のアプローチも、現在進行中の活動として捉えることがよりよい考えである。あなたが期待する学習者中心のアプローチは、時間とともに、学生のフィードバックに対する応

答のなかで発展し変化していくであろう、というように考えるのである。ただし、いつも建設的に伝えられるわけではないフィードバックを受け取って、それを扱うことを覚悟しておく必要がある。別のところでも議論したように、有益なフィードバックを提供することについての学習は、実践とともに発達していくスキルである。あなたが実際にすることはできない提案に対してどのように反応するかについて考えることも、よいことである。実際にできない提案として、たとえば、活動の学習目的を譲歩するような場合が挙げられる。学生が提案する変更を受け入れないと決定したときには、学生は受け入れられない理由を知ると納得できる。あるいは反対に、あなたがこのような話し合いを持ちたいと思い、いくつかの良い意見を得ることを求めることも考えられる。あなたには良い意見を聞くチャンスはある。

教員が積極的に学生のフィードバックに応答し、変化を生み出すときには、それがさまざまな仕方で学生を動機づける。第1に、教員による積極的な応答と変化は、学生がいっそうフィードバックを提出するように彼らを励ますことになる。第2に、それは授業クラスで行われることに対する責任感を高める。学生からの意見を取り入れ利用することは、教員が学生に、授業クラスの重要な事がらについて意見する機会を与えている具体的な証拠になる。いまや学生も授業で試みていることが成功するかどうかに他人事ではない関心を持っている。そして最後に、学習経験の構想と再構想について考える機会によって、学生が自分たち自身の学習経験を構想するときの準備をすることができる。

学生の抵抗に抵抗する

不満ばかりで、やりたくないと駄々をこね、不平をこぼす学生によって、教員はすぐさまイライラさせられる。意識的にしても無意識にしても、それは学生の計画の一部である。教員を疲労させ、そして諦めるのを学生は見ているのである。教員がそれをしてしまえば、学生は反抗がうまく行ったと思う。そうして反抗が増していくことを予想することができる。あなたがそれに抵抗して、この節で提案されたコミュニケーション方略によって自身の凝り固まった反応を和らげれば、学生の反抗は少なくなる。

新しい課題、活動、あるいは方針が計画の通りに進まない、またたくさんの

不平を引き起こすことがあるならば、そのことは学生に屈することに傾いていく。しかしながら、学生を支援して彼ら自身が抵抗を乗り越えていくことを望むならば、その計画に固執する必要がある。これは、あなたが修正をしたり小規模の変更をしたりできないことを意味するわけではない。ただ、学生に取り組ませるという学習者中心の特徴をゆるがせにするとき、［教員の学習者中心の授業に対する］諦めがはじまってしまう。学生が答えを考え出す必要も、グループで学習する必要も、相互にフィードバックする必要も、彼らがやるべきことについて決定する必要もない場合には、学習者中心のアプローチが放棄されていく。

　自分がもう二度と使いたいとは思わない活動の一つであるとすでに決めながら、あなたはもう［学習者中心のアプローチを］やめたいと望んでいるのかもしれない。しかし、一度学習者中心の活動がはじめられると、この授業コースをやり遂げ信頼し続けることには利点がある。上手く行かないとき、すべてが順調に運ぶなどとは無理に主張する必要はない。しかしあなたの（学習者中心のアプローチに対する）信頼は、このアプローチの効果をサポートする理論と研究に基づいている。またこの信頼は、学生が挫折や難しさを感じる課題、活動、あるいは方針についての学習者中心のアプローチの側面を学生自身が「決定する」こと、あるいはこれを少なくともよりよくしていくこと、これらの手助けをするあなたの能力に基づいている。

　学生の反抗が現実として起きたならば、中途半端な気持ちで学習者中心のアプローチに取り組んではならない。あなたは自分がしていることについて、ためらったり揺らいだりしてはならない。それは反抗の火に油を注ぐようなものである。あなたはより安心で安全な授業のやり方へと引き下がり、戻っていくように感じるかもしれない。しかし、あなたが学生とともに活動するとき、学生が見るべきことすべては、学習者中心の目標に対するあなた自身の動揺なきコミットメントである。［それがないと］学生はあなたの動揺した傾向の感覚を受け取り、そして学習者中心のアプローチから降りて行くのである。

　あなたが学生の抵抗を経験し、それを扱うことがあったらならば、決して一人ではないことを思い出しほしい。それは多くの教室にある反応であるし、私たちの多くは反抗が減っていくことを見てきた。時には完全になくなることも

あった。その代わりに生まれてくる学生の変化に感動することもあるだろう。私たちの多くが学習者中心のアプローチにコミットしているが、もはや以前に教えていたやり方に戻ることなどできない。それと同じように、学生もかつて学んだような学習をもはや望まないということを分かってくる。選択肢がない授業、学習への焦点がない授業、責任や自律がない授業では、こうした学生はイライラするようになる。私は、［学生にとっては分からないが、少なくとも私にとっては］短いと感じた講義をしたある日のことを覚えている。学生がお互いを見ていることが私には分かった。そしておずおずと手が上がった。「ワイマー博士、グループでやる活動が多くあります。先生が講義していることは、課題資料のなかに書いてありましたよね」。私は少し嫌な感じを覚えたが、新しい考えを加えたと思えた。私が感じるべきだったのは、感動の気持ちであった。

教員の抵抗

不運にもこの章はこのような積極的な雰囲気で終わるわけにはいかない。同僚や管理職にある人々は、学習者中心のアプローチを疑問視している。彼らの抵抗は開かれたコミュニケーションによって、簡単には消えることはない。学生の抵抗を扱った場合と同様に、同僚や管理職にある人々による抵抗の理由を分析することから、ここでの説明をはじめよう。どのような理由があって彼らは反対するのだろうか。これを理解することで、こうした抵抗を扱う方法を突き止めることができる。

教員の抵抗の理由

同僚のなかには、学習者中心のアプローチにかなりの脅威を感じて抵抗する人もいる。このアプローチの授業は、教員の気概をいくつかの異なったレベルで試すことになる。それは権力と権威の問題を扱っており、内容となる専門的知識に対する独占的な信頼を取り上げてしまう。それゆえそれは、教員を学習スキルの指導という馴染みのない世界へと移行させる。学習者中心のアプローチは、広く利用されている授業実践についての疑問を引き起こす。学生の［まだできはしないだろうと思われる］成長レベルを理由に、抵抗する教員もいる。

このように、すべての教員がすべてこうしたアプローチに対する準備ができているわけではない。何人かにあっては、おそらくはまったく準備などできていないだろう。
　しかしながら、同僚が学習者中心のアプローチに対する異議の理由を述べるときでも、彼らは、このアプローチが脅威であるからだとか、あるいはそうでなければ個人的に当惑させるものだと思っているからだとは、あなたには言いたくはないであろう。このことは間違いない。自尊心の強い大学教員は、そうした情緒的で潜在的には不合理な理由を認めはしない。あなたはあなた自身のために次のことを見定めなければならない。すなわち、この同僚は学習者中心の考え方に抵抗しているのだろうか、それとも学習者中心のアプローチが、まだ引き受けたいとは思えないリスクを含んでいるから、実際に抵抗しているのだろうか、ということである。
　別の同僚は、より客観的な理由で抵抗する。彼らはこのアプローチが帰結するであろうことを心配している。すなわち、授業コースにおける内容量をおそらくは減らすことになること、学生が授業の方針を決めるようになること、授業時間を学習スキルを伸ばすために充てることになってしまうこと、ルールや必要条件を減じることになること、そして学生に自己評価と相互評価における役割を与えることになること、などである。教員の多くにとって、これらはずいぶんとラディカルな考えであるし、その限りで正当な疑問が投げかけられている。これは学生の事例の場合と同様に、正当な理由による抵抗である。こうした同僚は疑問を出しているわけだが、これには答えがある。彼らの問いは、学習者中心の授業のメリットを他の人々に伝え、場合によっては納得させる機会を提供している。

教員による抵抗に対処する

　教員の抵抗に応じることは次の準備からはじまる。すなわち、教授と学習において学習者中心のアプローチを支える理論的、実証的、そして経験的な知識の基盤について知ることである。抵抗する人々から出される疑問には答えることができるし、それは本書の別の章でも言及されている。抵抗の理由が不安にある場合には、議論も、よい理由も、そして証拠もうまく働くことはないだろ

う。このような状況下では、あなたができる最善をつくした上で、彼らの不安をそのままにしておいて、以下のような支援の方法を心にとどめておくことである。

政治的駆け引きに気を配れ

　教員はとても観念的である。彼らは自分たちの側に真があると一度確信すると、徹底して反撃してくる。もしもあなたが年上で、終身雇用にあって、意見衝突からいっそう活動的になる人であるならば、さらに進んで、抵抗をする人々と闘ってもよい。しかしそうした条件にない場合には、あなたの置かれている政治的な現実について無知であってはならない。あなたがまだ終身雇用を得ていないのであれば、勤める大学で学習者中心のアプローチを実践する教員にはなれないだろう。結局のところ学部長との仲が悪くなれば、あなたの評価――もちろん価値がまだあればの話だが――は想像以上に厳しいものになるかもしれない。学問の自由は素晴らしいことである。しかし私たちは極めて政治的な組織のなかに今も生き、働き、そして生き残っていかなければならないのである。

全体の考えを転向させようとは試みてはならない

　これは政治について心に留めておくべき2つ目の標語である。学習者中心のアプローチを熱心に実践している人々は、私たちはもっと多くのこうした教育を必要としているのだ、とあなたに語る最初の人物だろう。しかし他人の授業アプローチを宣教師の熱心さでもって追及することは勧められてはいない。変化のペースはイライラするくらいゆっくりである。それは、いつも学習者中心のアプローチを信じられない人たちをいっそう抵抗するようにしてしまい、宣教師を危険な場所に置くことになる。私たちが学生の場合と同様に認識している原則がここでも当てはまる。それはすなわち、あなたは学生のために何かを学習することはできないが、これと同じように、あなたは他人の授業を改善することはできない、という原則が当てはまる。

　新しい方法に乗り出すときには、仲間をつくっていくのは大切なことである。他人の助けがあることは、これらを変化させる決定の正しさを示してくれる。しかしながら、私たちがするように他人にも同じことをさせる要求は、ずっと引きずっている疑問や自己疑念から由来する場合がある。他人がこれらのアプ

ローチを採用するようになることを求めるとき、その動機をあなたは検証すべきである。学習者中心のアプローチは、多くの人たちがそれを使っているから「正しい」のではない。このアプローチが「正しい」のは、それらが経験的、理論的、そして実験的な証拠に基づいているからである。誤った理由から他の仲間を探そうとしてはならない。他の人々の考えを転向させる試みは、効果的に学習者中心のアプローチを使いこなすために注がなければならない時間を奪ってしまう。

あなたの教室の自治権を活用せよ

　私たちの教室の自治権は常に有益なわけではないが、この場合では利点が多い。授業であなたが行うことは、ほとんどあなた自身の事がらとなる。あなたが所属する機関が、学習者中心以前の授業をやるのが当たり前であっても、誰もあなたがこれらのアプローチのいくつかを試すことをやめさせることなどないであろう。あなたは、あなたがやっていることを知らせる掲示をドアに貼っておく必要はない。ただ実践すればいいのである。私は不誠実であることを提案しているわけではない。しかし、広く知らせる必要などないし、特にあなたが所属する世界の人々が、学習者中心の仕方であなたが授業を変えようとしていることに疑問を抱いたとしても、掲示の必要はないのである。

学習者中心のアプローチのインパクトを記録せよ

　学習者中心のアプローチが有効であるとの証拠は、同僚や管理職にこのやり方を説き勧めるよりも説得力を持つ。彼らにこのアプローチが達成していることを言葉で語ってはならない。このやり方が有効であることを実証する証拠を集めておくことが大事である。ここで私は、授業評価アンケートのデータのことを言っているわけではない。ほとんどの大学は、教師中心の教える授業を想定した形式をいまだ利用している。それらのフォームは、不適切な項目を含んでいるし、集められるべきフィードバックに関する項目を含んでいない。多くの大学は特定のフォームの使用を要求し、授業者はその決まった項目を別の項目に置き換えることを選択できない。もしこれが可能になるのであれば、学習者中心のアプローチのインパクトを記録するデータを教員が収集することは、いっそう欠くことのできないものになる。

　証拠記録が学生の活動の実例、つまり終了した試験、レポート、そしてプロ

ジェクトなどを含む実例の場合もあるかもしれない。個々人の学生の活動結果の収集は、成長を示すために活用することができる。証拠記録は次のような調査を含む。すなわち、学生の学習の努力にこの学習者中心の授業コースの局面がどのように影響を与えたかについて報告するよう彼らに求める調査である。それは、学習者中心の場面における学生のパフォーマンスと、教師中心の場面で学習した学生のパフォーマンスとを比較する研究になるかもしれない。

　新しいアプローチの効果を記録することは、2つの理由から重要であり、これを思い起こすことが大切である。ここでの議論では、同僚の抵抗に対応するために活用できる証拠を集めることに焦点が当てられた。管理職を含む他の人々を、学習者中心のやり方は授業の正当かつ効果的な方法であることについて納得させための証拠収集にフォーカスが絞られていた。これらは、教員が特定の活動、課題、あるいは学習法の効果を理解するために必要となるデータの種類かもしれないし、あるいはそうでないのかもしれない。さらに問題が学習課題、活動、あるいはその他の種類の学習経験の評価である場合には、教員は学生の詳細で具体的でそして記述的なフィードバックから多くの利益を得られる。どのような種類のデータが集められるかについての決定は、なぜデータが集められるのか、その理由に左右される。

同じ志の仲間を探せ

　あなたが所属する学部には学習者中心のアプローチを試みる人が他にいないかもしれない。しかし、あなたが所属する機関であなただけがこのアプローチを活用する唯一の教員ではない、という可能性はとても高い。そしてあなたの所属機関を越えて、この研究で記述した種類の授業方略によって実験を試みている学部が多く存在している。それらの機関は、自分たちが行っていることを学習者中心だと必ずしも呼んでいるわけではないが、それでもそれらは学習によりいっそうフォーカスを当てた授業方略を活用しているし、そのほとんどは非常に喜んで、自分たちがしていることやどのようにそれが上手く行っているかについて議論をしている。

　同僚から、また同僚とともに学ぶことができることは多くある。そうした同僚があなたの専門分野の同僚である必要はない。なるほど、専門分野に特有の内容に関する問題は存在するが、学習者中心の授業においては諸専門分野を超

える多くの側面が存在している。抵抗もこうした側面の一つである。他の学部で学習者中心のアプローチを実践する教員が、自分が所属する学部の教員からの抵抗に対処するための考えを持っているかもしれない。その仲間はこのやり方の効果を記録するためのデータを収集することに関して考えがあるかもしれない。見つけられるところではどこであっても、同じ意見を持つ仲間を探すことは大切である。

　結論として言えるのは、抵抗を積極的に考えることは助けになるということである。学生や同僚が抵抗したときには、そこで何を学ぶことができるのだろうか。他の同僚から上がる異議によって、私たちは、自分たちがしていることを見つめ続けることができ、なぜそれをしているのかを問い続けることができる。抵抗は私たちを動機づけて、理論や研究を探究し続けさせる力となり得る。また学習者中心であることにはどのような意味があるのか、そしてなぜこのやり方で教えることが学生の学習経験を変化させるのかについて、よりいっそう学び続けることができる。私たちは学生からの抵抗に効果的に対応する仕方を学ぶことができる。私たちの多くは、学生が学習者中心のアプローチを活用するようになるにつれて、彼らの抵抗は徐々になくなっていくことを分かっている。それは同僚の抵抗よりも先に上手くいく場合が多い。学生が一度はじめれば、あなたを後戻りさせようとは思わない。彼らによってあなたは継続的に前に進むことができる。同僚の異議や抵抗は、あなたが進んだ後に舞い上がる濛々たる埃のなかに残しておけばよいのだ。

第9章
開発的アプローチの採用

　大学教員が学生や学習のこと、また教授法について思考をめぐらすとき、発達段階を考慮することはない。18歳から22歳までの学生が子どもから「大人」になり、大学時代に心身ともに成熟することは知っている。また、あらゆる年齢層の学生が、諸々の教育体験を通じて知的に成長することも知っている。しかし、その成長はいかにして起こるのだろうか。そこにはどんなプロセスがあり、教員はそこにどう建設的に関わることができるのか。こういった問題はあまり深く考えられていない。その結果、多くの教員が、1年生にも4年生にも、まるで同じような活動や課題をさせている。4年生にはより多くの課題を、より上手にやるよう期待するが、彼らのやっている内容の大半は、彼らが大学1年のクラスでやったこととほとんど変わっていない。1990年代はじめに、Erickson, Peters と Strommer（1991; revised and expanded edition, 2006）が、18歳の大学生における発達上の問題に取り組んだ『初年次教育』（*Teaching College Freshmen*）という優れた本を執筆した。私はこの本を第一冊目とするシリーズものが、2年生、3年生、4年生、そしてできれば大学院生までを対象にして続くべきだと思った。教員は、学生が今まさに体験している発達上の変化について、また、そのプロセスに教室内の出来事がどう貢献するかについて認識を持つべきであるからだ。

　こうした精神的および知的成長過程と共に考えなければならないのは、依存心が強く消極的で、往々にして自信のない学生から、やる気があり、自律した、自己調整的な学習者へと変貌するプロセスに特有の課題である。学生がいかにして学習者へと成長するかについては多少知られているが、その成長に対して特定の教授法、活動、課題がどんな影響をもつかについては、十分な研究がな

されているとは言い難い。本章で提案されていることのほとんどは、自己統制力のある学習者を育成するために諸々の方法を試みた私たちの観察と体験から導き出されている。カリキュラムもまた、学習者中心の内容に構築することが可能だ。多くのカリキュラムは未だそうなっていないが、学習者を中心とする信条が個々の教室内の体験を超えて推し進められていくのであれば、多様な授業の連続の中で、どのように学習体験を繋げていくことができるかを考慮しなければならないだろう。発達上の問題は学生のみならず、教員にも関係している。このような問題とそれに対する教員の反応については、本章の結びで語ることになる。

発達のプロセス：私たちは何を知っているか

いくつかの原理から始めよう。学生を自律と自己調整の方向へ導こうと試みてきた私たちの経験から、このプロセスには4つのポイントがあると言える。1. それは自動的に起こることはない。2. それは予測可能なペースでは起こらない。3. それは直線的ではない。4. それはすぐに起こるものではない、ということだ。学生に代わってほかの誰かが学習に関わるすべてを決定してくれても、学生が自立した学習者になるのは非常に難しい（おそらくほとんど不可能に近い）。そこで、必要なプロセスの一部ではあるが重要ではないものは、学生の自由なコントロールにまかせることになる。しかし、そういう機会を与えたからといって、学生がそれで望ましい方向に動くことは保証されない。自律と自己統制力が培われる状況にいるにもかかわらず、学生のなかには、非常に依存的な学習者であり続ける者もいる。

学生は、こちらが予測できるペースで自立した学習者になることはない。時に進歩はゆっくりと着実に起こり、時には逆るような成長があり、逆にまったく動く気配さえない時もある。こういった変化の速度の変わりやすさは、集合体としてのクラス同様、個々の学生においても見られるものだ。この成長の速度はまぎれもなく、成熟と知的発達に関わる他のプロセス——つまり、学生の人生のなかで起こる一切のこと——に影響をうける。教員にそこを支配する力はほとんどない。しかしまた、成長の速度は、教員が支配できる部分からも影

響を受ける。それこそが、授業における一連の活動と課題である。

　学生が、あるときは前によろめき、そうかと思うと後退するという事実は、彼らが学習者として成長していくときの進歩が直線的ではないということを示している。学生は、学習者中心の多様な活動を、ぱっとした効果も見えないままやり続けているだろう。しかし、ある日突然、光が差し込む——学生は内容を理解し、その日以前にいた場所よりもはるか先に来ているのだ。しかし、その逆もまたしかりである。もし間違った学習決定をしてその結果を経験したり、ある課題が学生を安全地帯の外に追いやったりすると、彼らはあっというまに後退しうる。自分たちに代わって学習決定をしてくれるよう教員に依存する段階に戻ってしまう。彼らは、自分たちが何をすべきか指示をほしがり、やり方を知っている課題を求める。幸い、ほとんどの学生にとって、こういった後退は一時的なものである。

　最後になるが、たいていの学生はゆっくりと自立へ向かう。時間をかけて、自律し自己調整的な学習者に成長する。授業ひとつで学生は変われるだろうか？　一般的にはそうではない。実際、その進歩はあまりにも微々たるもので、私たちの気力を挫くほどだ。そういった時には、一個の授業で出会った教師とそこでの色々な体験は、その授業が終わった後まで彼らに影響を及ぼし続けるということを思い出すことが大事だ。2002年の初版以来、学習者中心の体験には長期の効果があることを裏づける経験的証拠が出てきている。本書の第2章で取り上げたDertingとEbert-May（2010）の研究は、骨太な経験主義的方法を用いて、生物学のカリキュラムの初期段階で学生が受講する2つの授業——学習者中心的で調査型の授業内容——の効果を解明しようとした。4年次に、これらの学生は生物学の科学研究調査（the Views about Sciences Survey）で高レベルの分析結果を示し（これは学生が生物学を探究のプロセスとして理解していることを示す）、この2つの授業を受講しなかった学生よりも、標準生物学実地試験（standardized Biology Field Test）で高得点をとったのである。

　学習者中心の環境は、大半の学生を確実に変える。しかし、その変化はあまり速いものではなく、同じスピードではなく、望む方向に一貫して進んでいくものではない。しかし、学生が変化するその在り方には十分に一貫性があり、そこからひとつのモデルを導き出すことができる。たとえばGrow（1991）は、

依存から自己統制へと向かう一連の段階を提示している。彼はこのプロセスを「確定的なものとしてではなく、自己統制的な生涯学習を奨励する人達の間で交わされる会話のなかの一発言として」(p. 147) 説明している。残念なことに、この「会話」は、学生の変化に関する他のモデルの発表や、この特定の進歩を確証する研究にはつながっていない。しかしながら、Grow のモデルは広く参照され、学習者が進歩していくときに辿る幾つもの段階をまとめたものとして、その感度の高さを証明している。彼は次のように語っている。「理論は、それが役に立つためには必ずしも正しいものである必要はない。我々がとるほとんどすべての行動は、幾つもの誤解が上手く一致したことから生じている」(p. 127)。

Grow は、依存的な学習と自立した学習の間には 4 つの段階があることを指摘する。第 1 段階では、学生は「依存的」であり、自己統制的ではない。彼らは「何を・どのように・いつやるか、明確な指示を与えてくれる権威的人物を必要とする」。学生が前に踏み出す手助けをしてやるために、Grow は教員が「コーチをする」よう勧めている。学生は「ある特定の識別可能な力を身に付けるのに没頭しているべきだ。教師は、学生ができると考えている以上のところを標準とし、彼らが成功するのに必要なことは何でもしなさい」と語っている (1991, p. 130)。

次の段階にくると、学生は「興味を持ち」、やや自己統制的になる。自分で目標も設定し始めることができるようになる。ここでは、学習に情熱を燃やす教員たちの手で、学生は自信をつけ、学習スキルを構築していくことが可能だ。学生は往々にして教員の熱意を内面化し、この段階を終える頃にはおのずから自分のモチベーションを見出している。

第 3 段階では、学生は学習の「参加者」で、自己統制に向かう中間レベルにある。彼らは、自身を己の教育の参加者として捉えはじめ、自分の学習方法について知りたいと思うようになる。世間に知られた学習戦略を活用したり、自分の学習に合うようにアレンジし始める。この段階にくると、学生は以前よりもよく他者から学んだり、または他者と共に学ぶことができるようになる。教員は今や、学習をめぐる意思決定のプロセスにおいて共同の参加者、あるいは参加者同士をつなげる参加者として機能する。学生は、教員がアドバイスや指

導ができるよう、自分の勉強について、教員に定期的に経過報告を作成するとよい。

ついに学生は「自己統制的」と言えるレベルに到達する。自ら目標を立て、自分の勉強が満たさなければいけない基準を設定することができる。Grow (1991, p. 135) によれば、このレベルになると教員は「科目内容を教えるのではなく……学生の学ぶ力を育てる」ことになる。例えば、基準やスケジュール、将来的に入手可能な資料のリスト、共同学習者をもつ可能性といった事柄について、学生と相談する。「第4段階における教師はやりがいのある挑戦を用意し、あとは学習者が大部分ひとりでやり遂げるようにしても良い。介入するのは学習者から助けを求められたときのみ、──しかも、困難を乗り越えるのを手伝うのではなく、代わりに、学習者が自分でその困難に対処するよう彼を力づけるのだ」(p. 136)。

Growが提案したこれらの段階は、便利な枠組みを与えてくれる。それは、自立的・主体的な学習者の育成に関連した発達上の問題の探究をはじめるにあたって、ひとつの手掛かりといえる。だが、この分野にはもっと多くの研究が必要だ。それなしでは、私たちは教員がこのプロセスにどう介入できるか提案はできても、いつ介入するのがベストか、また、学習者の成長段階に応じてどんな課題や活動が使われるべきか、あるいは、行き詰まった学習者が前に進むにはどんな介入が効果的かといったことについて、確信ある断言はできない。しかしながら、学生や教える内容について、効果的だと思われる介入方法を発見した人たちがいる。次節でその事例をいくつか紹介しよう。それらを足がかりに、他の人々には自分なりの探究を進めていただければと思う。

課題や活動を発達的に設計する

これは十分に明らかなことであるが、学習者は、学習活動の諸体験を経て自立した学習者に成長し、学習スキルを獲得し得る。問題はいかにして、このような目標を実現するための課題や活動が設計できるかということだ。この問題は、異なる2つの設計のプロセスに、その答えの可能性を見出すことができる。ひとつは、私が漸進的設計と呼んでいるもの、もうひとつは、目標とする学習

スキルの開発である。

段階的設計

　漸進的設計においては、読解問題の場合と同様、学生は同じ活動や課題を一回以上、実際には何回も繰り返して行なう。このような学習体験は、内容が変わるだけで他はまったく同じでも良いし、あるいは、毎回新しく難しい内容で、そのつど違う学習スキルを重視したものでも良い。見本として、単純な例を一つ紹介しよう。

　多くの学問において——（生物学をよい例として）その内容は分類され、特徴づけられている——マトリックスという方法は相違点と類似点を効率的に要約してくれる。ひとつの軸に区別する特徴を、別の軸に分類を示した一枚のマトリックスを想像してほしい。特徴と分類が交わるセルに具体例が入る。高度な学習者は、このように内容を整理してくれる道具の価値が分かり、独力でこのような道具の作り方を覚えてしまう。

　これより学習スキルの低い依存的な学習者には、マトリックスを含めた一連のいろいろな活動を通して、マトリックスの作り方を徐々に教えることができる。分類と特徴はすでに埋められ、セルだけが空欄になっているマトリックスから始めてもよい。これは授業終わりに、やった内容を要約する道具として使うことができる。教員は学生に手伝ってもらいながらセルを埋めていき、マトリックスが完成したら学生が利用できるようにしても良い。この方法を用いると、内容を復習し、かつその本質を抽出するのにいかに便利かを学生たちに伝えよう。次の段階では、要約の時間内に、自分の力だけで空欄のマトリックスを完成させるようにする。次の授業の最初に、マトリックスを何枚か集めてクラスでその内容を復習し、学生たちと協力しながら「正解」を作りあげていく。この活動のあとにこんな活動を続けるのも良いだろう——クラスの半分の学生は、分類のみで特徴の書かれていないマトリックスを、もう半分の学生は特徴のみで分類の書かれていないマトリックスを渡される。まず、同じ半分を共有する学生でペアになり、残り半分のマトリックスを埋める。次に、別の半分を持っている学生とペアになり、マトリックスを一緒に完成させる——というものだ。

ある時期に来ると、学生は授業中にやった学習内容の代わりに、教科書を使いながらマトリックスを完成する活動を始める。今や彼らは、セルは埋められているものの、分類や特徴の入っていないマトリックスを仕上げることができるかもしれない。この時までに学生は、独力でマトリックスを作り始めることができるようになっていなければならない。この活動では、はじめはグループで作成させ、自分たちの作ったものを他のグループのものと共有させてみる。この時期には、マトリックスの作成を宿題やクイズにして、評価の一部にしても良い。もしマトリックスを作成したり、使ったりする活動が試験で終わるのであれば、その価値と重要性はさらに強まる。

　このような事例から、段階的設計のプロセスの基本的な特徴を学ぶことができる。これは、学習スキルをさらに深め、あるいはその違う側面に力を注いでいくために、活動や課題の連続的な体験をどのように組み立てていくことができるかを示したモデルだ。あらゆる活動や課題は、このような方法で組み立てていくことができる。創作とコンセプトマップの活用は別の良い例だ。一連のグループワークにより難しい課題が組み込まれ、そのプロセスにおけるグループ内の意志決定と責任がさらに増したとしても、である。いったん立ち止まって考えてみれば分かることだが、同じ課題を反復することで得られる唯一の利益は、それが与えてくれる練習の機会だけだ。

　私たちの多くは、いろいろな課題を分割するとき、似たようなことをする。つまり、長文の学術的レポートか、一学期をかけて取り組むグループ・プロジェクトといった、より大きな課題を色々な要素に分解し、それらをスケジュールに沿って配列するものだ。私たちの多くはこのアプローチをレポートに使う。〆切前夜に書かれたレポートひと揃いをまとめて読むなど耐えられそうにないからだ。レポート課題を分割することで、レポートの質を高めることができるし、それは学生の段階的プロセスを示している。学習スキルがさらに深められる大学生活の終盤には、学生自ら課題を分割したり、組み立てたりすることができるようになることを期待できる。最後のプロジェクトを行なうキャップストーンの授業では、計画過程を書いた書類を準備することも、課題の一部となるだろう。

　これはぜひとも警告しておかねばならないのだが、科目内容の知識を構築し、

学習スキルを伸ばし、自律を促進するような一連の課題を作り上げる設計の作業は、マトリックスの例が示しているように必ずしも簡単にはいかない。私自身、このことを学習記録の課題で苦い経験をして学んだ。はじめに思いついたように、私は非常に自由な学習記録を課題にしようと考えていた――授業内容に関して、自分が面白いと感じ、自分の生活に関係していると思うものなら何でも書いていいという課題だ。授業で起こったことや、テーマに関係している教科書の内容について書いてもいいし、あるいは家庭や職場で、または友達とのやり取りのなかで、授業でいま話題にしている内容が観察できるような事例があれば、それを書いてもいいのだ――学生にどれほど素晴らしい、自由で解放的な課題を与えているか、私は自分で信じられないくらいだった。しかし、学生側からは、まったくそのようには見ていなかったのだ。授業中、授業後、私の研究室で、ほとんど同時に、「この学習記録をつけることで先生が何をされたいのか、私には分かりません。一体何を書いたらいいんですか？」という質問を受けた。私は熱弁をふるい、これは科目の内容をあなた自身の興味と個人的な関係性につなげる機会なのだと語った。この課題の目標を、私は十通りもの違った方法で語ったに違いない。私は、彼らがやりたいことをしたかった。しかし、混乱と質問につぐ質問、そして、この課題に対するクラス全体の漠然とした不安は続いた。

　私は我慢し続けたが、次の学期で、この問題について検討することにした。付録１［本書巻末］に私の解決策が載っている。もし学生が、何を書くべきか分からなかったら、その時は仕方がない、彼らに教えよう。すべてのログ・エントリー（日誌の記入）には書き出しの引き金があり、学生はそれについて思うことを１パラグラフ書く。問題は解決した――これ以上の不平不満は出ない――それにもかかわらず、応用力も、科目の内容に対する思考力も、活用力も伸びない。さらには、学生が自分のエントリー内容を管理し、意思決定することもない（与えられたエントリーについて書くかどうかを決定する以上のことをだ）。本質的にいえば、私の解決策は、この課題を学習者中心の内容にするための、ほとんどすべてを犠牲にしてしまったのだった。

　次のいくつかの学期をかけて、私はこの課題を新たに設計し直し、日誌を書くプロセスの中で、学生が授業内容の応用の仕方を学べるようにした。まず、

何をするか正確に学生に伝えるヒントを作ることから着手した。次に、多数のヒントを使って幾つも記録を書き、その中から3つ、学生に自分たちが書く内容を選ばせた。私は次に、一連のヒントを書き、学生がそれについて答えるまえに、訂正する選択を与えた。そして、一般的な話題の領域を特定し、学生に彼ら自身のヒントを書かせた。最終的には、エントリーは何も書いていないページとなる。学生は自分たちでヒントを作り出し、それに答える。実際、その段階に到達する頃には、かなり多くの学生が、自分たちでヒントを作り、それに答えられることがどんなに面白いか、嬉しそうに報告してきてくれたのだった。

段階的設計が成功するか否かは、繰り返し生じる課題を観察し、そこに特定のスキルを伸ばすための実行可能な一連の体験と、学生を自律と自己調整の方向に導く全体的な行程を見出せるかどうかにかかっている。この作業を、漸進的な仕事（evolutionary task）――学生の学びに対する影響の観察や学生のフィードバックによって磨きをかけた課題や活動を特徴とした仕事――と考えるとよい。

目標とする学習スキルの開発

学習スキルをもっと体系的に伸ばすことができるように、一つひとつの課題や活動を設計し繋げていくという作業を越えて、学習者中心の教員は、ひとつの授業におけるあらゆる活動と課題が互いにどう関係しているかについても考える。あまりにもしばしば学生は、課題や活動を孤立した、互いに無関係な出来事として体験している。なぜなら、基本的にそれが実態だからだ。私たちは、学生の興味（と私たちの興味）を保ち続ける一つの方法として、彼らに色々な事をやらせる。それは私たちが、このような色々な学習体験が一致協同して学習到達目標を達成するように計画してきたからではない。次の言葉は今やすでに、ありふれたものになっているだろう（おそらく、耳にタコができるほど聞いているかもしれない）。「私たちは、本来そうあらねばならないほど慎重な授業設計者ではない」という言葉だ。

ここでもまた、単純で分かりやすい事例が、どのような課題と活動の組み合せがより計画的かつ体系的に種々の学習スキルを伸ばすことができるかを示し

てくれている。非常に典型的な課題を一揃い使おう。3つの客観的な試験、2つのレポート、課題図書と授業参加に関する定期的なオンライン・クイズという組み合せだ。これらの課題は授業内容の知識を伸ばしてくれるが、それについては専門知識が必要なため、ここでは扱わない。この課題の組み合せは、学習スキルを伸ばすためにも使うことができる。これから伸ばせるスキルには、内省力（自己評価のスキルを深める）、批判的思考力、読解力、授業内の出来事に対する責任感、などが挙げられる――やろうと思えば、幾つでも可能だ。あってはならないのは、たとえ授業ですべてのことが上手くいったとしても、区別がなされていない仕方で学生が身に付けるような、見分けがつかない大量のスキルの集まりだ。ひとつの授業と一人の教師で、自立した学習者が必要とするすべての学習スキルを開発することはできない。学習スキルを身に付けたいなら、狙う的を絞るのが良い。そして、一番良い的とは、授業内容を習得するのに欠かせないスキルである。

　ここで、内省力に的を絞ったとしよう――特に学生には、準備のプロセスを批判的に診断し、成果物の質を正確に評価できるようになってほしい。これは2つとも大きな目標であり、たいていの学生が身に付けていない力でもある。表9.1にある活動リストには、この課題を使って自己評価力の開発に着手するという内容が含まれている――これが意味しているのは、私たちはこの課題を使って目標を達成しようとするが、普通はそれを果たさずに終わってしまうということだ。

　これらの活動は学習力の開発を目指しているものであり、授業内容の習得を目的とはしていない。私たちは、内容を使って学習力を伸ばすのであり、これらの活動に費やされる時間は、内容を扱うためではない。第5章に、そうすることの正当性を書いておいた。そう、これらの活動は教員にとって、より多くの労力を意味する。しかし、どの章でも説明しているように、学習スキルは、しっかり練り上げられた教授法がなければ伸びることはないし、仕事量というものは、きちんと管理できるように計画することが可能だ。こうした多くの活動による成果物は、成績をつける必要がなかったり、もしくは素早く簡単な評価で対応できるようなものである。

　私がここに述べたような漸進的設計と目標とする学習スキルの開発は、教育

表 9.1 内省力を伸ばす課題セットの活動

試験の準備

- 学生は勉強ゲームの計画を作成する。そのなかには、スケジュールと勉強方法もいれる。完成した試験用紙にそれを貼りつける。
- 試験後の検討会では、教師と学生が勉強ゲームの計画について話し合いを持つ。「計画はきちんと遂行されたか？」「どの勉強方法がうまくいったか？」「うまくいかなかったのはどの方法か？」——学生は自分の勉強ゲームの計画について、素早く分析する。もし試験の成績を記録してほしければ、自分の試験を返却する際、その分析も一緒に提出しなければならない。
- ゲーム計画の分析は次の試験の少し前に返される。学生は、それを活用して、次の試験に向けた勉強ゲームの計画を作成する。

レポートの批評

- 学生に自分たちのレポートの主題文を見つけてもらう（レポートに線をひいてもよい）
- 学生にレポートのなかで自分が一番よいと思う段落に星印をつけてもらう。
- 学生に自分でもっとも良く書けていないと思う段落を見つけてもらう。
- レポートの最後の部分で、学生は教師に、レポートのなかの具体的な点についてフィードバックを求める。
- 学生が自分の成績を記録してもらうか、または自分の成績を知るには、次のレポートに向けた改善点のために教師が指摘した数か所について答える。
- 教師は Nilson（2003）の相互評価のヒント（詳細は第7章を参照）を使って1ページ分のプリントを準備する。学生はパートナー同士で原稿を交換し、プリントのヒントに、はじめは筆記で、次に口頭で回答する。

小テスト

- 読解方法に関して、学生に次のような簡単な質問をする。「あなたは何を読んでいますか？」「どれくらいの時間を費やしていますか？」「どうやってテキストと対話していますか？」（たとえば、線を引く、余白にメモを書く、授業メモを使いながら読む、クラスメートと読んだ内容について語り合うなど）教師は結果を集計し、その結果について学生と話し合いをもつ。また、小テストの点を上がるような具体的な方法をいくつか取り上げる。
- 小テストがよくできる学生には、他の学生に読解方法を勧めるようお願いする。
- 学生には、小テストの出題予想問題を提出するチャンスを与えられる。（学生の試験問題の作成に関するアイディアは第7章を参照）

> **授業参加**
>
> ・いま授業内で起きている授業参加についてクラスで話し合いをもつための準備として、学生は教師にメールで、以下の質問に答える。
>
> ここ最近の数週間であなたが授業に貢献したと思うことを2つか3つ挙げなさい。
> 授業中、他の学生の発言であなたが記憶しているもの、あなたの理解を助けたもの、あるいは他の学生が尋ねた質問で、あなたが答えたいと思った質問について書きなさい。
> この授業への参加を向上させるために、教師になにか提案をしてください。
> この授業への参加を向上させるために、あなたなら新たにどんなことができると思いますか。
>
> ・授業内でいま起きている参加について話し合う。前にもらったフィードバックを活用する。話し合いの終わりには、クラスの意見交換をより効果的にするため、クラス全体と教師がこれから挑戦することを、2つか3つ具体的に決める。
> ・教師は、前回までの授業や今回の授業で学生からもらった意見や質問について、定期的に言及する。それらのフィードバックは、参加を価値あるものにする学生の意見や質問の例を示すものとして活用すること。

学の文献にはほとんど出てこない内容である。これらの不在が、本章のはじめの主張を証明している。つまり、学生を学習者として成長させること、そしてこのプロセスに貢献するカリキュラム上の体験を設計することについて、教員陣はあまり考えてこなかったということだ。しかし、私はここでいくつかの例外に言及したい。それは特定の学問に限定されているが、このような種類の教育学研究の価値と有益性を十分に示している。Buchler（2009）が、数学嫌いの政治学専攻の学生の数量的能力を伸ばす内容について書いたように、「数学恐怖症の学生に定量的方法論を教える上でぶつかる主な困難は、彼らが数学の学び方を一度も教えられてこなかったことにある」（p. 527）。彼の論文は学生が数学の勉強について抱いている5つの誤解を明らかにしている（付け加えれば、この誤解は決して政治学の学生だけのものではない）。次に彼は、こういった誤解から学生を解放するために用いるアドバイスと方法を提供している。これは、様々な活動を通じて漸進的に特定のスキルを開発することを目的とした、

非常に価値ある論文である。

　政治学者でもある Fitzgerald と Baird (2011) は、批判的思考能力を教えることは、この分野の教員にとって一番大切な仕事であると提言している。これには他分野の教員の多くが賛同するであろう。彼らの論文は、4種類の批判的思考を鍛える活動が含まれた課題セットについて説明している。その提案は、諸分野で応用されるには少々使いづらい特殊な学問内容ではあるが、この論文が提示するポイントの一つは、「学部の教員たちが学生のために効果的な活動を開発したら、それを同僚も広く活用できるよう、彼らに提案したい」(p. 619) ということだ。テクノロジーによってはこの提案は実行可能な選択肢となり、多くの学問分野が、多岐にわたる教育資料のウェブサイトを支持するだろう。それがスタートではあるが、この教員たちは特定のスキルの開発に的を絞った課題コレクションを望んでいる。実際、その学問に重要なスキルの開発を目指した課題コレクションの恩恵を受けないような学問が、果たしてあるだろうか？　この論文が同時に証明しているのは、このように慎重に設計され、実施され、評価された課題コレクションは学術的かつ知的に困難ではあるが、挑戦しがいのある仕事だということである。これは重要な学問となるべきなのだ。

　要約すれば、活動や課題は学生を、自主的かつ自己調整的な学習者へと育てるよう設計することが可能だということだ。この実践は、彼らの成長が偶然からよりも、目的を持った計画から生じることを意味している。学習者中心の教員にとっての挑戦とは、慎重に設計され、連結された学習体験を通して、いかに上手くそのプロセスに介入するかを発見することだ。この方法の可能性を、漸進的に設計された活動や課題、そして目標とする学習スキルの開発を通じて探究したのが本章である。

発達的なカリキュラムの設計

　本書の初版以来ほとんど変わっていないのは、たいていの学生が体験する学習者中心の授業は、いまだ一斉授業であるということだ。変化が個々の授業レベルで起こるとき、学生は偶然に学習者中心の体験をする。その大学生活にお

いて彼らは、学習者中心の授業を１つか２つ以上体験するかもしれないし、あるいはまったく体験しないかもしれない。先に１つの授業でも変化を起こせるという証拠が挙げられていたが（Derting and Ebert-May, 2010）、もし学生がそのような授業を１つ以上履修することができ、さらに、その授業が発展的なカリキュラムシークエンスのなかの一つとして設計されたならば、その影響は相当に大きいものだということに疑義はない。

　このような変化のなかに、注目に値する一分野がある——異なる授業を結びつける学習コミュニティの存在だ。多彩な学習コミュニティのモデルが実施されており、その大半に、授業内容や学習体験によって連結した授業がある。たとえば、学生が政治学と作文の授業を受講すると、作文の授業で出されるレポートのテーマに、政治学の内容が登場するといった具合だ。しかし、このような授業の学習体験が、自律と自己調整のスキルを伸ばすという目的のもとに設計されるべきだと提案している文献はあまり存在していない。もしあなたが、まとまった関連授業やカリキュラム、プログラムが実際どれくらい学習者中心か——はたまた、あなたの所属する施設機関がどれくらい学習者中心であるか——をお知りになりたければ、BlumbergとPontiggia（2011）が、29の構成要素——それは本書で明らかにした５つの重要な変化から引き出されている——についてルーブリックを開発している。彼らはこのルーブリックをカリキュラムに当てはめ、その使い方の見本としている。

　本書の初版以後に出版された２冊の本が、学習者中心の体験を制度化する意義について探究している。うち１冊は、『学習者中心のキャンパス：学習成果をあげる行政のための枠組み』（Harris and Cullen, *Leading the Learner-Centered Campus: An Administrator's framework for improving Student Learning Outcomes*, 2010）である。これは学習者としての学生に焦点をあてたカリキュラムの開発に必要な学問的リーダーシップについて、またこの分野における教師に革新を動機づけ、報いる制度の風潮について論じている。２冊目は、カリキュラムの開発に関する本である（Cullen, Harris, and Reinhold, 2012）。この書は学習者中心のカリキュラムの特徴を概説し、諸々の授業を横断して発展的に連続させることについて論じており、特にカリキュラムのサンプルを収録している点が素晴らしい。教師や学術的指導者が、カリキュラムに散在する相当数の授業にお

いて使用されている学習者中心の方法に興味を抱いているならば、これらの資料は役立つ内容を大いに含んでいる。

とりかかるのに良い地点

　ワークショップではしばしば、とりかかるのに良い地点について質問を受ける——学生の側にほとんど、あるいはまったくといっていいほど学習者中心の体験がなく、教員の側もこのような方法を定期的に活用していない場合、どんなやり方が一番うまくいくのかという意味だ。具体的な提案に入る前に、学習者中心の方法を初めて試みるにあたってのアドバイスを少しさせていただきたい。

・成功する見込みの高い活動や課題から始めよ

　これはある程度は教員自身のためである。もしあなたが学習者中心の方法を試みて、それがあまりうまくいかなかった場合、別の方法に挑戦する気力が下がってしまうからだ。何かに挑戦してそれがうまくいけば、教員と学生のモチベーションは上がる。だから、この決め事は学生のためでもある。学生が活動に参加したり、新しい学習体験ができる課題を完成させても、それによって成功感と幸福感を体験できなければ、それは抵抗という名の乾燥した火口に火をつけるマッチのようなものだ。

　これはまた、教員にとって心地良い活動から始めることを意味している。自分で上手くいっていると分かるもの、あなたの授業内容と教え方に合った内容であるべきだ。さらに体験を積んだ教員なら、今まで試みたことがなく、したがって未知の結果をもたらす方法を取り入れてみると良い。自分自身を伸ばし、引っ張ってくれる成長の機会は、なにも最初にだけ必要なのではない。ともあれ、落着きと自信をもって実行できることから始めるのが一番である。

・学習者中心の方法が、あなたの授業内容や学生に合うかどうか見きわめる必要があるならば、小さく始めよ

　研究上の証拠や、この方法が有力だと発見した他人の体験が存在するにもかかわらず、果たして自分の場合には上手くいくだろうかという疑念が頭から離れないということは常にあるものだ。これに対する一番のアドバイスは、いく

つかの——おそらくは1つだけ——方法を実際に試してみて、それが上手くいくかどうか見てみることである。新しい方法の数を限ることで、そこに十分な集中力と注意を払うことができるし、それがまた、この方法が上手くいく可能性を広げてくれる。もしグループ試験を使うリスクを冒したくなければ、小テストでグループ試験を試してみれば良い。あなたの学生が提案してくる方針に不安があるならば、彼らに委ねるのは1つに限るか、3つの可能なバージョンの中から1つだけ選択させるか、方針の提案にはあなたの了承を必要とさせるようにすれば良い。もし学生に自分で課題を選ばせるのは少し荷が重いようなら、選択式の課題や、同じ課題で異なるバージョンを用意し、彼らに選択してもらえば良い。つまり、疑わしければ賭けは避けることだ。これを勧めるのに、私に良心の呵責はない。この分野の関連文献は、学習者中心の小さな変化の例に富んでおり、それは疑いを持つ人の心を変えるのに十分なほどだ。

・学生の必要性とあなた自身の必要性の間のバランスをとりなさい

　本書のいたるところで記された学習者中心の課題や活動の多くは、様々な新しい学習体験に学生を参加させるものである——それは彼らが今までやったことのないものであり、彼らの意志決定を必要とするものであり、それまで教員にやってもらうことに慣れていたものである。はじめに、学生がこういった新しい選択にどれだけ対処することができるか考慮することが重要だ。

　このことを勧めるのは、ワークショップにおいてであれ、一冊の読書からであれ、そこで回心を体験した教員に対して、私が懸念を抱くからである。彼らは光を見出し、喜び勇んで自分の教育界全体を照らし出そうとする。すべてを変えたくなり、多くを変えることから始めようと決める。私は、このように感じているすべての人に、次の2つの論文を読んでいただきたいと思う。そこには、学習者中心の方法を、自分の学生が対処できる以上に実践したために、非常にまずい結果に終わった体験が述べられている。

　Noel（2004）は、自分が博士号を取得したての頃、学生にあまり人気のないMBAの授業を——おまけに彼自身、今まで教えた経験がなかった——受け持った体験を書いている。「単元のはじめ、私は興奮し、自信に満ちていた。終りになると、私は疲弊し、混乱していた」（p. 188）。この論文はその間に何が起こったのかを述べているのだが、あまり聞こえの良いものではない。彼は自

分がはじめに立てた3つの誤った仮説を挙げている。1. この授業に対する彼の新しい考えを一度説明すれば、学生はそれを理解してくれると思ったこと。2. 優秀で有能な学生たちは、彼が設計した自由記述の課題に喜んで乗ってくれるだろうと思ったこと。3. 彼は自分がうまくやれると思ったこと、である。「私は教室で新しいことを試すのを怖れたことがなかった。といっても、今までこれほど極端なことはしたことがなかったのだが。今までも授業内の問題は多少体験してきたが、そのどれ一つとして自分のうえに完全に爆発させたことはなかった。起こったことには何だって対処できるだろうと思っていた」(p. 191)。Noel の感嘆に値するその正直さに、私は感謝を表したい。

　Albers (2009) は、オナーズ・プログラムの専門科目の社会科学ゼミをボランティアで教えた体験を綴っている。彼女はこのとき、「これを新しい教育学的方法を実践するチャンスと捉え、かなり興奮していた。しかし、まったく予想だにしていなかった学生の反応を受け、それは私の長い教歴のなかで最も嘆かわしい体験の一つとなった」(p. 270) という。学生の反応に対する彼女の分析は洞察に満ちている。「規範的な『教授』の態度を変えようとした私の試みは、学生が自分たちのために行われたこの変化を歓迎するだろうという仮説に基づいていた。このような変化を実行してすぐに私は、学生が既存の役割の予測可能性に対して安心感を抱いていることに気づかされたのだった」(p. 274)。Albers が、発達のレディネス (developmental readiness) の誤解に対する鋭い分析をしてくれたことに感謝したい。

　私の体験から言えば、学生がその分野を学習したての頃には、彼らにとって新しい内容と慣れ親しんだ内容を組み合わせた課題や活動が一番成功する。学生は新しい種類の学習体験に参加し、それに続けて、自分たちが慣れているものをする。授業で慣れないグループ活動をしたら、翌日はいつもの講義とディスカッションの流れに戻る。どの学生も、これは変わり映えしない普通の授業ではないという事実を感じられるように、授業のありとあらゆるものが新しいものではないが、十分に変えられているというふうにするのだ。

　表9.2は「初心者」が使えそうな活動を集めた一覧表である。教員にも学生にも、手はじめに使うのに良い道具であると思う。どんなに新しい学習体験も、教員各人が自分の教え方と学習環境の特徴に合うように課題や課題を改良して

表 9.2 教師と学生がはじめるのに良い地点

学習のための問いかけ

　定期的かつ頻繁に、学生に今何を学んでいるか質問するところからはじめなさい。さらに重要なのは、彼らがそれをどのように学んでいるか聞くことだ。授業中の会話や毎回の活動のあとで、彼らに質問をしなさい。さらに、教師であるあなたは今、何をどのように学んでいるかについても言及すること。学生に、ある特定の概念を学習することにどんな期待を抱いているか、教科書からどのように学んでいるか、そしてお互いからどのように学んでいるか、といったことについて、形式ばることなく書いてもらいなさい。学習についての話し合いを、授業の1つのテーマにすること（詳細は第5章を参照）。

試験の復習の時間

　学生が復習する時間を設けなさい。学生は学習の手引きを準備し、試験の予想問題を作り、さらに説明が必要な話題を特定し、試験のために何を知っておく必要があるか互いに話し合うこと。（詳細は第7章を参照）

成績づけの練習

　良いレポート答案、つまり、Aをもらえるレポートとは何かについて、学生の理解を助けるために、質的にレベルの異なる無記名の解答やレポートを与え、彼らに「採点」をさせてみなさい。はじめは個々人で採点し、次に他の人達と話し合うこと（詳細は第7章を参照）。

授業目標を設定する

　Benjamin（2005）は、学生と一緒に授業の目標を設定する。プリントに、その授業のために考え得る17の目標を掲げて学生に渡す。シラバス上ではすでに、その授業における彼自身の目標を挙げ、なぜそれが大事かを説明しているが、学生にも、配布したプリントの中から自分たちにとって一番大事だと思われる目標を3つ選んでもらう。その中から最も票の多かった目標がシラバスに加えられる。必要であれば、新たに加えられた目標を達成するために、授業の内容や活動、課題を調整する。

授業前と授業終りの復習

　授業の終わり、または最初の5分間で、授業中や前回の授業で提示された内容を学生が復習できる活動を計画しなさい。おそらく彼らは自分のメモに下線をひいたり、書いたものを広げたりするだろう。誰かとノートを見せ合いっこするだろう。出題されるかもしれない試験問題について考えるだろう。140文字で最も大事な考えを要約

してもらうのも良い。さらにまた、新しい授業内容に入るのに以前の内容を把握していることが大切な場合は、数日前の内容を復習するのも価値的だ。

課題の選択

選んだ課題を、トピックとフォーマットの選択肢を入れて作りかえる。学生は選択肢を与えられたときはいつでも、自分たちが何をすることに決めたか、それは何故か、説明と理由を述べられるようにしておくこと（詳細は第1章と第4章を参照）。

評価の基準

課題や活動を評価するのに使われる基準を作る作業に、学生を参加させなさい。もし学生が課題読書について話し合っているなら、自分たちの話し合いを傾聴し参加する価値のあるものにするのは何であるか聞くこと。彼らのフィードバックを使って、次の課題読書の話し合いを評価するときにあなたが使う基準を作成しなさい。Hollander（2002）がこの実践報告をしているが、彼は話し合いを、それに対する個々人の貢献よりも、話し合い全体として評価している。

小テストのコラボレーション

教室内の小テストを管理しなさい。テスト終りに学生に5分の時間を与え、他人と自分の答えについて話し合ってもらい、変えたいところがあれば変えさせる。自分たちが変えた答えに星印をつけ、次に、はじめの答えと変えた答えを書きとめておくこと。変えた答えも有効である。終了後の検討会で、他の人との相談が自分にとって助けとなったか、あるいは傷ついたか、その理由は何かといったことについて話し合いをもつ。

教室の雰囲気：最高の体験と最悪の体験

学習のための環境を整えるには、最高の授業体験と最悪の授業体験について話し合いを持ちなさい。それを黒板に記録し、学生全員がその違いを分かるようにすること。あるいはグループになって、お互いを知り合うための話し合いで、学生たちに自分自身の体験を共有しあってもらうこと。それがまた、一番良い授業参加方針と一番悪い授業参加方針について確認することにもなる。この活動のねらいは、学生にどの体験が役に立ち、どれが自分たちの学ぶ努力を妨げたかについて自ら考えさせることにある。（詳細は第6章を参照）

いけば、成功の可能性は高まる。すなわち、これらの方法を自分のものにしてしまうのだ。

教師のための発達上の問題

本章の前半で紹介したGrowのモデルに関する最も興味深い特徴のひとつは、教員にも類似した発達上の軌道があるとする彼の主張（1991）である。教員は、教員中心から学習者中心へと変化するにつれて、幾つもの段階を経ていく。Blumberg（2009）は、第3章から第7章で扱われた5つの変化に基づいて、一揃いのルーブリックを作成しているが、これは学習者中心の教育への移行において、現在どの発達段階にあるかを明らかにしてくれる優れものだ。教師の実践は、その学習者中心度において高低の差がある。分野によってそのレベルが異なることもあろう——学習のファシリテーターとしては非常に上手くやっているが、自己評価と相互評価の活用においてはイマイチかもしれない。本章の前のほうで述べてきた基本的なメッセージは、教員はひとつの授業のなかで、端からもう一方の端へ飛び移ろうとするのではなく、一連の流れのなかで徐々に進展していくように助言されるべきだということだ。ほとんどの教師にとって、学習者中心の教育とは思考におけるパラダイムの変化を意味しており、さまざまな新しい活動や課題を通じて実践されるものだ。より簡潔にいえば、たいていの教員はこの変化が容易に成せるものとは考えていない。

Grow（1991）はまた、前のほうでも暗示されてきた、もうひとつ別の不釣り合いの問題を明らかにしている。学習者中心の流れにおいて、教師が学生よりも前に進んでいる場合、学生の抵抗は増す。この両者が離れれば離れるほど、抵抗は高まる。これが、教員がなぜあまりに多く、あまりに早く、変えたいという望みを抑えなければならないかの別の理由だ。学生が前に進む必要があるのは確かだ。しかしその出発点は、教員の頭のなかにある地点——学生がいるべきだと教員が考える場所や、教員自らがいる場所——ではなく、学生が始める地点だ。Growが指摘した不釣り合いの問題はどちらの方向にも起こりうる。学生も、自分たちが教員よりも学習者中心的だと、欲求不満と失望を感じるだろう。

長年私は、学習者中心の方法を新任教員に勧めるべきかどうかについて、興味深い話し合いをもってきた。この方法を首尾よく実践するには、本人の積み重ねてきた体験と教授法の成熟度が大事なのだろうか？　この問いかけは、私が見る限りどの分野でも研究されていないが、これに関連した結果がある。Ebert-May, Derting, Hodder, Momsen Long, と Jardeleza（2011）は、より学習者中心の科学の教員を育てるためのワークショップを研究した結果、新任教員のほうが、体験を積んだ教員よりも多くの変化を実践したことを明らかにした。研究チームは、長い教歴をもつ人間ほど、変えることに困難を感じ、またその意欲も少ないのではないかと考察している。

　体験を積んでいようといまいと、容易なテクニックに安住せず、学習者中心の方法を実践する人間は、多少のリスクを負うことを恐れない自信ある教師であるに違いない。その理由はすでに探究されている。これは教え方についての指導書にのっているような方法とは少し違う。授業のなかで起こることは、学生が何をしているかによって決まることが多い。また、それは教師のコントロールがきかないことも多い。この学習者中心の方法は明示的なスキル教育を組み込んでいる。学生の抵抗に対応することもある。この変化を意義あるものにするためには、ある程度成熟した指導性も必要だ。

　私は、学習者中心の方法が成功するか否かは、各教員のレディネスにかかっていることは確かだが、キャリア段階にはそれほど影響されないと考えている。もしもあなたがこの本を読んで、そのなかのいくつかを試してみたいと思い、これまでやってきたこと以上のことを進んでやる意欲があり、自分がやろうとしていることを十分に考慮し、そして今もって教育者として成長し変わりたいと望むなら、一歩を踏み出し、自信をもってそれをやるべきだ。すべてが完璧にいくことはないが、あなたも学生も学習し、次はもっと上手くできるだろう。

　かつて私は、自分がいつの日にか学習者中心の教員になれるだろうと考えていた――いつかは必ず成功すると。この考えを否定したのは、Flachmann（1994）である。彼のアドバイスは本章の本質をつかんでおり、同時に本書の底を流れるテーマの一つでもある。教員と学生の成長は前進することにある。「良い教育は目的というよりも、ひとつの〈旅〉である。それは地下鉄の駅のような、そこに到着したらそれ以上先に進むことを止められるといったもので

はない……慣性の法則は、教育において知らぬ間に忍び寄るマイナスの力である——何年も続けてきたやり方をこれからもまた続けようとする衝動だ。それは教育界版のアルコール中毒者更生会に所属しているのに似ていなくもない。私たちのなかにはいつも、現われ出るのをじっと待っている弱い教師がいる。私たちは、今のままでいたい、バス停で休んでいたいという誘惑に打ち克たなければならない」(p.1)。

　この引用をもって、私は本書の初版を締め括った。ある読者がそれを、胸にぐさりとくる終わり方だと言ったが、実際そうである。確かに私たちには、時には柔らかな催促以上のものが必要なのだ。しかし今、私は本書をもっと明るい調子で終えるべきだと感じている。学習者中心の教員の振る舞いを述べたBrookfield (2006) の力強い言葉に、私はずっと触発と元気をもらってきた。その引用は、『チップス先生さようなら』、『いつもこころに太陽を』、『落ちこぼれの天使たち』その他、不屈の教員たちを描いたハリウッド映画の長いリストからはじまっている。「教えるとは、己の人格と個性の力だけで学生の人生を生涯にわたって変えてしまうような、カリスマ的魅力を放つ個人を必要とするのではない。それは、学生がいろいろな思想を理解しようと努め、様々な概念を掴み、知識を吸収し、新しい力をつけていく中で日々積み重ねていく進歩を助ける方法を発見することである。学生が成長するためにあなたの手掛けるこまごましたすべての事柄こそが、教育の真実の姿なのだ。学びを助けることがあなたを真の英雄にする」(p.278)。

付録1

スピーチ・コミュニケーション100A
シラバスおよび学習日誌の記入について

　スピーチ・コミュニケーション100Aのクラスにようこそ！　本授業は、受講生のコミュニケーション能力の向上を目的としている。人は誰しも常にコミュニケーションをしている。よって、本授業で扱う内容は今現在だけでなく、卒業した後も有益である。この授業を通して、受講生は日常の自分のコミュニケーション能力を理解すると共に、より効果的なコミュニケーションの方法について理解することができる。本授業では理論と実践の両方を扱うので、学んだことをすぐに活かすことができだろう。

【教科書】
　本授業では、Rudolph. F. Verderber 著『Communicate』(Wadsworth 社、1995年)を教科書とする。読書課題は、毎回授業が始まる前までに読み終えてくること。授業中に教科書の内容についてディスカッションを行うので、教科書は毎回持参する。

【課題】
　本授業では、他の授業とは違った方法で課題が課される。1つの例外を除いて、受講生は自分自身で課題内容を決める。全員共通に課される課題は次の1点のみ：説明型もしくは論証型のスピーチを行う。次の2つのルールを頭に入れておくこと。
1. 個々の課題で獲得できる総得点の50%は取らなくてはならない。50%未満の場合は、その課題に対する得点は0点となる。
2. 提出締切を過ぎた課題は採点されない。

【試験】
1. 試験1：授業内容と教科書からの出題形式は多項選択式および論述式（80点満点）
2. 試験2：授業内容と指定された日の読書課題からの出題形式は多項選択式（80点満点）

【プレゼンテーション】
1. 説明型もしくは論証型スピーチ（5〜7分）とスピーチ準備シート。<u>これが本授業で唯一の必須課題である</u>（スピーチは50点満点、準備シートは10点満点）。
2. 架空の企業／団体の採用試験を想定した、クラスメートによる面接（10〜12分）。採用ポストの内容は自らが決め、面接は学習グループのメンバーが行う。学習グループの詳細は、次項の「小グループでの経験」3を参照のこと（面接は2回行い、1回につき15点。2回の面接内容は、それぞれ短い振り返りシートにまとめられる。見事採用が決まればボーナスポイントとして5点もらえる）。

【小グループでの経験】
1. 試験2のための学習グループ。5〜6人単位の学習グループに参加し、皆で試験2の準備に取り組む。個々に試験を受けた後、グループで試験に取り組む。グループ試験で獲得できる点数は配布資料に記載されている。（＿＿＿＿満点）
2. この課題では、下記2点の分析結果をレポート用紙3枚にまとめることも含まれる。
   (a) グループの成功（もしくは失敗）に貢献したグループの行為（もしくは不作為）は何か。
   (b) グループの成功（もしくは失敗）に貢献した個人の行為は何か。
   注：試験のボーナスポイントが加算される場合、このレポートは必ず作成しなくてはならない。（30点満点）
3. 面接グループ。5〜7人でグループを編成し、架空の企業／団体の従業員に

なって採用募集するポストの仕事内容を書き出し、面接の質問内容を考え、最大8名までの採用候補者に面接を行う。成績評価は以下の項目を含んだファイナルレポートを基に行われる。：

(a) 仕事内容
(b) 面接質問
(c) 実施した面接のまとめ
(d) 人物を採用した正当な理由

〈以上までで30点満点〉

(e) 面接を受けたメンバーからのフィードバックを基にグループとしてどれだけよく面接ができたかの自己評価（10点満点）。
加えて、個々のメンバーのグループへの貢献度に関するグループ員からの評価。（20点満点）

面接に関する評価は合計60点満点。

【学習日誌】

この課題は、授業内容が自分のコミュニケーション能力の向上にどのように繋がっているかを受講生に感じてもらうためのものである。毎回の記入は、担当教員からの設問に答える形で行う。記入にあたっては手書き、パソコン入力のどちらでもよく、分量は手書きの場合は2ページ程度、パソコン入力の場合はダブル・スペースで1ページである。記入期限は、授業日程表に明記された日時に従う。全回記入してもよいし、1回だけ、もしくは数回だけでもよい。ただし、記入期限を過ぎてからのエントリーは受け付けない。

記入内容は次の基準に従って評価される（1回の記入につき10点満点）：

(1) 記入の完成度：すべての質問に答えているか
(2) 洞察および省察の質：熟考した回答の証拠
(3) 観察と結論のための論拠
(4) 記入内容が、授業内容（講義・ディスカッション、教科書）にどれだけ関係性があるか

【スピーチの評価】
　説明型スピーチを行ったクラスメート8名に対して建設的なフィードバックを行う。担当教員が作成した評価用紙を使用し、教員による評価用紙の採点後、その用紙はスピーチを行った本人に渡される。
注：必ず8名すべての評価をしなくてはならない（80点満点）。

【授業参加度】
　本授業で定められた参加度に関する方針と、個々の受講生自身が定めた目標を基に授業への貢献度が評価される。
注：この「授業参加度」については、2月3日以降は課題選択として追加できない。
　　（50点満点）
　この課題は、次の3つの記入要項を盛り込んだ5ページ分の参加度分析レポートの提出を含む。提出期限は授業日程表に明示。

記入1. 本授業で定められた参加度に関する方針に対する意見と評価、および自らの授業への参加目標（1ページ）。
記入2. 自らの観察に基づく指定されたパートナーの参加度に関するフィードバック・レター（1ページ）および中間期進捗度レポート（2ページ）。
記入3. 自らの授業への参加度に対する最終評価（1ページ）（この課題に関する詳細は後日資料として配布）。

注：参加度に関する評価を希望する場合は、上記3つの記入事項が漏れなくレポートに記載されていなければならない（レポートに対して50点満点）。

【ボーナスポイント】
1. 予告なしに出欠確認を数回行う。その時に出席していた者には5点ボーナスが加算される（最大25点まで）。
2. 追加のボーナスポイントは担当教員の裁量により行われる。

　以下は、本授業でいかに得点をあげるかというゲーム・プランを考える際の

ちょっとしたチップスである。

　プランを考えるにあたって、取り組もうと考えている課題に丸をつけ、点数を総合してみる。その際、現実的であること。すべての課題の全ポイントを獲得することはまずあり得ない。自分の予想得点と各成績（レターグレード）に必要な総合得点を確認してみる（成績一覧は次の項で紹介している）。本授業で得たいと思っている評価を獲得するのに十分な取組課題を計画しているか確かめてみよう。授業の進度に合わせて現状どれだけの点数が獲得できているか確認するとよい（後日、点数表を配布する）。そうすることで、取組み課題を追加する必要があるかが分かる。

試験1	80点
試験2	80点
情報提供型／説得型スピーチ、準備シート	60点
面接	30点
学習グループ試験ボーナス	15点
学習グループ分析レポート	30点
面接グループ経験	60点
学習ログ：22回（1回につき10点）	220点
スピーチ評価	80点
授業参加度	50点
参加度分析レポート	50点
出席ボーナス	25点
合計	765点

【成績評価】

525点以上	A
499〜524点	A−
482〜498点	B＋
465〜481点	B
448〜464点	B−

413〜447 点　　C＋
378〜412 点　　C
343〜377 点　　C−
309〜342 点　　D
292〜308 点　　D−
291 点以下　　　F

注：日毎の授業日程表は以下の通り。授業トピック、授業内での活動内容、読書課題、課題提出期限が明記されている。

【学習日誌の設問】

設問 1

　本授業でどの課題に取り組むか、ゲーム・プランを考えてください。なぜその課題を選びましたか？　選択した課題内容から、自分の学習の好みがどのようなものだと考えられますか？　なぜ担当教員は、受講生に取り組む課題の選択権を与えたと思いますか？　この手法が本授業におけるあなたのパフォーマンスにどのような影響を与えると思いますか？

設問 2

　なぜ大学で「スピーチ・コミュニケーション」の授業を必修にしていると思いますか？　もしもこの授業が必修科目でなければ、あなたは履修していましたか？　それはなぜですか？（もしくはなぜ履修しませんでしたか？）自分のコミュニケーション能力についておよそどのように評価していますか？　教科書 22〜23 ページを改めて読んで、この授業における自分自身の目標を最低 1 つ設定してください。

設問 3

　大学の授業におけるあなたの参加度について教えてください（大学で他にまだ 1 つも授業を履修していない、もしくはほとんど履修の経験がない場合は高校の時の授業で構いません）。どれくらい積極的に参加していますか？　自分の貢献

意欲と同等に行動に移せていますか？　もしも、自分の意欲に反してそれ程参加できていない場合、何が原因だと思いますか？　大学の授業では、学生の参加はどのような役割を担うべきだと思いますか？

設問 4
　グループ活動での経験を思い起こしてください。何がグループ活動を生産的／非生産的にしていましたか？　グループ活動に参加する時、一人一人のメンバーはどのような責任を持っていると思いますか？　そうした責任を全うするために、各々のメンバーは他のメンバーを励ますために何でもできると思いますか？

設問 5
　教科書の、グループのリーダーシップに関する章（pp. 241-259）の「リーダーシップ」の定義を読んでください。その定義を自分の言葉でまとめ、影響を及ぼすリーダーシップの概念について記述してください。あなたはそれに満足していますか？　それは、人に何かするように指示することとどう違いますか？　この質問に答えるために、残りの章の内容を活用してください。リーダーとしての自分自身の可能性をどう考えますか？

設問 6
　授業内のディスカッションで取り上げた資料やあなたが読んだ教科書の内容（例えば役割やリーダーシップについて等）を念頭に、あなたの小グループでのコミュニケーション能力について分析してください。グループではどのような役割を大概担っていますか？　もっと伸ばしたい力はありますか？　将来のキャリアにおいて、どれほど頻繁に、またどのような状況で、あなたはグループで仕事をすることになると思いますか？

設問 7
　授業で性差別表現やジェンダーに関する資料についてディスカッションしたことを振り返りましょう。このトピックは"から騒ぎ"だと思いますか？　ど

のような用語や方法によって、言葉はあなたの言動に影響を与えると思いますか？　いくつか例を挙げてください。あなたはもし結婚したら、自分もしくはパートナーの姓を変えますか？

設問 8

　自分の説明型スピーチのトピック選びは進んでいますか？　火曜日の授業内での活動で、クラスメートからどのようなフィードバックをもらいましたか？次の観点からあなたが考えているトピックの強みと弱みを分析してください：あなたがそのトピックを扱う資格と関心度、授業との関連性、この時期と場所に対するトピックの適切度（記入にあたっては教科書 pp. 265-285 を参照のこと）。

設問 9

　あなたの最初の学習日誌記入に対する私（担当教員）からの手紙に書かれていた質問に答えてください。そして／もしくは、その以前の私からの手紙で依頼されていた追加情報を提供してください。

設問 10

　あなたは、市内の高校生に「なぜ大学に行くべきか」という講演をするよう依頼されています。あなたのスピーチ内容を考えるにあたり、聴衆についてどのような情報が知りたいですか？　どのような話題を提供することが大事だと思いますか？　そのトピックに対するあなたの意見に対し、聴衆はどれだけ信じてくれると思いますか？　あなたへの信頼を高めるために自分で出来ることは何かありますか？

設問 11

　コミュニケーション理解度チェックのクイズに答えて自己採点してください。あなたのスピーチに対する感情に対して、このクイズからどのようなフィードバクを得ましたか？　教科書（pp. 373-379）のどのような記述内容が、あなたがスピーチに対して抱く不安を解消してくれるでしょうか？

設問 12

　これまでのあなたの授業での成果を評価してみてください。何点獲得していますか？「設問 1」で書いたあなたのゲーム・プランを見直して、変更すべき点があるか確認してください。この授業の構成と成績評価システムはあなたの学びに何がしかのインパクトを与えていますか？　あなたが得たインパクトについて例を示しながら教えてください。

設問 13

　（この設問は、スピーチを終えた後に行ってください）
　スピーチはどうでしたか？　評価シートを使って自分のスピーチを評価してください。このページの最後にある質問に答えてください。完成した評価シートと共に設問を提出してください。

設問 14

　あなたがこれまで、他人の考え方を変えさせようとした経験について教えてください。成功しましたか？　教科書 417 ページから 441 ページに書かれている論証型スピーチの 8 つの原則に照らし合わせながら、あなたの成功もしくは失敗について分析してください。

設問 15

　授業で配布する Uncritical Inference Test に取り組んで自己採点してください。あなたの得点とその得点に対するコメントを書いてください。このようなテストはあなたに何を伝えようとしていると思いますか？　これは重要なレッスンだと思いますか？　なぜそう思いますか、もしくはそう思いませんか？

設問 16

　あなたが行ったスピーチに対するあなた自身の分析と、クラスメートや担当教員からのフィードバックを比較してみてください。顕著な違いはありますか？　他者からのフィードバックの中で、特にあなたが建設的な内容だと感じたものはありますか？

設問 17

　あなたが授業に持参した広告、もしくは新たに見つけたものについて、誤りやプロパガンダという視点から分析してください。虚偽やプロパガンダの手法を正確に見つけるというよりも、そこでなされている議論のどこが間違っているかを説明できることの方が重要です。その広告から発せられている非言語のメッセージが表現していることも述べてください。その広告も一緒に提出してください。

設問 18

　（この設問は試験 2 に取り組む場合のみ行ってください）
　試験 2 に対する学習ゲーム・プランを考えてください。もしも試験 1 を受けている場合は、その経験から何を学んだか教えてください。試験 1 を受けていない場合は、試験でどのような内容が出題されるか予想し、それに対してどのように準備をするかを書いてください。試験 2 の当日まで、毎日どれだけ準備の時間を割き、何をするかも書いてください。

設問 19

　教科書 327 ページから 351 ページの、スピーチ材料を整理する章を再び読んでください。試験に出ると予想される教科書の題材を明示した学習ガイドをレポート用紙 2 枚にまとめてください。この題材を学ぶために学習ガイドをどう使うか記述してください。

設問 20

　試験の結果が返ってきました。思っていたより良く出来ていましたか？　それとも悪かったですか？　ゲーム・プランを立てている場合は、それがどれだけ役に立ったか分析してください。その際、そのプランにどれだけ忠実に行ったか否かについても言及してください。学習グループに所属している場合は、グループでの活動がどれだけ個人の準備に適合していたと思いますか？　個人で試験を受けた場合、クラスに張り出されたグループの得点はあなたが期待するよりも高かったですか、それとも低かったですか？　その結果についてどの

ように説明しますか？ 次学期に、多項選択式試験で最大限よい結果を出すためにできる事は何でしょうか？

設問21
（この設問は「設問2」に取り組んだ人だけが行ってください）
「設問2」で書いたあなたのコミュニケーション能力の評価を振り返ってください。あなたの今の能力はどの程度で、どのように評価しますか？ 自分自身が立てた目標に対し、どれだけ近づけているか評価してください。

設問22
（この設問は、今学期最後の授業時に封筒に名前を書き、封をして提出してください。封筒を受け取った時点で10点差し上げます。成績評価をつけて提出した後で封筒の中を読みます。）

夏休み中に、あなたの友人が「秋学期にこの授業を履修する」と書いたメールを送ってきました。授業でよい成績を修めるために、あなたに何をすればよいかアドバイスを求めてきました。あなたは彼女に何と答えますか？ 理由を述べるならば、この授業は履修しないで他の授業を履修することを勧めても構いません。もしくは、その彼女に対し、もしあなたが再びこの授業を履修するなら、どのように取り組み方を変えるか伝えてもよいでしょう。もしあなたがこの授業でよい成果を修めた場合、その成功は何に起因すると思いますか？ もしも該当する場合は、どのような重要なことをこの授業から学びましたか？

付録2
学習スキルの向上に役立つ資料

　以下は、学生の学習スキルの向上に役立つと考えられる資料の一覧である。どのように使えばよいか簡単な提案も書かれている。

資料1　よくできる学生たち：成功する学習のためのガイドラインとアイディア
　よい学習行動について記述したポジティブで建設的な一枚。授業シラバスに添えたり、学生が期待以下の成果を出している場合に配布したり、授業のウェブシラバスに掲載してはいかがだろうか。

資料2　効果的な学習スキルのための十戒
　ユニークな表現に加え、学習に対する建設的なメッセージが散りばめられている。

資料3　学生のためのディスカッション・ガイドライン
　著者は自らのシラバスにこの内容を含めている。本ガイドラインにはディスカッションを向上させるための行動が書かれている。先ずは学生たちに自分たちが考えるディスカッション・ガイドラインを作らせ、その後で本ガイドラインを示して比較することもできる。

資料4　学習グループの編成を考えよう
　学生たちは学習グループを作るよう促されることもある。本書ではどのように学生に学習グループの編成を促すかが書かれている。グループでは、メンバー個人のレポートやプロジェクト内容について互いに評価することもできる。

資料5　グループメンバーの権利と責任
　こうした資料の利用方法は多々あるが、グループ活動を始める前に学生に配布するのが一案である。最初のミーティングで、本資料を読みディスカッションすることもできる。本資料は、学生たちがグループ活動を完結するのに直接利用することができる。大事なことは、本資料に学生たちが署名し、それを提出するということである。もしくは、教員は学生たちに自らの権利と責任をまとめた文書を作成させることもできる。

資料6　学生の成功を支援するためのノートの取り方の種類とその特徴
このよくまとまったマトリックスは、ノート作成の手法には違った方法がいくつかあることを知らせるのに適している。

資料1　よくできる学生たち：成功する学習のためのガイドラインとアイディア

　よくできる学生たちは、成功する態度と行動、そして知性を持ち合わせている。よく出来る学生たちは、

1. **責任感があり積極的である**：良くできる学生たちは、学習に自ら身を置き、自らが授かる教育への責任を享受し、その学習に積極的に参加している！
2. **教育的目標をもっている**：良くできる学生たちは、確固たる目標をもっており、その目標がキャリア目標や人生の目的に繋がっていることを理解しているが故に、それがモチベーションとなっている。
3. **質問する**：よくできる学生たちは、無知と智の最短ルートを築くために質問する。
4. **学生と教員が１つのチームになることを学ぶ**：大抵の教員は、あなたが望むもののそのものを望んでいる。すなわち、彼ら・彼女らは自分の担当する授業で扱う事柄を学生たちが学び、よい成績を修めて欲しいのである。
5. **教室の後方には座らない**：よくできる学生たちは、学びを脅かすような教室の迷惑要因を最小限にする。
6. **ノート作成が上手い**：よく出来る学生たちは、分かりすく整理されたノートをとっており、それをよく復習する。
7. **行動が学習に影響を及ぼすことを理解している**：よくできる学生たちは、自らの行動が自分自身の情動に作用することを理解しており、それが学習に影響を及ぼすことを知っている。もしも関心がないように行動すれば、本当に関心がなくなってしまう。
8. **学んだことについて話す**：よくできる学生たちは、自分が知ったことを十分理解しているので、それを言葉にすることができる。
9. **試験のために一夜漬けしない**：よくできる学生たちは、最後に詰め込むよりも時間を区切って継続的に勉強する方がより効果的であることを知っている。よって、それを実践している。
10. **タイムマネージメントがうまい**：よくできる学生たちは、物事を後回しにしない。彼ら・彼女らは時間のコントロールは人生をコントロールすることであることを知っており、自らの生活をコントロールすることを意識的に選択している。

出典：Steven J. Thien and Andy Bulleri, *The Teaching Professor*, 1996, 10(9), 1-2. Reprinted with permission from Magna Publications.

資料2　効果的な学習スキルのための十戒

・**汝自身に責任をもち、積極的であれ。それなくして学業的成功を望むべからず**

　責任とは自分自身をコントロールするということである。授業の成績を決める要因は、本人の努力以外、比較的何でもあり得る。確かに、気に入らない教員にあたってしまうかもしれない。それは起き得ることだ。しかし、その成績が一生ついて回るのはあなた自身である。それはあなたの成績であり、教員のそれではない。

　もしあなたが、授業外での学習時間を増やすことなく学習の質を上げ成績を上げたいのであれば、教室での学びに積極的に参加することだ。次のように考えてみて欲しい。教室での時間は既にあなたに与えられたものである。そこにただ座り、例えば"授業に飽きた学生"として腕組みしながら椅子にぐったりと座り込み、両目も半開き状態で、いわば"体外離脱"した状態でいることもできる。一方で、学習経験として積極的に聴き、考え、質問し、ノートを取り、完全に参加することで教室にいる時間を最大限活用することもできるのである。

・**汝自身を奮い立たせるボタンが何処にあるかを知り、それを定期的に押したまえ！**

　次に教室で席につく時は、次の質問を自らに問いなさい：

・私はここで何をしているのだろうか？
・私はなぜ、今ここに座ることを選択したのだろうか？
・他に私が居るべきよりよい場所はあるだろうか？
・私がここに居ることは自分自身にとって何を意味しているのだろうか？

　この質問への答えは、あなた自身の教育目標を意味している。これらはあなたを"奮い立たせるボタン"であり、これらは間違いなくあなたが学生として成功するために最も重要な要素である。

　大学で学ぶということはそう容易いことではない。まさかと思うかも知れないが、あなたも今後、学生であることにうんざりすることがあるだろう。そんな時こそ"ボタン"を1度や2度押すことでその壁を乗り越えられるのである！

・**質問があれば尋ねよ。質問がなければ汝自身で生み出したまえ！**

　往々にして直線が2つの点を結ぶ最短距離を示すように、問いは無知と智を繋ぐ最短の道である。

　自身が求める智識を獲得するだけでなく、質問をするということは他に少なくと

も2つの非常に重要な利益がある。そのプロセスの中で、あなたは教員に注目するようになるし、教員もあなたに注目するようになるのである。

- **汝と汝の教師が1つのチームとなるように学べ。そして、汝らはチームプレーヤーとなるのである！**

　多くの教員はあなたが望むことを望んでいる。それは、あなたが、その教員が担当する授業で扱う教材を学びよい成績を修めることである。つまるところ、優秀な学生は教員が一生懸命教えた内容をよく振り返るのである。もしあなたがそこで学んだならば、教員は自分の教えたことに正当な誇りを持つのである。

- **汝、後方に座るなかれ！**

　仮に、あなたが好きな音楽家のコンサートチケットを50ドルで買ったとしよう。あなたは最前列の席を選ぶだろうか、それとも講堂の後方にある安い席を選ぶだろうか？　コンサートチケットよりはるかに高い学費を払っている学生が、なぜ好き好んで教室の最後列の席に座っているのだろうか？　教室では、後方の座席に座っていては隠れて見えず、誰だか分からない。これらは効率的で効果的な学びとは正反対である。

- **汝自身が理解し得ないことをノートに書くなかれ！**

　ほとんどの学生が経験する「なんだこれは！」現象は避けよう。こうした滑稽な反応は、重要な試験の前に自分のノートを最初に見返す時に起こる。渡されたノートの文字が読めない、内容が理解できない、もしくはごちゃごちゃして分からない時に、学生たちはこのような嘆かわしい表現をするのである。

- **授業で汝の関心が薄れても、そうでないふりをせよ！**

　もしあなたが上手い役者なら、（本当は好きでもない）授業を好きであるかのように自分を誤魔化すことができるだろう。

　どうやって関心があるように見せかけるのだろうか？　それは単に、自分が"関心のある学生"を想像すれば良いのである。上体を前のめりにし、両足をしっかり床に着け、教員とのアイコンタクトを忘れず、さも教員の言っていることを理解しているもしくは気にかけているように、時折笑みを浮かべたり頷いたりし、ノートを取り、教員に質問するのである。

・沈黙が金であることを知っているなら、暗唱はプラチナであることを知るべし！
　暗唱は自分自身が物事を知っているか否かを確認するよい方法であるだけでなく、おそらくそれを最初に学ぶのに最善の方法であろう。疑いなく暗唱することは、短期記憶と長期記憶を結ぶ最短ルートとなるだろう。

・"一夜漬け"は禁句であることを知るべし！
　学習スキルの専門家が一同に賛成することがあるとすれば、それは、時間を区切って勉強することは一夜漬けするよりもより効率的で効果的である、ということだ。言い換えれば、金曜日の試験のために月曜日から木曜日まで毎晩1時間勉強する方が、木曜日の夕方に4時間ぶっ続けで勉強するよりもより学習し、より記憶し、高い成績がとれるということである。

・汝、物事を先延ばしにすることなかれ、そして、今すぐそれをやめたまえ！
　基本的な真実、それは、自分自身が時間をコントロールするか、時間にコントロールされるかのどちらかで、その中間はない、ということである。それはすべてあなたの選択なのだ。導くのか導かれるのか、コントロールすることを手に入れるか手放すか、自らその授業を進めるのか指示されるのか。
　自分の行く道を自分で選ぶのか、誰かに選んでもらうのか、学生たちにどちらの方が良いか尋ねると、ほとんどの場合、彼ら・彼女らは前者を選ぶ。しかし、このように答えているにも拘わらず、自分の時間をコントロールできないということは、大学生の学習スキルにおけるナンバーワンの問題なのである。

　以上が「効果的な学習スキルのための十戒」である。確かに効果的だが、私の言うことを鵜呑みにしてはならない。試してみよ！　実践してみよ！　そして、自分のものにしてほしい。低い成績をとることと勉強で眠れない夜がなくなること以外、失うものは何もないのである。

出典：Larry M. Ludewig, *The Teaching Professor*, 1992, 6(10), 3-4. Reprinted with permission from Magna Publications.

資料3　学生のためのディスカッション・ガイドライン

・授業で学んだことと授業外で見聞きした現象を関連付けたり、授業の中のある一部と別の部分を関連付けたりしたコメントを言ってみよう。
・主語が「私」で始まる、まくし立てるような演説は避け、授業内容を一度も聞いたことがない、近くの飲み屋で酒盛りするような平均的な市民から得られるような情報や、課題図書から得られるような情報を語るのはやめよう。
・感情が高ぶった時、脳はそれに従おうとする。よって、適正に判断するために、特にその考えがあまり支持されない、もしくは個人的に好ましくないものである時は、理性（脳）と感情を十分な時間切り離すことが大切である。これは自然に反した行為であり、勇気が必要だ。もしかすると、時には〇〇する／参加するとそれが上手くできるようになるかもしれない。（訳者注：〇〇には教員が有効と思われることを入れる）
・意見をもつ権利がある一方で、必ずしもその意見が他者に真剣に受け入れられる保証はない、ということは理解しておかなくてはならない。また、意見をもっているということは必ずしも称賛に値するという訳ではないことも理解しておかねばならない。意見は証拠、理論、論理が基礎にある時にこそよい意見となり得るのである。
・批評することなしに専門家の主張を自分の意見の基にすることは注意しなくてはならない。専門家は誤りや偏見に陥ることがある。彼らは別の専門家に異を唱えることがしょっちゅうだ。このことは、あなたが使う教科書や教員にも当てはまる。
・質問を「AかBか」もしくは「全か無か」という二項対立の言葉で捉えないように注意しよう。世界は複雑で、絶対的な答えを見つけるなど困難な混乱した場所である。「白か黒か」ではなくグレーであることがより当たり前で、矛盾するようなことが起こることもしょっちゅうなのだ。
・「（自分にとっての）真実」と「一つの真実、すべての真実、唯一の真実」には違いがあるという重要性を理解しよう。
・ためらうことに価値をおこう。「自分は良く分からない」と認めてよいだ。自分の考えを変えることも問題ない。

出典：Howard Gabennesch, *The Teaching Professor*, 1992, 6(9), 6. Reprinted with permission from Magna Publications.

資料4　学習グループの編成を考えよう

　学習グループは、学生たちに授業内容や読書課題について議論する機会を与えてくれる。試験の準備の際は特に有益である。グループメンバーは、お互いの知識を試すことができるし、試験に出るであろう質問や課題について議論することができる。自分の仲間とグループを作ることを試してみてほしい！

　以下のガイドラインでは、学習グループが授業内でどのように機能するか要点がまとめられている。

・メンバー全員の同意の下、4～6名から成るグループを編成する。
・授業のための学習グループをつくる場合は、担当教員に各グループの構成員の名前と学籍番号を提出する必要がある。
・グループは、無記名投票によりメンバーを追放することができる（例えば、あるメンバーがグループに貢献しない場合）。
・グループメンバーが3名以下になった場合は、メンバーが再編成を求めない限りはそのグループは自動的に解散される。
・学生は2つ以上の学習グループに所属してはならず、強制的に学習グループに入るよう求められてはならない。
・グループの活動内容は、ミーティングを開いて自分たち自身で決める。教員は、喜んで活動内容の提案をしたり、提示された学習プランにコメントする。こうしたミーティングの開催はグループが任意で決める。
・登録されたグループは、次の方法に従って提出したすべての課題に対しボーナスポイントがもらえる。ボーナスは、グループメンバー一人一人が得た成績評価の平均を基に算出される。グループメンバーの成績の平均がAの場合は、全メンバーがその3％分のボーナスをもらえる。もし平均がBの場合は2％、平均がCの場合は1％という具合である。もしも一人のメンバーがAをとったがグループの平均がCだった場合、そのAをとった学生がもらえるのは1％のボーナスポイントである。

もし、学習グループには参加したいが、グループを編成するほどクラスメートのことがよく分からない場合は、担当教員に相談すること。教員は喜んで学習グループの編成を助けてくれるだろう。

出典：H.J. Robinson, *The Teaching Professor*, 1991, 5(7), 3-4. Reprinted with permission from Magna Publications.

資料5　グループメンバーの権利と責任

・あなたには、全メンバーにとって都合のよいミーティングの時間と場所を決めるための権利と責任がある。
・あなたには、グループの目標設定、グループメンバーでの役割決め、そして締切日を決定するために貢献する責任がある。
・あなたには、全メンバーが与えられた役割を平等にこなすことを期待する権利があり、メンバーが与えられた役割をきちんと果たさない場合は異議を唱える権利がある。そしてあなたには、自分に与えられた仕事を完遂する責任がある。
・あなたには、グループ活動のプロセスに積極的に参加する責任がある。そしてあなたには、他のメンバーが積極的に参加することを期待する権利がある。
・あなたには、グループの為に行ったあなたの仕事に対してメンバーからフィードバックを得ることを期待する権利がある。そしてあなたには、他のグループメンバーが行った仕事に対して建設的なフィードバックを行う責任がある。
・あなたには、グループミーティングの開始と終了が時間通り行われ、そのミーティングで達成すべき仕事をグループメンバーが従うことを期待する権利がある。そしてあなたには、ミーティングに遅れずに到着し、グループが仕事を達成するために努力することで、グループがその期待を満たせるように支援する責任がある。
・あなたには、協働して仕事を成し、建設的に意見の食い違いを解消しようとしているグループに参加する権利がある。
・あなたには、グループメンバーに社交のために費やす時間を制限したり無関係なトピックを議論することを制限するようお願いする権利がある。またあなたには、過剰な社交に時間を費やしたり、関係のないトピックを持ち込まない責任がある。あなたには、グループがやるべき仕事を完遂できるよう支援する責任がある。
・あなたには、グループメンバーがあなたの意見を尊重して聴いてくれることを期待する権利がある。そしてあなたには、すべてのグループメンバーの意見を尊重して聴く責任がある。

出典：D.G. Longman, *The Teaching Professor*, 1992, 6(7), 5. This version appeared in the Teaching Professor blog, February 8, 2012（www.facultyfocus.com）

資料6　学生の成功を支援するためのノートの取り方の種類とその特徴

種類	用途	利益	注意力	講義内容を把握する量	プロセス	フォーマット
従来型	伝統的な方法	学生にとって便利	聞いているだけ書き取ろうとすると大事な情報を聞き逃らす可能性がある	ついて行くのが困難。アイディアを聞き逃らす可能性がある	リスニング、膨大な短期記憶、情報の書き取りを含む	逐語的なノート、行替えなし、完全文
二段組み	重要なアイディアを要約する左段に要約する	事実の詳細を書き留めることができる。授業後に整理する時間がある。多肢選択式試験に適している	あまりにも多くの情報を書き留めようとすると、大事な情報を聞き逃らす可能性がある	授業中、左段に要約を書くので授業の内容を聞き逃らすことがある	リスニング、膨大な短期記憶、情報の書き合む	左段にはトピックを要点を、右段には詳細を書く、等
アウトライン	学生が復習したり、トピックとサブトピックとの関連性を確かめる時に利用する	より多くの重要なアイディア、詳細、例を含めることができる。多肢選択式試験や短い回答を求める試験の準備に最適	講義の間、教員の話すアイディアやトピックの関連性を聴くことに集中し、後でノートを取る	学生はより多くのアイディアを書き留めることができる	重要なアイディアを書き出し、トピックの下はインデントして後で関連する情報を入れるようにする	トピックごとにインデント、ローマ数字、アラビア数字、もしくは黒丸を使う
コンセプト・マップ	重要なアイディアや関連性を確認するのに役立つ	学生はより多くの関連性を発見できる。高次の思考力が身につく。論述試験の準備に役立つ	講義の間、教員の話すアイディアやトピックの関連性を聴くことに集中し、後でノートを取る	学生はより多くのアイディアを書き留めることができる	重要なアイディアを書き出し、それらを関連付ける	円の中に重要なアイディアを書き入れ、それらを線で結ぶ
マトリックス	重要なアイディアや関連性を確認するのに役立つ	学生はより多くの関連性を発見できる。高次の思考力が身につく。論述試験の準備に役立つ	講義の間、教員の話すアイディアやトピックの関連性を聴くことに集中し、後でノートを取る	学生はより多くのアイディアを書き留めることができる	一番上の行にトピックを書き、一般的な特徴を最初の列に書く	本表のようなテーブル

出典：Lisa Shibley, The Teaching Professor, 1999, 13(9), 3. Reprinted with permission from Magna Publications.

参考文献

Ackerman, D. S., and Gross, B. L. "My Instructor Made Me Do It: Task Characteristics of Procrastination." *Journal of Marketing Education*, 2005, *27*(1), 5-13.

Albanese, M., and Mitchell, S. "Problem-Based Learning: A Review of Literature on Its Outcomes and Implementation Issues." *Aca-demic Medicine*, 1993, *68*(1), 52-81.

Albers, C. "Teaching: From Disappointment to Ecstasy." *Teaching Sociology*, 2009, *37* (July), 269-282.

Allen, J., Fuller, D., and Luckett, M. "Academic Integrity: Behaviors, Rates and Attitudes of Business Students toward Cheating." *Journal of Marketing Education*, 1998. *20* (1), 41-52.

Amstutz, J. "In Defense of Telling Stories." *Teaching Professor*, 1988, *2*(April), 5.

Appleby, D. C. "Faculty and Student Perceptions of Irritating Behav-iors in the College Classroom." *Journal of Staff, Program, & Organizational Development*, 1990, *8*(1), 41-46.

Archer, C. C., and Miller, M. K. "Prioritizing Active Learning: An Exploration of Gateway Courses in Political Science." *PS: Political Science and Politics*, 2011, April, 429-434.

Armbruster, P., Patel, M., Johnson, E., and Weiss, M. "Active Learning and Student-Centered Pedagogy Improve Student Attitudes and Performance in Introductory Biology." *Cell Biology Education*, 2009, *8*(Fall), 203-213.

Aronowitz, A. "Paulo Freire's Radical Democratic Humanism." In P. McLaren and P. Leonard (eds.), *Paulo Freire: A Critical Encounter*. New York: Routledge, 1993.

Ayers, W. "Thinking about Teachers and the Curriculum." *Harvard Educational Review*, 1986, *56*(1), 49-51.

Bacon, D. R., and Stewart, K. A. "How Fast Do Students Forget What They Learned in Consumer Behavior? A Longitudinal Study." *Journal of Marketing Education*, 2006, *28*, 181-192.

Baez-Galib, R., Colon-Cruz, H., Resto, W., and Rubin, M. R. "Chem-2-Chem: A One-to-One Supportive Learning Environment for Chemistry." *Journal of Chemical Education*, 2005, *82*(12), 1859-1863.

Baker, D. F. "Peer Assessment in Small Groups: A Comparison of Methods." *Journal of Management Education*, 2008, *32*(2), 183-209.

Bandura, A. *Self-Efficacy: The Exercise of Control*. New York: Freeman, 1997.

Barkley, E. F. *Student Engagement Techniques: A Handbook for College Faculty*. San Francisco: Jossey-Bass, 2010.

Barr, R. B., and Tagg, J. "From Teaching to Learning: A New Paradigm for Undergraduate Education." *Change*, November-December 1995, pp. 13-25.

Bean, J. C. *Engaging Ideas: The Professor's Guide to Integrating Writing, Critical Thinking, and Active Learning in the Classroom.* (2nd ed.) San Francisco: Jossey-Bass, 2011.

Benjamin, L. T. "Setting Course Goals: Privileges and Responsibilities in a World of Ideas." *Teaching of Psychology*, 2005, *32*(3), 146-149.

Benson, T. A., Cohen, A. L., and Buskist, W. "Rapport: Its Relation to Student Attitudes and Behaviors Toward Teachers and Classes." *Teaching of Psychology*, 2005, *32*(4), 237-239.

Benvenuto, M. "Teaching Is Learning: Maximum Incentive, Minimum Discipline in Student Groups Teaching General Chemistry." *Journal of Chemical Education*, 2001, *78*(2), 194-197.

Biggs, J. *Teaching for Quality Learning at University: What the Student Does.* Buckingham, U.K.: Open University Press, 1999a.

Biggs, J. "What the Student Does: Teaching for Enhanced Learning." *Higher Education Research and Development*, 1999b, *18*(1), 57-75.

Biggs, J., Kember, D., and Leung, D.Y.P. "The Revised Two-Factor Study Process Questionnaire: R-SPQ-2F." *British Journal of Educa-tional Psychology*, 2001, *7*(Part 1), 133-149.

Black, K. A. "What to Do When You Stop Lecturing: Become a Guide and a Resource." *Journal of Chemical Education*, 1993, *70*(2), 140-144.

Blumberg, P. *Developing Learner-Centered Teaching: A Practical Guide for Faculty.* San Francisco: Jossey-Bass, 2009.

Blumberg, P., and Pontiggia, L. "Benchmarking the Degree of Imple-mentation of Learner-Centered Approaches." *Innovative Higher Education*, 2011, *36*(3), 189-202.

Boud, D. (ed.). *Developing Autonomy in Student Learning.* London: Kogan Page, 1981.

Braye, S. "Radical Teaching: An Introduction." *Teaching Professor*, 1995, *9*(October), 1-2.

Brookfield, S. D. *Becoming a Critically Reflective Teacher.* San Francisco: Jossey-Bass, 1995.

Brookfield, S. D. *The Skillful Teacher: On Technique, Trust, and Responsive-ness in the Classroom.* (2nd ed.) San Francisco: Jossey-Bass, 2006.

Brown, J.P.P. "Process-Oriented Guided-Inquiry Learning in an Intro-ductory Anatomy and Physiology Course with a Diverse Student Population." *Advances in Physiology Education*, 2010, *34*(3), 150-155.

Brown, P. L., Abell, S. K., Demir, A., and Schmidt, F. J. "College Science Teachers' Views of Classroom Inquiry." *Science Education*, 2006, *90*(5), 784-206.

Brown, S. D. "A Process-Oriented Guided Inquiry Approach to Teach-ing Medicinal Chemistry." *American Journal of Pharmaceutical Education*, 2010, *74*(7), Article 121.

Bruffee, K. A. *Collaborative Learning: Higher Education, Interdependence, and the Authority of Knowledge*. Baltimore: Johns Hopkins Univer-sity Press, 1993.

Buchler, J. "Teaching Quantitative Methodology to the Math Adverse." *PS: Political Science and Politics*, 2009, *42*(July), 527-530.

Bunce, D. M. "Teaching Is More Than Lecturing and Learning Is More Than Memorizing." *Journal of Chemical Education*, 2009, *86*(6), 674-680.

Burrowes, P. A. "A Student-Centered Approach to Teaching General Biology That Really Works: Lord's Constructivist Model Put to a Test." *The American Biology Teacher*, 2003, *65*(7), 491-502.

Calder, L. "Uncoverage: Toward a Signature Pedagogy for the History Survey." *The Journal of American History*, 2006, *92*(4), 1358-1370.

Candy, P. C. *Self-Direction for Lifelong Learning*. San Francisco: Jossey-Bass, 1991.

Carvalho, H. "Active Teaching and Learning for a Deeper Understand-ing of Physiology." *Advances in Physiology Education*, 2009, *33*(2), 132-133.

Centra, J. "Will Teachers Receive Higher Student Evaluations by Giving Higher Grades and Less Course Work?" *Research in Higher Education*, 2003, *44*(5), 495-519.

Chapman, K. J., Davis, R., Toy, D., and Wright, L. "Academic Integrity in the Business School Environment: I'll Get by with a Little Help from My Friends." *Journal of Marketing Education*, 2004, *26*(3), 236-249.

Church, M. A., Elliot, A. J., and Gable, S. L. "Perceptions of Classroom Environment, Achievement Goals, and Achievement Outcomes." *Journal of Educational Psychology*, 2001, *93*(1), 43-54.

Coffman, S. J. "Ten Strategies for Getting Students to Take Responsi-bility for their Learning." *College Teaching*, 2003, *51*(1), 2-4.

Cooper, M. M., Cox, C. T., Nammouz, M., and Case, E. "An Assess-ment of Collaborative Groups on Students' Problem-Solving Strategies and Abilities." *Journal of Chemical Education*, 2008, *85*(6), 866-872.

Covington, M. V. *Making the Grade: A Self-Worth Perspective on Motivation and School Reform*. Cambridge: Cambridge University Press, 1992.

Covington, M. V., and Omelich, C. L. "Controversies or Consistencies: A Reply to Brown and Weiner." *Journal of Educational Psychology*, 1984, *76*(1), 159-168.

Cranton, P. *Understanding and Promoting Transformative Learning: A Guide for Educators of Adults*. San Francisco: Jossey-Bass, 2006.

Crisp, B. R. "Is It Worth the Effort? How Feedback Influences Students' Subsequent Submission of Assessable Work." *Assessment and Evaluation in Higher Education*,

2007, *32*(5), 571-581.

Cullen, R., Harris, M., and Reinhold, R. H. *The Learner-Centered Cur-riculum: Design and Implementation*. San Francisco: Jossey-Bass, 2012.

Dee, K. C. "Student Perceptions of High Course Workloads Are Not Associated with Poor Student Evaluations of Instructor Perfor-mance," *Journal of Engineering Education*, 2007, *96*(1), 69-78.

Deeter, L. "Incorporating Student Centered Learning Techniques into an Introductory Plant Identification Course." *NACTA Journal*, 2003, June, 47-52.

Derting, T. L., and Ebert-May, D. "Learner-Centered Inquiry in Undergraduate Biology: Positive Relationships with Long-Term Student Achievement." *Cell Biology Education—Life Sciences Educa-tion*, 2010, *9*(Winter), 462-472.

Deslauriers, L., Schelew, E., and Wieman, G. "Improved Learning in a Large-Enrollment Physics Class." *Science*, 2011, *332*(13 May), 862-864.

DiClementi, J. D., and Handelsman, M. M. "Empowering Students: Class-Generated Rules." *Teaching of Psychology*, 2005, *32*(1), 18-21.

Ditzier, M. A., and Ricci, R. W. "Discovery Chemistry: Balancing Creativity and Structure." *Journal of Chemical Education*, 1994, *71*(8), 685-688.

Doblow, S. R., Smith, W. K., and Posner, M. A. "Managing the Grading Paradox: Leveraging the Power of Choice in the Classroom." *Academy of Management Learning and Education*, 2011, *10*(2), 261-276.

Dochy, F., Segers, M., den Bossche, P. V., and Gijbels, D. "Effects of Problem-Based Learning: A Meta-Analysis." *Learning and Instruc-tion*, 2003, *13*, 533-568.

Duffy, T. M., and Raymer, P. L. "A Practical Guide and a Constructivist Rationale for Inquiry Based Learning." *Educational Technology*, July-August 2010, pp. 3-15.

Eberlein, T., and others. "Pedagogies of Engagement in Science: A Comparison of PBL, POGIL, and PLTL." *Biochemistry and Molecular Biology Education*, 2008, *36*(4), 262-273

Ebert-May, D., and others. "What We Say Is Not What We Do: Effective Evaluation of Faculty Professional Development Programs." *BioScience*, 2011, *61*(7), 550-558.

Edwards, N. M. "Student Self-Grading in Social Statistics." *College Teaching*, 2007, *55*(2), 72-76.

Ege, S. N., Coppola, B. P., and Lawton, R. G. "The University of Michigan Undergraduate Chemistry Curriculum: 1. Philosophy, Curriculum, and the Nature of Change." *Journal of Chemical Education*, 1996, *74*(1), 74-91.

Eifler, K. "Academic 'Speed-Dating.'" *Teaching Professor*, 2008, (June-July), 3.

Eisner, E. W. "The Art and Craft of Teaching." *Educational Leadership*, January 1983, pp. 5-13.

Ellery, K. "Assessment for Learning: A Case Study Using Feedback Effectively in an

Essay-Style Test." *Assessment and Evaluation in Higher Education*, 2008, *33*(4),421-429.
Entwistle, N. "Taking Stock: An Overview of Key Research Findings." In J. C. Hughes and J. Mighty (eds.), *Taking Stock: Research on Teaching and Learning in Higher Education*. Montreal and Kings-ton: Queen's Policy Studies, McGill-Queens University Press, 2010.
Erickson, B. E., Peters, C. B., and Strommer, D. W. *Teaching First-Year College Students*. (Revised and expanded edition.) San Francisco: Jossey-Bass, 2006.
Erickson, B. E., and Strommer, D. W. *Teaching College Freshmen*. San Francisco: Jossey-Bass, 1991.
Falchikov, N., and Boud, D. "Student Self-Assessment in Higher Education: A Meta-Analysis." *Review of Higher Education Research*, 1989, *59*(4), 395-430.
Favero, T. G. "Active Review Sessions Can Advance Student Learning." *Advances in Physiology Education*, 2011, *35*(3), 247-248.
Felder, R. M., and Brent, R. "Navigating the Bumpy Road to Student-Centered Instruction." *College Teaching*, 1996, *44*(2), 43-47.
Fink, D. L. *Creating Significant Learning Experiences*. San Francisco: Jossey-Bass, 2003. (＝土持ゲーリー法一訳『学習経験をつくる大学教授法』（高等教育シリーズ）玉川大学出版部, 2011.）
Finkel, D. L. *Teaching with Your Mouth Shut*. Portsmouth, N. H.: Boynton/Cook, 2000.
Finkelstein, M. J., Seal, R. K., and Schuster, J. *The New Academic Generation: A Profession in Transformation*. Baltimore: Johns Hopkins University Press, 1998.
Fischer, C. G., and Grant, G. E. "Intellectual Levels in College Class-rooms." In C. L. Ellner and C. P. Barnes, *Studies of College Teach-ing*. Lexington, Mass.: D. C. Heath, 1983.
Fitzgerald, J., and Baird, V. A. "Taking a Step Back: Teaching Critical Thinking by Distinguishing Appropriate Types of Evidence." *PS: Political Science and Politics*, 2011, *44*(July),619-624.
Flachmann, M. "Teaching in the 21st Century." *Teaching Professor*, 1994, *8*(March),1-2.
Fosnot, C. T. (ed.). *Constructivism: Theory, Perspectives, and Practice*. New York: Teachers College Press, 1996.
Fox, D. "Personal Theories of Teaching." *Studies in Higher Education*, 1983, *8*(2), 151-163.
Fraser, B. J. *Classroom Environment*. London: Croom Helm, 1986.
Fraser, B. J., Treagust, D. F., and Dennis, N. C. "Development of an Instrument for Assessing Classroom Psychosocial Environment at Universities and Colleges." *Studies in Higher Education*, 1986, *11*(1), 43-53.
Frederick, P. "The Dreaded Discussion: Ten Ways to Start." *Improving College and*

University Teaching, 1981, *29*(3), 109-114.

Freeman, S., Haak, D., and Wenderoth, M. P. "Increased Structure Improves Performance in Introductory Biology." *Cell Biology Education—Life Science Education*, 2011, *10*(Summer), 175-186.

Freire, P. *Pedagogy of the Oppressed*. New York: Herder & Herder, 1970.(＝小沢有作訳『被抑圧者の教育学』亜紀書房，1979.)

Freire, P. *Pedagogy of the Oppressed*. (Rev. ed.) New York: Continuum, 1993.(＝三砂ちづる訳『新訳：被抑圧者の教育学』亜紀書房，2011.)

Fritschner, L. M. "Inside the Undergraduate College Classroom: Faculty and Students Differ on the Meaning of Student Pariticipa-tion." *Journal of Higher Education*, 2000, *71*(3), 342-362.

Gardiner, L. F. "Why We Must Change: The Reaserch Evidence." *Thought and Action*, Spring 1998, pp. 71-87.

Garner, M., and Emery, R. A. "A 'Better Mousetrap' in the Quest to Evaluate Instruction." *Teaching Professer*, 1993, *7*(November), 6.

Genereux, R. L., and McLeod, B. A. "Circumstances Surrounding Cheating: A Questionnaire Study of College Students." *Research in Higher Education*, 1995, *36*(6), 687-704.

Gibson, L. "Student-Directed Learning: An Exercise in Student Engagement." *College Teaching*, 2011, *59*(3), 95-101.

Gosser, D. K., Kampmeier, J. A., and Varma-Nelson, P. "Peer-Led Team Learning: 2008 James Flack Norris Award Address." *Journal of Chemical Education*, 2010, *87*(4), 374-380.

Goza, B. K. "Graffiti Needs Assessment: Involving Students in the First Class Session." *Journal of Management Education*, 1993, *17*(1), 99-106.

Green, D. H. "Student-Generated Exams: Testing and Learning." *Journal of Marketing Education*, 1997, *19*(2), 43-53.

Greeson, L. E. "College Classroom Interaction as a Function of Teacher-and Student-Centered Instruction." *Teaching and Teacher Education*, 1988, *4*, 305-315.

Gregory, M. "From Shakespeare on the Page to Shakespeare on the Stage: What I Learned about Teaching in Acting Class." *Pedagogy*, 2006, *6*(2), 309-325.

Grow, G. O. "Teaching Leaners to Be Self-Directed." *Adult Education Quarterly*, 1991, *41*(3), 125-149.

Hale, D., and Mullen, L. G. "Designing Process-Oriented Guided-Inquiry Activities: A New Innovation for Making Classes." *Marketing Education Review*, 2009, *19*(1), 73-80.

Handelsman, J., and others. "Scientific Teaching." *Science*, 2004, *304*(23 July), 521-522.

Harris, M., and Cullen, R. *Leading the Learner-Centered Campus: An Administrator's*

Framework for Improving Student Leaning Outcomes. San Francisco: Jossey-Bass, 2010.

Hawk, T. F., and Lyons, P. R. "Please Don't Give Up on Me: When Faculty Fail to Care." Journal of Management Education, 2008, 32(3), 316-338.

Heider, F. The Psychology of Interpersonal Relations. New York: Wiley, 1958.（＝大橋正夫訳『対人関係の心理学』誠信書房，1978.）

Herreid, C. F. "Case Studies in Science: A Novel Method of Science Education." Journal of College Science Teaching, 1994, 23(4), 221-229.

Herried, C. F. "Dialogues as Case Studies: A Discussion on Human Cloning." Journal of College Science Teaching, 1999, 29(2), 245-256.

Herried, C. F. (ed.) Start with a Story: The Case Study Method of Teaching College Science. Arlington, Va.: National Science Teachers Association Press, 2007.

Hill, N. K. "Scaling the Heights: The Teacher as Mountaineer." Chronicle of Higher Education, June 16, 1980, p. 48.

Hilsen, L. R. "A Helpful Handout: Establishing and Maintaining a Positive Classroom Climate." In K. H. Gillespie (ed.), A Guide to Faculty Development: Practical Advice, Examples, and Resources. Bolton, Mass.: Anker, 2002.

Hockings, S. C., DeAngelis, K. J., and Frey, R. F. "Peer-Led Team Learning in General Chemistry: Implementation and Evalution." Journal of Chemical Education, 2008, 85(7), 990-996.

Hollander, J. A. "Learning to Discuss: Strategies for Improving the Quality of Class Discussion." Teaching Sociology, 2002, 30(3), 317-327.

Hooks, B. Teaching to Transgress: Education as the Practice of Freedom. New York: Routledge, 1994.（＝里見 実・堀田 碧・朴 和美・吉原令子訳『とびこえよ、その囲いを──自由の実践としてのフェミニズム教育』新水社，2006.）

Horton, M., and Freire, P. We Make the Road by Walking: Conversations on Education and Social Change. Philadelphia: Temple University Press, 1990.

Howard, J. R. "Just-in-Time Teaching in Sociology or How I Convinced My Students to Actually Read the Assignment." Teaching Sociology, 2004, 32(4), 385-390.

Howard, J. R., and Henney, A. L. "Student Participation and Instructor Gender in the Mixed-Age Classroom." Journal of Higher Education, 1998, 69(4), 384-405.

Howard, J. R., Short, L. B., and Clark, S. M. "Students' Participation in the Mixed-Age College Classroom." Teaching Sociology, 1996, 24(1), 8-24.

Hsiung, C. "The Effectiveness of Cooperative Learning." Journal of Engineering Education, 2012, 101(1), 119-137.

Hudd, S. S. "Syllabus Under Construction: Involving Students in the Creation of Class Assignments." Teaching Sociology, 2003, 31(2), 195-202.

Hudd, S. S., Smart, R. A., and Delohery, A. W. "'My Understanding Has Grown, My

Perspective Has Switched': Linking Informal Writing to Learning Goals." *Teaching Sociology*, 2011, *39*(2), 179-189.

Janick, J. "Crib Sheets." *Teaching Professer*, 1990, *4*(June-July), 2.

Jansen, E. P., and Bruinsma, M. "Explaining Achievement in Higher Education." *Educational Research and Evaluation*, 2005, *11*(3), 235-252.

Johnson, P. E. "Getting Students to Read the Syllabus: Another Approach." *Teaching Professor*, 2000, *14*(March), 1-2.

Kagan, S. "Group Grades Miss the Mark." *Cooperative Learning and College Teaching*, 1995, *(1)*, 6-8.

Karabenick, S. A. (ed.).*Strategic Help Seeking: Implications for Learning and Teaching*. Mahwah, N. J.: Erlbaum, 1998.

Kardash, C. M. "Evaluation of an Undergraduate Reserch Experi-ence: Perceptions of Interns and Their Faculty Mentors." *Journal of Educational Psychology*, 2000, *92*(1), 191-201.

Kardash, C. M., and Wallace, M. L. "The Perceptions of Science Classes Survey: What Undergraduate Science Reform Efforts Really Need to Address." *Journal of Educational Psychology* 2001, *93*(1), 199-210.

Kearney, P., and Plax, T. G. "Student Resistance to Control." In V. P. Richmond and J. C. McCroskey (eds.), *Power in the Classroom: Communication, Control, and Concern*. Hillsdale, N. J.:Erlbaum, 1992.

Keeley, S. M., Shemberg, K. M., Cowell, B. S., and Zinnbauer, B. J. "Coping with Student Resistance to Critical Thinking: What the Psychotherapy Literature Can Tell Us." *College Teaching*, 1995, *43*(4), 140-145.

Kember, D., and Gow, L. "Orientations to Teaching and Their Effect on the Quality of Student Learning." *Journal of Higher Education*, 1994, *65*(1), 58-74.

Kember, D., and Leung, D.Y.P. "Establishing the Validity and Reliability of Course Evaluation Questionnaires." *Assessment and Evaluation in Higher Education*, 2008, *33*(4), 341-353.

Kiewra, K. A., and others. "Fish Giver or Fishing Teacher? The Lure of Strategy Instruction." *Teaching Professor*, 2001, *15*(February), 4.

King, A. "From Sage to Guide on the Side." *College Teaching*, 1993, *41*(1), 30-35.

Kloss, R. J. "A Nudge Is Best: Helping Students through the Perry Scheme of Intellectual Development." *College Teaching*, 1994, *42*(4), 151-158.

Knapp, M. L., and Hall, J. A. *Nonverbal Communication in Human Interaction*. (3rd ed.) New York: Holt, Rinehart and Winston, 1992.

Knapper, C. K., and Cropley, A. J. *Lifelong Learning and Higher Education*. London: Croom Helm, 1985.

Knapper, C. K., and Cropley, A. J. *Lifelong Learning in Higher Education*. (3rd ed.)

London: Kogan Page, 2000.

Knight, J. K., and Wood, W. B. "Teaching More by Lecturing Less." *Cell Biology Education*, 2005, *4*(Winter), 298-310.

Kohn, A. *No Contest: The Case Against Competition*. Boston: Houghton Mifflin, 1986.

Krohn, K. R., and others. "Reliability of Students' Self-Recorded Participation in Class Discussion." *Teaching of Psychology*, 2011, *38*(1), 43-45.

Lewis, S. E., and Lewis, J. E. "Departing from Lectures: An Evaluation of a Peer-Led Guided Inquiry Alternative." *Journal of Chemical Education*, 2005, *82*(1), 135-139.

Lyon, D. C., and Lagowski, J. J. "Effectiveness of Facilitating Small-Group Learning in Large Lecture Classes." *Journal of Chemical Education*, 2008, *85*(11), 1571-1576.

Macaskill, A., and Taylor, E. "The Development of a Brief Measure of Learner Autonomy in University Students." *Studies in Higher Education*, 2010, *35*(3), 351-359.

Maharaj, S., and Banta, L. "Using Log Assignments to Foster Learning: Revisiting Writing across the Curriculum." *Journal of Engineering Education*, 2000, *89*(1), 73-77.

Mallinger, M. "Maintaining Control in the Classroom by Giving Up Control." *Journal of Management Education*, 1998, *22*(4), 472-483.

Marini, Z. A. "The Teacher as a Sherpa Guide." *Teaching Professor*, 2000, *14*(April), 5.

Marsh, H. W., and Roche, L. A. "Effects of Grading Lenience and Low Workload on Students' Evaluations of Teaching: Popular Myth, Bias, Validity, or Innocent Bystanders?" *Journal of Educational Psychology*, 2000, *92*(1), 202-228.

Martin, J. H., and others. "Hard but Not Too Hard: Challenging Courses and Engineering Students." *College Teaching*, 2008, *56*(2), 107-113.

Marton, F., Hounsell, D., and Entwistle, N. (eds.). *The Experience of Learning: Implications for Teaching and Studying in Higher Education*. (2nd ed.) Edinburgh: Scottish Academic Press, 1997.

Marton, F., and Saljo, R. "On Qualitative Differences in Learning II: Outcome as a Function of the Learner's Conception of the Task." *British Journal of Educational Psychology*, 1976, *46*(2), 115-127.

Mazur, E. "Farewell, Lecture?" *Science*, 2009, *323*(2 January), 50-51.

McBrayer, D. J. "Tutoring Helps Improve Test Scores." *Teaching Professor*, 2001, *15* (April), 3.

McCreary, D. L., Golde, M. F., and Koeske, R. "Peer Instruction in General Chemistry Laboratory: Assessment of Student Learning." *Journal of Chemical Education*, 2006, *83*(5), 804-810.

McGowan, S., and Lightbody, M. "Enhancing Students' Understanding of Plagiarism within a Discipline Context." *Accounting Education: An International Journal*, 2008,

17(3), 273-290.

Meyers, S. A. "Do Your Students Care Whether You Care About Them?" *College Teaching*, 2009, *57*(4), 205-210.

Mezirow, J., and Associates. *Learning as Transformation: Critical Perspec-tives on a Theory in Progress.* San Francisco: Jossey-Bass, 2000.

Michael, J. "Where's the Evidence that Active Learning Works?" *Advances in Physiology Education*, 2006, *30*(4), 159-167.

Mihans, R., Long, D., and Felton, P. "Power and Expertise: Student-Faculty Collaboration in Course Design and the Scholarship of Teaching." *International Journal for the Scholarship of Teaching*, 2008, *2*(2), 1-9.

Minderhout, V., and Loertscher, J. "Lecture-free Biochemistry: A Process Oriented Guided Inquiry Approach." *Biochemistry and Molecular Biology Education*, 2007, *35*(3), 172-180.

Momsen, J. L., Long, T. M., Wyse, S. A., and Ebert-May, D. "Just the Facts? Introductory Undergraduate Biology Courses Focus on Low-Level Cognitive Skills." *Cell Biology Education—Life Sciences Education*, 2010, *9*(Winter), 435-440.

Mourtos, N. J. "The Nuts and Bolts of Cooperative Learning in Engineering." *Journal of Engineering Education*, 1997, *86*(1), 35-37.

Nash, R. J. "Resist the Pedagogical Far Right." *Inside Higher Education*, September 22, 2009.

Nicol, D. J., and Macfarlane-Dick, D. "Formative Assessment and Self-Regulated Learning: A Model and Seven Principles of Good Feedback Practice." *Studies in Higher Education*, 2006, *31*(2), 199-218.

Nilson, L. B. "Improving Student Peer Feedback." *College Teaching*, 2003, *51*(1), 34-38.

Noel, T. W. "Lessons from the Learning Classroom." *Journal of Manage-ment Education*, 2004, *28*(2), 188-206.

Norcross, J. C., Dooley, H. S., and Stevenson, J. F. "Faculty Use and Justification of Extra Credit: No Middle Ground?" *Teaching of Psychology*, 1993, *20*(4), 240-242.

Norcross, J. C., Horrocks, L. J., and Stevenson, J. F. "Of Barfights and Gadflies: Attitudes and Practices Concerning Extra Credit in College Courses." *Teaching of Psychology*, 1989, *16*(4), 199-203.

Nunn, C. E. "Discussion in the College Classroom: Triangulating Observational and Survey Results." *Journal of Higher Education*, 1996, *67*(3), 243-266.

Pandey, C., and Kapitanoff, S. "The Influence of Anxiety and Quality of Interaction on Collaborative Test Performance." *Active Learn-ing in Higher Education*, 2011, *12*(3), 163-174.

Parrott, H. M., and Cherry, E. "Using Structured Reading Groups to Facilitate Deep Learning." *Teaching Sociology*, 2011, *39*(4), 354-370.

Pascarella, E. T., and Terenzini, P. T. *How College Affects Students: Twenty Years of Research, Volume 1*. San Francisco: Jossey-Bass, 1991.

Pascarella, E. T., and Terenzini, P. T. *How College Affects Students: A Third Decade of Research, Volume 2*. San Francisco: Jossey-Bass, 2005.

Perry, R. P., and Magnusson, J-L. "Effective Instruction and Students' Perceptions of Control in the College Classroom: Multiple-Lectures Effects." *Journal of Educational Psychology*, 1987, *79*(4), 453-460.

Phelps, P. H. "Teaching Transformation." *Teaching Professor*, 2008, *22*(December), 2-3.

Pike, D. L. "The Tyranny of Dead Ideas in Teaching and Learning." *The Sociological Quarterly*, 2011, *52*, 1-12.

Pintrich, P. R. "A Motivational Perspective on the Role of Student Motivation in Learning and Teaching Contexts." *Journal of Educational Psychology*, 2003, *95*(4), 667-686.

Pintrich, P. R., Smith, D.A.F., Garcia, T., and McKeachie, W. J. "Reli-ability and Predictive Validity of the Motivated Strategies for Learning Questionnaire (MLSQ)." *Educational and Psychological Measurement*, 1993, *53*(3), 801-813.

Pollio, H. R., and Beck, H. P. "When the Tail Wags the Dog: Percep-tions of Learning and Grade Orientation in and by Contempo-rary College Students and Faculty." *Journal of Higher Education*, 2000, *71*(1), 84-102.

Pollio, H. R., and Humphreys, W. W. "Grading Students." In J. H. McMillan (ed.), *Assessing Students' Learning*. New Directions for Teaching and Learning, no. 34. San Francisco: Jossey-Bass, 1988.

Power, L. G. "University Students' Perceptions of Plagiarism." *Journal of Higher Education*, 2009, *80*(6), 645-662.

Prince, M. J. "Does Active Learning Work? A Review of the Research." *Journal of Engineering Education*, 2004, *93*(3), 223-231.

Prince, M. J., and Felder, R. M. "Inductive Teaching and Learning Methods: Definitions, Comparisons, and Research Bases." *Journal of Engineering Education*, 2006, *95*(2), 123-138.

Prince, M. J., and Felder, R. M. "The Many Faces of Inductive Teaching Learning." *Journal of College Science Teaching*, 2007, *36*(5), 14-20.

Prosser, M., and Trigwell, K. "Confirmatory Factor Analysis of the Approaches to Teaching Inventory." *British Journal of Educational Psychology*, 2006, *76*(2), 405-419.

Ramsden, P. "Studying Learning: Improving Teaching." In P. Ramsden (ed.), *Improving Learning: New Perspectives*. London: Kogan Page, 1988.

Ramsey, V. J., and Fitzgibbons, D. E. "Being in the Classroom." *Journal of Management Education*, 2005, *29*(2), 333-356.

Roberts, J. C., and Roberts, K. A. "Deep Reading, Cost/Benefit, and the Construction of

Meaning: Enhancing Reading Comprehen-sion and Deep Learning in Sociology Courses." *Teaching Sociology*, 2008, *36*(April), 125-140.

Sadler, D. R. "Beyond Feedback: Developing Student Capability in Complex Appraisal." *Assessment and Evaluation in Higher Educa-tion*, 2010, *35*(5), 535-550.

Sanger, L. "Individual Knowledge in the Internet Age." *Educause*, March/April 2010, pp. 14-24.

Sarros, J. C., and Densten, I. L. "Undergraduate Student Stress and Coping Strategies." *Higher Education Research and Development*, 1989, *8*(1), 1-13.

Shrock, A. A. "The Sign at the Side of the Door." *Teaching Professor*, 1992, *6*(June-July), 8.

Silverman, R., and Welty, W. M. *Case Studies for Faculty Development*. White Plains, N.Y.: Pace University, 1992.

Singham, M. "Moving away from the Authoritarian Classroom." *Change*, May/June 2005, pp. 51-57.

Singham, M. "Death to the Syllabus." *Liberal Education*, 2007, *93*(4), 52-56.

Sipress, J. M., and Voelker, D. J. "The End of the History Survey Course: The Rise and Fall of the Coverge Model." *The Journal of American History*, 2011, *97*(4), 1050-1066.

Spence, L. "The Teacher of Westwood." *Teaching Professor*, 2010, *24*(November), 3.

Stage, F. K., Muller, P. A., Kinzie, J., and Simmons, A. *Creating Learner Centered Classrooms: What Does Learning Theory Have to Say?* ASHE-ERIC Higher Education Report No. 4. Washington, DC: ERIC Clearinghouse on Higher Education and the Association for the Study of Higher Education, 1998.

Starling, R. "Professor as Student: The View from the Other Side." *College Teaching*, 1987, *35*(1), 3-7.

Straumanis, A. R., and Simons, E. A. "A Multi-Institutional Assessment of the Use of POGIL in Organic Chemistry." In R. S. Moog and J. N. Spencer (eds.), *Process Oriented Guided Inquiry Learning*. New York: Oxford University Press, 2008.

Terenzini, P. T., and others. "Collaborative Learning vs. Lecture/Discussion: Students' Reported Learning Gains." *Journal of Engineering Education*, 2001, *90*(1), 123-129.

Thiel, T., Peterman, S., and Brown, B. "Addressing the Crisis in College Mathematics: Designing Courses for Student Success." *Change*, July-August 2008, pp. 44-49.

Tichenor, L. L. "Student-Designed Physiology Labs." *Journal of College Science Teaching*, December 1996-January 1997, *20*(3), 175-181.

Tien, L. T., Roth, V., and Kampmeier, J. A. "Implementation of a Peer-Led Team Learning Instructional Approach in an Under-graduate Organic Chemistry Course." *Journal of Research in Science Teaching*, 2002, *39*(7), 606-632.

Tomasek, T. "Critical Reading: Using Reading Prompts to Promote Active Engagement with Text." *International Journal of Teaching and Learning in Higher Education*, 2009, *21*(1), 127-132.

Tompkins, J. "Teaching Like It Matters." *Lingua Franca*, August 1991, pp. 24-27.

Trigwell, K. "Teaching and Learning: A Relational View." In J. C. Hughes and J. Mighty (eds.), *Taking Stock: Research on Teaching and Learning in Higher Education*. Montreal and Kingston: Queen's Policy Studies, McGill-Queen's University Press, 2010.

Trigwell, K., Prosser, M., Ramsden, P., and Martin, E. "Improving Student Learning through a Focus on the Teaching Context." In C. Rust (ed.), *Improving Student Learning*. Oxford, U.K.: Oxford Center for Staff and Learning Development, 1999.

Trigwell, K., Prosser, M., and Waterhouse, F. "Relations between Teachers' Approaches to Teaching and Students' Approaches to Learning." *Higher Education*, 1999, *37*(1), 57-70.

Ueckert, C., Adams, A., and Lock, J. "Redesigning a Large-Enrollment Introductory Biology Course." *Cell Biology Education—Life Sciences Education*, 2011, *10* (Summer), 164-174.

Verderber, R. F. *Communicate*. (8th ed.). New York: Wadsworth, 1995.

Vernon, D., and Blake, R. "Does Problem-Based Learning Work? A Meta-Analysis of Evaluative Research." *Academic Medicine*, 1993, *68*(7), 550-563.

Walczyk, J. J., and Ramsey, L. L. "Use of Learner-Centered Instruction in College Science and Mathematics Classrooms." *Journal of Research in Science Teaching*, 2003, *40*(6), 566-584.

Wamser, C. C. "Peer-Led Team Learning in Organic Chemistry: Effects on Student Performance, Success and Persistence in the Course." *Journal of Chemical Education*, 2006, *83*(10), 1562-1566.

Watts, M., and Schaur, G. "Teaching and Assessment Methods in Undergraduate Economics: A Fourth National Quinquennial Survey." *The Journal of Economic Education*, 2011, *42*(3), 294-309.

Weimer, M. "What Should Future Teaching Be Like?" *Teaching Professor*, 1988, *2* (February), 1.

Weimer, M. "Exams: Alternative Ideas and Approaches." *Teaching Professor*, 1989, *3* (October), 3-4.

Weimer, M. *Inspired College Teaching: A Career-Long Resource for Profes-sional Growth*. San Francisco: Jossey-Bass, 2010.

Weiner, B. *An Attributional Theory of Motivation and Emotion*. New York: Springer Verlag, 1986.

Weinstein, C. E., Palmer, D. R., and Hanson, G. R. *Perceptions, Expecta-tions, Emotions, and Knowledge About College*. Clearwater, Fla.: H & H, 1995.

Weinstein, C. E., Schulte, A. C., and Palmer, D. R. *LASSI: Learning and Study Strategies Inventory.* Clearwater, Fla.: H & H, 1987.

Welty, W. M. "Discussion Method Teaching: How to Make It Work." *Change*, July-August 1989, pp. 40-49.

Wiggins, G., and McTighe, J. *Understanding by Design.* (2nd ed.) Upper Saddle River, N.J.: Pearson Education, 2005.(＝西岡加名恵訳『理解をもたらすカリキュラム設計──「逆向き設計」の理論と方法』日本標準，2012.)

Wilson, J. H. "Predicting Student Attitudes and Grades from Percep-tions of Instructors' Attitudes." *Teaching of Psychology*, 2006, *33*(2), 91-95.

Winston, R. B., Jr., and others. "A Measure of College Classroom Climate: The College Classroom Environment Scales." *Journal of College Student Development*, 1994, *35*(1), 11-35.

Woods, D. R. "Participation Is More Than Attendance." *Journal of Engineering Education*, 1996, *85*(3), 177-181.

Yamane, D. "Course Preparation Assignments: A Strategy for Creating Discussion-Based Courses." *Teaching Sociology*, 2006, *34*(July), 236-248.

Zimmerman, B. J. "Self-Regulated Learning and Academic Achievement: An Overview." *Educational Psychologist*, 1990, *25*(1), 3-17.

Zimmerman, B. J. "Becoming a Self-Regulated Learner: An Overview." *Theory into Practice*, 2002, *41*(2), 64-70.

Zimmerman, B. J. "Investigating Self-Regulation and Motivation: Historical Background, Methodological Developments, and Future Prospects." *American Educational Research Journal*, 2008, *45*(1), 166-183.

Zimmerman, B. J., and Martinez Pons, M. "Development of a Struc-tured Interview for Assessing Students' Use of Self-Regulated Learning Strategies." *American Educational Research Journal*, 1986, *23*(3), 614-628.

Zimmerman, B. J., and Martinez Pons, M. "Construct Validation of a Strategy Model for Student Self-Regulated Learning." *Journal of Educational Psychology*, 1988, *80*(3), 284-290.

監訳者あとがき

　本書はメルリン・ワイマーの *Learner-centered teaching: five key changes to practice* の第2版（2013年発行）である。ワイマーはペンシルベニア州立大学の名誉教授であり、高等教育における教師の役割や教授方法について多くの本や論文を著している。

　私たちが、この翻訳に挑戦するに至った理由は2つある。1つは私たちの多くが勤める大学の学長からの勧めがあったことによる。比較的若い教員が複数の学部から集められ、分担作業を始めたのは2年前である。大学教育を研究対象とする者はむしろ少数で、何度も集まって読み合いをしてきた。また原著の独特の表現からくる訳し難さも手伝い、私たちにとっては挑戦的な仕事であった。それでも内容は大学教員にとって示唆に富み、自らの授業改善に資するところ大であった。おそらく学長は、翻訳作業を通じたFD（Faculty Development）を期待したのであろう。
　もう1つ、私たちの背中を押したのは、昨今の教育界におけるアクティブラーニングに対する関心の高まりである。様々な授業方法が紹介され、私たちも実際の授業にたくさん取り入れている。ただ、そうした方法が目指す先にあるものを考えるとき、学習者中心という教育方針は極めて重要である。自立した学習者、生涯学び続ける構えを身につけた学習者の育成は、大学教育の大きな使命であろう。アクティブラーニングが一過性のものに終わらないためにも、そして教育機関としての大学が社会の要請に応えるためにも、学習者中心の教育について学ぶ意義は大きい。本書がその糧となれば幸いである。

　そのためにも少し、内容について解説を加えておきたい。ワイマーは「はしがき」において、学習者中心のアプローチは（同義的な側面を持ちつつも）アク

ティブラーニングとイコールではないと断っている。

　日本におけるアクティブラーニングは、平成24年の質的転換答申[注1]において「教員による一方向的な講義形式の教育とは異なり、学修者の能動的な学修への参加を取り入れた教授・学習法の総称。学修者が能動的に学修することによって、認知的、倫理的、社会的能力、教養、知識、経験を含めた汎用的能力の育成を図る。」と解説され、この分野のオピニオンリーダーである京都大学の溝上慎一（2014）によって「一方的な知識伝達型講義を聴くという（受動的）学習を乗り越える意味での、あらゆる能動的な学習のこと。能動的な学習には、書く・話す・発表するなどの活動への関与と、そこで生じる認知プロセスの外化を伴う。」と定義されている。

　この文科省の捉え方に沿えば、結局、アクティブラーニングは汎用的能力養成の手段である。一方、学習者中心の教育は、汎用的能力の育成を超えた「人間」の育成を目的とする。質的転換答申では「認知的、倫理的、社会的能力、教養、知識、経験を含めた」と断っていても、最近の文科省では「主体的で対話的な深い学び」実現[注2]へのアプローチがアクティブラーニングであり、授業内容の理解・習得に力点は移ってきている。アクティブラーニング型の授業において、「主体的で対話的な深い学び」が促されることは結構なことであるが、促す側の教師の在り方（したがって教師が行う促しの度合い・程度）には注意が向いていないのが現状ではないか。

　学習者自身の在り方を問うのか、学習者が行う学習の質を問うのか、分けて考えることに無理があることは承知しつつ、ワイマーは深い学びかどうかより、自立（自律）的であるかどうかに関心を寄せている。深い学びは大切だが、深い学びを営む主体としての学習者にどう対峙するかという課題に、大学教員として向き合うとき、学習者中心という言葉をワイマーは選びとったと言えよう。

　自立的かつ自律的（学習に対して自己調整・自己制御できる）な学習者の育成に向けて、ワイマーは実践者が心すべき5つのポイントを、それぞれに章を立てて述べている。第3章 教員の役割、第4章 力の均衡、第5章 科目内容の役割、第6章 学習への責任、第7章 評価の目的とプロセス、という章立てにもワイマーの思いが感じられる。やはり、まずもって学習者中心のアプローチをとる教員のスタンスについて確認し、次に自立の前提となる権限の委譲ある

いは力の均衡に言及していく。続いて、（受験ベースの学校教育の中で育ってきた）教員にとって宿痾ともいえる教科書内容をカバーすることへの執着を論じ、その後に学習する側の自覚（学習への責任）について述べていく。最後のポイントとして、評価・評定にまつわる課題を整理する。それらすべてが、学習者の自立に向けた教授法あるいは授業デザインに反映され、学習者中心のアプローチをとる教員それぞれの実践に結実していく。

　ワイマーは実に様々な分野の実践研究を渉猟し、いかなる分野においても学習者中心の授業は可能であると確信している。その実践事例の多くは、アクティブラーニングの手法・技法として扱いうるものではあるが、彼女はそうした手法の解説を意図していない。繰り返しになるが、たとえば溝上がいう「一方的な知識伝達型講義を聴くという（受動的）学習を乗り越える意味での、あらゆる能動的な学習」としてアクティブラーニングを行う主体をどう育てるか、という育てる側の教育観が、大学における授業の実際を決めていく。

　質的転換答申から5年が経つ。大学教育再生加速プログラムに象徴される文科省の旗振りにもかかわらず、大学教育におけるアクティブラーニングの普及は未だ道半ばかもしれない。なぜならそれは、手法・技法という次元を超えた、教員の教育観・学生観の変容を伴う難路を行くことを、教員に求めることになるからである。高校4年生、中学7年生、あるいは小学13年生と揶揄される新入生が増え続ける大学という教育現場に、学習者中心の教育を指向した授業実践は難儀である。ワイマーは、アメリカの教員たちとその苦労を分かち合い、励まし合う中で本書を編み直した。形ばかりのアクティブラーニングを乗り越え、学習者中心の授業づくりを重ねていく日本の教員にもまた、ワイマーの励ましが本書を通じて届くことを願っている。

　　2017年1月26日

　　　　　　　　　　　　　　　　　　　　　　　　　　　関田　一彦

　　注1　平成24年8月中央教育審議会は「新たな未来を築くための大学教育の質的転換
　　　　に向けて——生涯学び続け、主体的に考える力を育成する大学へ」と題する答申を

出し、大学教育改革の方向性を確認した。この答申を略して質的転換答申と呼ぶ。
注2　アクティブ・ラーニングの導入対象を大学から初等・中等教育全般に広げる過程で行われた平成28年春の論点整理で、活動ばかりに流されやすい現場への警鐘として、学習内容の深い理解が強調された。

　なお、「アクティブ・ラーニング」と中黒を入れた表記は文科省の公式表記として広く使われているが、溝上をはじめ、行政用語との区別を意識して、中黒を入れず「アクティブラーニング」と表記する高等教育の研究者も多い。本書もそれに従って、中黒を用いていない。

人名索引

A

Abell, S. K.　67
Ackerman, D. S.　141
Adams, A.　52
Albanese, M.　45, 46
Albers, C.　216, 253
Allen, J.　52, 185
Amstutz, J.　72
Appleby, D. C.　172
Archer, C. C.　70
Armbruster, D, S.　50, 51, 115
Armbruster, P.　50, 51, 115
Aronowitz, A.　20
Ayers, W.　64

B

Bacon, D. R.　126
Baez-Galib, R.　48
Baird, V. A.　249
Baker, D. F.　207, 208
Bandura, A.　18
Barkley, E. F.　173
Barr, R. B.　63
Bean, J. C.　206
Beck, H. P.　184
Benjamin, L. T.　109
Benson, T. A.　166
Benvenuto, M.　85
Biggs, J.　33, 34, 65
Black, K. A.　76, 77, 111
Blake, R.　45
Blumberg, P.　250, 256
Boud, D.　35
Braye, S.　95
Brent, R.　215

Brookfield, S. D.　6, 7, 10, 258
Brown, B.　53, 67, 111
Brown, J. P. P.　47, 53, 67, 111, 115
Brown, S. D.　47, 53, 67, 111, 115
Bruffee, K. A.　23
Buchler, J.　248
Bunce, D, M.　92
Burrowes, P. A.　51
Buskist, W.　166

C

Calder, L.　122, 132
Candy, P. C.　35, 134
Carvalho, H.　126
Case, E.　49
Chapman, K. J.　186
Church, M. A.　183
Clark, S, M.　108
Coffman, S. J.　162
Cohen, A. L.　166
Colon-Cruz, H.　48
Cooper, M. M.　49
Coppola, B. P.　26
Covington, M. V.　17, 185
Cowell, B. S.　218
Cox, C. T.　49
Cranton, P.　26
Crisp, B. R.　192
Cropley, A. J.　127
Cullen, R.　250

D

Davis, R.　186
DeAngelis, K. J.　48
Deeter, L.　201
Delohery, A. W.　149

Demir, A.　67
den Bossche, P. V.　45, 46
Dennis, N. C.　158, 159
Densten, I. L.　190
Derting, T. L.　53, 69, 239, 250, 257
Deslauriers, L.　55
DiClementi, J. D.　109
Ditzier, M. A.　24
Dobrow, S. R.　106
Dochy, F.　45, 46
Duffy, T. M.　24

E

Eberlein, T.　43, 44
Ebert-May, D.　53, 57, 69, 182, 198, 239, 250, 257
Edwards, N. M.　188
Ege, S. N.　26
Eifler, K.　173
Eisner, E. W.　63
Ellery, K.　199
Elliot, A. J.　183
Emery, R. A.　174
Entwistle, N.　31, 32, 33
Erickson, B. E.　237

F

Falchikov, N.　187
Favero, T. G.　196, 197
Felder, R. M.　43, 46, 215
Felton, P.　114
Fink, D. L.　80
Finkel, D. L.　123, 126
Finkelstein, M. J.　67
Fischer, C. G.　69
Fitzgerald, J.　249
Fitzgibbons, D. E.　179
Flachmann, M.　7, 257
Fosnot, C. T.　23
Fox, D.　62

Fraser, B. J.　158, 159, 172
Frederick, P.　81
Freeman, S.　51
Freire, P.　19, 20, 21, 75
Frey, R. F.　48
Fuller, D.　185

G

Gabennesch, H.　274, 275
Gable, S. L.　183
Garcia, T.　36
Gardiner, L. F.　133
Garner, M.　174
Genereux, R. L.　186
Gibson, L.　113
Gijbels, D.　45, 46
Golde, M. F.　48
Gosser, D. K.　48, 115
Gow, L.　33
Goza, B. K.　171
Grant, G. E.　69
Green, D. H.　197
Greeson, L. E.　33
Gregory, M.　83
Gross, B. A.　141
Grow, G. O.　239-241, 256

H

Haak, D.　51
Hale, D.　47
Hall, J. A.　164
Handelsman, J.　57, 109
Handelsman, M. M.　57, 109
Harris, M.　250
Hawk, T. F.　167
Henney, A. L.　108
Herreid, C. F.　81
Hill, N. K.　62
Hilsen, L. R.　170
Hockings, S. C.　48

Hollander, J. A.   255
hooks, b.   22
Horrocks, L. J.   200
Horton, M.   20, 21, 75
Howard, J. R.   108, 143, 274, 275
Hudd, S. S.   113, 149
Humphreys, W. W.   182

J

Janick, J.   199
Johnson, E.   50, 51, 112, 113, 115
Johnson, P. E.   50, 51, 112, 113, 115

K

Kagan, S.   207
Kampmeier, J. A.   43, 44, 48, 115
Karabenick, S. A.   139
Kardash, C. M.   68, 187
Kearney, P.   220
Keeley, S. M.   218
Kember, D.   33, 34
Kiewra, K. A.   133
King, A.   72
Kinzie, J.   19, 20, 23
Kloss, R. J.   218
Knapp, M. L.   164
Knapper, C. K.   127
Knight, J. K.   52
Koeske, R.   48
Kohn, A.   22
Krohn, K. R.   187

L

Lagowski, J. J.   48
Lawton, R. G.   26
Leung, D. Y. P   33, 34
Lewis, J. E.   48
Lewis, S. E.   48
Lightbody, M.   186
Lock, J.   52

Loertscher, J.   47
Long, D.   69, 114, 182, 198, 257
Long, T. M.   69, 114, 182, 198, 257
Longman, D. G.   277
Luckett, M.   185
Ludewig, L. M.   274
Lyon, D. C.   48
Lyons, P. R.   167

M

Macaskill, A.   161
Macfarlane-Dick, D.   188
Magnusson, J-L.   185
Mallinger, M.   95
Marini, Z. A.   63
Martin, E.   34
Martin, J. H.   34
Martinez Pons, M.   36
Marton, F.   31, 32
Mazur, E.   28, 54
McBrayer, D. J.   177
McCreary, C. L.   48
McGowan, S.   186
McKeachie, W. J.   36
McLeod, B. A.   186
McTighe, J.   80, 121, 122
Meyers, S. A.   166, 167, 168
Mezirow, J.   7, 26
Michael, J.   41, 42
Mihans, R.   114
Miller, M. K.   70
Minderhout, V.   43, 44, 47
Mitchell, S.   45, 46
Momsen, J. L.   69, 182, 198, 257
Mullen, L. G.   47
Muller, P. A.   19, 20, 23

N

Nammouz, M.   49
Nash, R. J.   153

Nicol, D. J.   188, 194
Nilson, L. B.   206, 247
Noel, T. W.   215, 252, 253
Norcross, J. C.   200
Nunn, C. E.   69

O

Omelich, C. L.   185

P

Palmer, D. R.   36
Parrott, H. M.   143, 149, 203
Pascarella, E. T.   27
Patel, M.   50, 51, 115
Perry, R. P.   185
Peterman, S.   53, 111
Peters, C. B.   237
Phelps, P. H.   8
Pike, D. L.   156, 157
Pintrich, P. R.   36, 38, 39, 101
Plax, T. G.   220
Pollio, H. R.   182, 184
Pontiggia, L.   250
Posner, M. A.   106
Power, L. G.   186
Prince, M. J.   40, 41, 43, 45, 46
Prosser, M.   33, 34

R

Ramsden, P.   32, 34
Ramsey, L. L.   67, 179
Ramsey, V. J.   67, 179
Raymer, P. L.   24
Reid, E. S.   205
Reinhold, R. H.   250
Resto, W.   48
Ricci, R. W.   24
Roberts, J. C.   143
Roberts, K. A.   143
Robinson, H. J.   276

Roth, V.   48
Rubin, M. R.   48

S

Sadler, D. R.   193
Saljo, R.   31, 32
Sanger, L.   129
Sarros, J, C.   190
Schelew, E.   55
Schmidt, F. J.   67
Schulte, A. C.   36
Schuster, J.   67
Seal, R. K.   67
Segers, M.   45, 46
Shemberg, K. M.   218
Shibley, L.   278
Short, L. B.   108
Shrock, A. A.   79
Silverman, R.   81
Simmons, A.   19, 20, 23
Simons, E. A.   47
Singham, M.   93, 94
Sipress, J. M.   122
Smart, R. A.   149
Smith, D. A. F.   36, 106
Smith, S. K.   36, 106
Spence, L.   28, 63, 65
Stage, F. K.   19, 20, 23
Starling, R.   83
Stevenson, J. F.   200
Stewart, K. A.   57, 126
Straumanis, A. R.   47
Strommer, D. W.   237

T

Tagg, J.   63
Taylor, E.   161, 188
Terenzini, P. T.   27, 56, 69
Thiel, T.   53, 111
Tichenor, L. L.   111

Tien, L. T.   48
Tomasek, T.   143
Tompkins, J.   20, 28
Treagust, D. F.   158, 159
Trigwell, K.   33, 34

U

Ueckert, C.   52

V

Varma-Nelson, P.   43, 44, 48, 115
Verderber, R. F.   259
Vernon, D.   45
Voelker, D. J.   122

W

Walczyk, J. J.   67
Wallace, M. L.   68
Wamser, C. C.   48
Waterhouse, F.   34
Weimer, M.   127, 141, 152, 199
Weiner, B.   18
Weinstein, C. E.   36
Weiss, M.   50, 51, 115
Welty, W. M.   81, 110
Wenderoth, M. P.   51
Wieman, C.   55
Wiggins, G.   80, 121
Winston, R. B., Jr.   158
Wood, W. B.   52, 57
Wooden, J.   63, 65
Woods, D. R.   109
Wright, L.   186
Wyse, S. A.   182, 198

Y

Yamne, D.   143

Z

Zimmerman, B. J.   35, 36, 37, 160
Zinnbauer, B. J.   218

事項索引

アルファベット

GPA（Grade Point Average：成績平均値） 182
PBL（Problem Based Learning：問題基盤型学習） 43-46
PLTL（peer-led team learning：ピア・リード・チーム学習） 25, 43, 44, 48, 49
POGIL（Process-Oriented Guided Inquiry Learning：プロセス指向型探究学習） 25, 43, 44, 47
WAC（Writing-Across-the-Curriculum：教科横断のライティング指導体制） 148, 193, 206

ア行

アクティブラーニング 40-42, 51, 52, 53, 56, 70, 71, 132, 133
浅い学び 31-34, 38
医学 43, 45-47
意思決定 37, 99, 100, 102, 103, 110, 115-117, 139, 140, 153, 154, 161, 176, 178, 179, 240, 244

カ行

介入 28, 88, 89, 90, 133, 155, 241, 249
学習意欲 11, 156, 157, 161, 185, 189
学習経験 13, 14, 21, 27, 33, 53, 80, 121, 137, 174, 178, 181, 216, 227-229, 235, 236, 272
学習スキル 9, 10, 12, 15, 17, 24, 37, 62, 65, 77, 80, 95, 98, 116, 123, 127, 128, 131, 133-138, 140-142, 146, 150, 153, 154, 169, 202, 231, 232, 240-246, 249, 270, 272, 274
学習センター 54, 138, 139-141, 144, 177
学習日誌 5, 99, 104, 148, 149, 259, 261, 264, 266
学生（から）の抵抗 74, 215, 217, 218, 220, 229-231, 236, 256, 257
学生の関与 70, 170, 173, 175
教員の抵抗 231, 232
教室（の）風土 158-161, 169-175, 177, 179
協調学習 23, 25, 41, 56
協同学習 25, 41, 52, 85, 106, 206
クリッカー 51, 52
グループ試験 78, 85, 86, 199, 252, 260, 263
形成的評価 105, 141, 174, 191, 192
ケースメソッド 43, 70
原因帰属 17, 18
権限 5, 92, 95, 97-103, 114-120
構成主義 22-26
コントロール 7, 11, 18, 20, 27, 39, 44, 56, 72, 92, 97, 110, 119, 157, 192, 213, 226, 238, 257, 271, 272, 274

サ行

自己主導的な学習 35-37
自己調整 31, 34, 36-38, 134, 160, 170, 189, 237-239, 245, 249, 250
自己評価 10, 13, 37, 118, 181, 187, 188, 193-195, 199, 202-205, 209, 210, 232, 246, 256, 261
支配力 21, 22, 97
シミュレーション 70
社会学 99
授業方略 10, 11, 13, 235
受動的（な学習者） 24, 26, 67, 91, 92,

98, 99, 101, 102, 132, 156
シラバス　　5, 52, 70, 78, 79, 93-95, 97, 103, 104, 111-114, 145, 160, 161, 163, 165, 173, 254, 259, 270
自律した学習　　34, 35, 98, 118, 160, 161
自立した学習者　　27, 35, 98, 99, 101, 134, 194, 238, 241, 246
シンク＝ペア＝シェア　　44, 52
ストラテジー　　30, 36, 37, 40, 41, 43, 47, 48, 51, 64, 67, 69, 76
政治学　　248-250
生物学　　50, 51, 198
生理学　　42, 44, 47
相互評価　　10, 103, 181, 205, 209, 232, 247, 256
促進的な指導　　65, 72, 73

タ行

代数学　　53
他者評価　　118, 187, 189, 192-195, 202, 205-210
探求学習　　53
ディベート　　34, 70, 81, 146

ハ行

ピア・ラーニング　　54
ピア・リード・チーム学習　→　PLTL
批判的思考　　50, 66, 130, 169, 182, 218, 246, 249
物理学　　54, 55, 144
プロセス指向型（探究）学習　→　POGIL
ルーブリック　　99, 149, 250, 256
深い学び　　31-34, 38, 80, 98, 131, 135, 160, 183, 198
変容的学習　　7, 26-28, 32
ボーナスポイント　　51, 84, 93, 155, 260, 262, 276
ポリシー　　106-110, 189

マ行

学びへの献身　　168-170, 173
問題基盤型学習　→　PBL

ラ行

ラウンド・ロビン　　44

監訳者紹介

関田一彦（せきた　かずひこ）
イリノイ大学大学院修了．Ph.D. 創価大学教育学部教授．
主著：『大学授業を活性化する方法』（共著，玉川大学出版部，2004），『ディープ・アクティブラーニング』（共著，勁草書房，2015）

山﨑めぐみ（やまさき　めぐみ）
ミネソタ大学大学院修了．Ph.D. 創価大学学士課程教育機構准教授．
主著：『大学教育アセスメント入門』（共訳，ナカニシヤ出版，2013），『授業に生かすマインドマップ』（共著，ナカニシヤ出版，2016）

訳者紹介　　※監訳者

関田一彦※（創価大学教育学部教授）　はしがき・監訳者あとがき
伊藤貴雄（創価大学文学部教授）　第1章
髙橋有紀（ミネソタ大学大学院・博士課程在籍）　第1章・第3章
富岡比呂子（創価大学教育学部准教授）　第2章，第3章
清水強志（創価大学学士課程教育機構准教授）　第4章
山﨑めぐみ※（創価大学学士課程教育機構准教授）　第4章・第5章・第6章・第7章
三津村正和（創価大学教職大学院講師）　第5章，第6章
川辺妙子（東京インターハイスクール・コーチ）　第7章・第9章
牛田伸一（創価大学教育学部准教授）　第8章
安野舞子（横浜国立大学　高大接続・全学教育推進センター准教授）　付録

著者略歴

メルリン・ワイマー（Maryellen Weimer）
ペンシルバニア州立大学高等教育研究センターシニア研究員、高等教育アセスメント全米センター所長等を経て、現在、ペンシルペンシルバニア州立大学名誉教授。Ph. D.（ペンシルバニア州立大学）。
ペンシルバニア州立大学在職中は、スピーチコミュニケーションの授業や初年次教育、ビジネス専攻学生向け授業を13年間担当。2005年、最優秀教育賞であるミルトンS. アイゼンハウワー賞を受賞。450以上の大学でコンサルタントとして授業改善に携わる。
主著：*Inspired College Teaching: A Career-Long Resource for Professional Growth*（Jossey-Bass, 2010）, *Enhancing Scholarly Work on Teaching and Learning: Professional Literature that Makes a Difference*（Jossey-Bass, 2006）, *Learner-Centered Teaching: Five Key Changes to Practice*（Jossey-Bass, 2002）. *Essential Teaching Principles: A Resource Collection for Adjunct Faculty*（Magna Publications Incorporated, 2016）

学習者中心の教育
アクティブラーニングを活かす大学授業

2017年3月10日　第1版第1刷発行

著　者　メルリン・ワイマー
監訳者　関　田　一　彦
　　　　山　﨑　めぐみ
発行者　井　村　寿　人
発行所　株式会社　勁草書房

112-0005　東京都文京区水道2-1-1　振替　00150-2-175253
電話（編集）03-3815-5277／FAX 03-3814-6968
電話（営業）03-3814-6861／FAX 03-3814-6854
港北出版印刷・牧製本

Ⓒ SEKITA Kazuhiko, YAMASAKI Megumi　2017

ISBN978-4-326-25119-3　Printed in Japan

JCOPY ＜(社)出版者著作権管理機構　委託出版物＞
本書の無断複写は著作権法上での例外を除き禁じられています。
複写される場合は、そのつど事前に、(社)出版者著作権管理機構
（電話 03-3513-6969, FAX 03-3513-6979, e-mail : info@jcopy.or.jp）
の許諾を得てください。

＊落丁本・乱丁本はお取替いたします。
http://www.keisoshobo.co.jp

著者	書名	判型	価格
松下佳代・京都大学高等教育研究開発推進センター編著	ディープ・アクティブラーニング 大学授業を深化させるために	A5判	3000円
田口真奈・出口康夫・京都大学高等教育研究開発推進センター編著	未来の大学教員を育てる 京大文学部・プレFDの挑戦	A5判	3200円
グループ・ディダクティカ編	教師になること、教師であり続けること 困難の中の希望	四六判	2600円
井深雄二・大橋基博・中嶋哲彦・川口洋誉編著	テキスト 教育と教育行政	四六判	2000円
石戸教嗣・今井重孝編著	システムとしての教育を探る 自己創出する人間と社会	A5判	2800円
園山大祐編著	教育の大衆化は何をもたらしたか フランス社会の階層と格差	A5判	3500円
荒牧草平	学歴の階層差はなぜ生まれるか	A5判	4300円
宮寺晃夫	教育の正義論 平等・公共性・統合	A5判	3000円
松尾知明	多文化教育をデザインする 移民時代のモデル構築	A5判	3400円
佐久間孝正	多国籍化する日本の学校 教育グローバル化の衝撃	四六判	2800円
酒井朗	教育臨床社会学の可能性	A5判	3300円
小玉重夫	教育政治学を拓く 18歳選挙権の時代を見すえて	四六判	2900円
G.ビースタ／上野正道ほか訳	民主主義を学習する 教育・生涯教育・シティズンシップ	四六判	3200円
加藤信哉・小山憲司編訳	ラーニング・コモンズ 大学図書館の新しいかたち	A5判	3900円

＊表示価格は2017年3月現在。消費税は含まれておりません。